THE
INVENTION
OF
YE/TERDAY

A 50,000-YEAR

HISTORY

OF

HUMAN CULTURE,

CONFLICT,

AND CONNECTION

人类文明史

什么撬动了世界的沙盘

〔美〕塔米姆·安萨利 著

Tamim Ansary

蒋林 译

中国人民大学出版社

谨以此书献给多年来我所游历过的"世界"中的所有朋友们。

引言

　　写《人类文明史》这本书，缘起于我在几年前同时阅读几本历史著作时的思考。那几本书看似互相没什么关联，第一本是讲征用百万民夫修长城的中国首位皇帝——秦始皇，第二本是介绍中亚游牧民族在被蒙古帝国征服之前的生活，第三本是描写匈奴王阿提拉（Atilla）率领大军攻占罗马帝国的历史。

　　然而，三本书连着读下来，我有了单读每一本所不曾有的体悟。意识到中国修筑长城与罗马帝国的衰亡之间似乎存在某种联系，我打开了思绪。当时的中国和罗马是截然不同的两个世界，彼此几乎没有了解，两地之间横亘着游牧民族居住的中亚草原，这里正是匈奴人骑马冲锋、开疆拓土的地方。中国一侧如果有什么大动作，比如修筑长城抵御外敌，就会在游牧民族的世界里产生涟漪效应，最终影响到罗马帝国。当然，发生在罗马的大事件也会激起层层涟漪，反向散开去。

引起我兴趣的不只罗马和中国的具体联系，还有人类历史固有的内在联系。这样的例子还有很多：伊斯兰教先知穆罕默德所推行的宗教规范在某种意义上促使欧洲人掌握了罗盘技术；12世纪塞尔柱突厥征服耶路撒冷，竟与几百年前北欧的荒年有着微妙联系；中国明朝推行的政策埋下了美国独立战争的伏笔；19世纪美国发明的轧棉机又极大地冲击了撒哈拉以南非洲家庭的生活……

回到几万年前，人类还生活在孤立的狩猎采集群体中，全然不知地球上还有其他人类群体在巡猎游荡的时候，其实就已经生活在一张庞大的联系网中。今天我们所处的全球化体系，不过是人类在过去四万甚至六万年间不断推进的主题上开启的又一个篇章。

本书把人们之间的交往联系作为世界历史的一条主线，同时也从与之相对的另一个角度展开探讨。虽然人类的联系日趋紧密，但是不同群体间的差异越来越显著，我们同在一个地球，却分属不同的世界。任何人所认知的"全世界"，其实只是从自己所在的"我们"的群体视角看到的世界；所认识的世界历史，不过是从某个中心视角组织起来的世界历史叙事，它可能是欧洲中心史观、伊斯兰中心史观、中国中心史观等等。至于不同史观下到底有多少种历史，这取决于世界上有多少个人群自认属于一个与"他者"不同的"我们"群体。任何两个世界的历史叙事都会基于同样的历史事件讲出不同的故事，因为如何叙事完全要看是谁在讲这个故事。要说林林总总的某某中心史观中有哪个反映了真实的世界历史，无异于声称哪种中心视角展现的是原原本本的现实世界了。

一切历史都归结于人如何"叙事"。历史诚然关乎事实，但事实最终要形成"叙事"才成为历史。人们讲述自己的故事，本质是对自己的过去进行再创作。很久以前，人类就已经开始这么做了。我们的祖先围坐在山洞里的篝火旁，给儿孙们讲祖辈的故事，有时会回忆自己那一次次改变命途的历险，有时会争论到底是谁猎杀了狗熊，有时也会仰望星空推算命理。祖先们抬头望去，看到的不是一颗颗孤立的星星，而是一个个星座，他们会说"天上也有只大熊"，又说"看，那是个骁勇的猎户"，身边的人会纷纷点头。只要在场的每个人都看得出一只大熊和一个猎户，大家就都有了参与感。

我们现代人不难理解，星座并不真实存在，而只存在于观星人的想象里。其实，人类所见所知的万物在某种意义上都类似星座：我们如此见到，便觉得它如此存在。人类也组成了许多星群并身处不同的思想理念星群中。物质的宇宙中有诸多星座，每个星座又由更小的星座组成，而社会的宇宙中存在的种种星群也是同样的道理。

社会星群能形成自己的意图，继而引导历史的走向。国家、家庭、帝国、民族、宗族、企业、部落、俱乐部、政党、社团、邻里组织、社会运动、帮派、文化、校园中的小团体……凡此种种皆是星群。但若脱离了文化，它们就不复存在了。如果细看每颗星星，就无法看到那个骁勇猎户的形象，社会星群也是如此，一旦细究宗族、国家、运动、帮派等等概念，看到的就只有作为个体的人和个人的观念想法了。

文化是人们所创造并还在不断创造中的世界，一旦脱离了人这个主体，文化也就无从谈起。社会星群不像河流、岩石那样在真实宇宙中客观存在，但又的的确确存在着，像洪水、山崩一样真实。诸多社会星群真实地改造着客观世界：开路架桥、冲突战争、修船造车、航天探月……即使哪个个体离开了，星群也不会就此黯然陨落。一个社会整体中的每个个体都可以被其他个体替换，但整个星群并不会因此丢了身份，断了根脉。生活在一百五十年前的美国人都已作古，但是美国实力不减；一百年前的伊斯兰社会中没有哪个人活到现在，但今天仍然有一个明显可辨的伊斯兰文化社群影响着历史。人们所说的历史，其实都是文化宇宙中发生的事件。而这个宇宙里，社会星群是历史舞台上的主角。

四万年前，社会星群在古人的想象中出现了。在熟人结成的群体中，人们对社会星群的所见所感仅限于自己身边的一小群人。现在，人类早已不是上古时期穴居的五十人小群体，而是遍及全球的近八十亿人口。没有人能拥有近八十亿人的视角，我们每个人都只是一个小的社会星群中的一员，视角受限于自己所在的世界。这就好像，不同地方的人在天空中看到的也不是同样的星星，即使有些星星相同，也不会完全看出同样的星座。我们在星空中能看到什么，反映了我们在大地上是谁。天穹之下不只有一个群体，而正因为人类并非同属一个群体，历史才有了发展演进的动力。

还记得读高中时，我碰到过一个生词"defenestration"，去查字典，得知它的意思是"将人抛出窗外"。当时我大惑不解，居然这也能成个词？为什么没有哪个词表示把人扔到阳台外、门外或是行驶中的车外？怎么单单有个词专门表示把人扔到窗户外呢？

后来我才知道，其中缘故要追溯到四百多年前的欧洲。在1618年晴朗的一天，一群罗马天主教使官来到了布拉格，那里的民众多信奉新教路德宗。天主教使官来此是要宣布神圣罗马帝国皇帝的诏谕：禁止路德宗信徒再在王室的土地上建设教堂。路德宗信徒们听了诏谕，愤而抓起两个使官，一把扔到了窗户外面。宣诏地点在三层，落到地面足有二十多米。这就是历史上著名的"布拉格掷出窗外事件"。

出人意料的是这两个使官都没有死，这引发了各种解释和猜测：他们能活下来说明了什么呢？这要看说话的人是什么背景。罗马天主教徒将此视为神迹，证明他们果真有上帝襄助；而路德宗信徒关注的是两个使官死里逃生的实际原因：两人掉在了一大堆牲畜粪便上。天主教徒和路德宗信徒虽然都信仰基督教，但两者相逢却见不到彼此都是基督徒、同属日耳曼民族或者其他的共性。他们虽看到同一件事，所见却各自不同。他们即使同在一个屋檐下，也是生活在不同世界的人，而这些不同的世界只有在文化范畴内才体现出来。

当时欧洲的基督教派别五花八门，远不止罗马天主教和路德宗，信徒都认派内之人为"我们"，而认其他教派是"他们"。例如路德宗和加尔文宗同属于新教，但新教本身就包含了若干互不相容的派系，每派各有自己的世界观。充满了各色"我们"和"他们"

的 17 世纪的欧洲就像一触即发的火药桶，"布拉格掷出窗外事件"直接导致了惨烈的"三十年战争"，连年的战乱和饥荒导致八百万人死亡，其中很多是平民。但归根结底，战争的各方不是个人，而是不同的社会星群。

这些教派非要分出你死我活而不能妥协吗？他们的子孙后代不能化干戈为玉帛吗？这在四百多年前着实无法想象，然而在今天，一个日耳曼裔的路德宗家庭和一位苏格兰裔的长老会教徒可能在明尼苏达州某个偏僻小镇上比邻而居，却全然不知邻居到底属于基督教的哪宗哪派，更谈不上有什么芥蒂。罗马天主教徒和新教徒完全可以在同一个读书会里谈笑风生而不会想到宗教信仰上的分歧，更没有必要担心会被扔出窗外了。

这并不是因为不同教派间的差异烟消云散了，它们各自教义的差别并没有比以往更小，只是随着时间流逝，不同教派融入了同一种文化，形成了一个更大的、无形的、共同的"我们"。每个文明中都不乏这样的例子，有时是小世界融汇成大世界，有时是若干小世界交织起来构成一个大世界中各有特色的组成部分。要弄清这样的过程是如何发生、发展的，我们要在文化宇宙中寻求答案。或许终有一天，住在同一条街、孩子上同一所幼儿园的两家邻居不会知道也并不在意住在隔壁的是路德宗基督徒还是瓦哈比派穆斯林。

但也许未必会如此。人与人的交往联系确实越来越紧密，但别忘了这恰恰是靠人们不断结成许多个社会集群、团块、星群才实现的。思想和信息不只在人的海洋里荡起涟漪，也会在文化之间传递。每次跨越文化的边界，都会有所变化、有所保留，甚或有时候文化的边界也模糊起来，形成更广泛的文化整体。新的文化会从两边各取相当一部分，早前文化星群的精魂也还会生生不息地存续其中。

我们来看一个小故事。国际象棋在今天是世界性的游戏，但在公元 6 世纪，只有发明了象棋的印度人才玩。民间传说里，当时有个国王特别相信人的主观能动性，他厌烦了掷骰子、撞运气之类的游戏，想要一种玩家能自己掌控命运的游戏。一位名叫希沙（Sissa）的学者揽下这个任务，发明了一种全凭战略思考和排兵布阵能力取胜的棋戏。国王大喜，提出赏希沙以黄金，但希沙谦卑地表示只要麦子。他要求在他发明的棋盘上的第一格放一粒麦子，下一格放两粒，再下一格放四粒，依此类推。棋盘上共有 64 个方格，待国王真要满足希沙的要求时才发现，64 格逐格翻倍，所有的麦粒加在一起要比全国一年的产量还多！希沙早就心中有数，因为他是一名数学家，而发达的数学是当时印度文明的一大辉煌成就。

希沙的这项发明从很多角度都反映了他的文化背景。这种棋要四个棋手一起下，每人各执八子。其中一个是国王，还有一个是将军，其他棋子则代表当时印度军队的四大兵种：战车、骑兵、象兵和步兵。棋的名字叫"chaturanga"，意为"四枝"或"四肢"。而在当时各方割据的印度，四方力量混战的情形是数见不鲜的。

后来这种棋戏从印度传到了波斯。波斯是个稳固统一的社会，当时正与同样团结一体的罗马帝国交战。波斯人普遍的世界观认为现实分为两极，明对暗，昼对夜，有善即有恶，有生固有死，这是他们眼中世界的本原要义。当然他们所认知的世界，也只存在于其建构的文化范畴中。

于是，四枝棋在波斯顺理成章地演变成了两人对弈的游戏，每方执子十六颗，棋盘被改造成了黑白相间的格子，还发展出了很多本地特色，名字也从"chaturanga"变成了波斯语中发音相近的"satranj"，意为"百忧棋"。棋子中的印度将军被换成了"vizier"，即波斯君主的宰相。当时的战争中已经不再使用战车，所以棋子中的印度战车被换成了"rukh"，即波斯民间传说中的一种巨大凶猛的鸟。

到了中世纪，百忧棋通过西班牙传入欧洲，又发生了一些变化：宰相变成了王后，骑兵变成了骑士，象换成了主教。欧洲没有波斯传说中的鸟，而"rukh"的发音接近法语的"roq"，即石头，所以之前的鸟被改成了由石头建造的城堡。

虽然表面的特征在变化，早期象棋的内在结构，即各棋子间的关系或说游戏的机制，却保持未变。棋子总数还是那么多，走法也照旧。象变成了主教，但仍然是一方持两个，只能走对角线。战车变成了城堡，但既然战车可行驶，城堡也就可以挪动。王依然是全盘最要紧的棋子，整盘棋为的就是保住这个几乎无事可为的王。将军的规则还是一样，被将一军就是输一局。小兵还是小兵，象棋传到哪个社会都不缺这类小人物……总之，在印度象棋中行之有效的谋略在波斯和欧洲象棋里也一样用得上。虽然希沙早已作古（可能因妄图攫取全国的粮食而被治罪杀头也未可知），但公元 6 世纪的印度数学思想成就依然在今日的人类知识宝库中占有基础性的地位。

人类文化中几乎所有事物都经历了象棋的发展变化过程。虽然同属人类，但我们一直乐此不疲地制造将一群人独立于其他人的漩涡。通过人与人的交往，涟漪从一个漩涡扩散到另一个漩涡，在此过程中，有些变化，有些不变，有时还有新的、更宏大的东西被创生出来。

四万年前，我们的祖先还只是无数个从事狩猎采集的小群体，散布在荒野山林中，几乎没对世界有任何改造。他们没有什么机会碰到陌生人，一出生就在自己熟悉的群体中了。虽然他们自己毫不觉知，但其实已经有种种力量把他们联系在一起了。时至今日，地球上每一块能住人的土地上都有人居住，每一处环境都经受过人为改造，人类活动的潮流裹挟着所有生物，没有哪个物种能独善其身，某一地的人类活动必定会对其他地方的人造成影响……但即便联系如此紧密，人类还是分为许多小的社会，而没能形成理想中一统的世界。

人类历史正是这些小社会在文化范畴内不断扩张并交汇碰撞所产生的迷茫、动荡、战争，抑或文化繁荣、宗教启蒙、知识进步等形成的故事。值得一提的是，即使在战争、奴役、杀戮、奸淫中，也会有思想的碰撞交叠，直到萌生出新的思想并慢慢成熟为体系。社会经济发展是如此，战争手段的升级亦然，发明、宗教、艺术、哲学、科学的进步也是如此。王朝的崛起繁荣、思想的传播发展，乃至偶尔出现的全球范式的新陈更迭，都无外乎这样的过程。

人类交往联系的大网在几万年间越织越密，未来势必会更密。只要人类还存在一年、十年、百年，人们之间的联系只会更加紧密而不是相反，这是不可阻挡的趋势。这样说来，可能确有某种全人类尺度的进程正在发生，但这个进程太过宏大以至于我们难以体察，至少现在还看不清楚，就像古代中国人和罗马人无法看清他们之间怎么就互相产生了影响一样。历史大潮中，人人都想参与小我之外更大的集体，但这个更大的集体却从来不是全人类。人类历史的轨迹看似有万宗归一的趋势，但仅趋势并不足以证明这就是历史真正的归宿。看看当下，人类尚且不是一个和睦幸福的大家庭，甚至说人类是一个什么整体都显得牵强。

要试着解开未来走向的谜团，就必须回头看看人类是如何一路走来、从彼时彼处抵达此刻此地的。我们把人类日益紧密的交往联系作为一条贯穿始终的主线，那么线索之上的叙事脉络如何？叙事中有什么主题和起承转合？包含哪些段落、章节和主要事件？换言之，如果历史是我们讲给彼此的故事，这故事要如何展开讲述？

许多年前，当我第一次意识到古代中国的繁荣与罗马帝国的衰亡存在某种联系之后，就开始探究历史这个大故事。现在，我把这些年所理解的大故事写成了这本书。

目录

第一部分

工具、语言、环境

茫茫地球的无数生命之中，只有人类懂得利用工具和语言结成集体，共同应对环境。有了语言，人类就能讲故事，而神话传奇等故事把人们凝聚成了集体。在人类刚出现的年代，神话叙事都源于地理环境，相邻而居的人们会联结成"意义的网络"，一个人生活在哪里就决定了他是谁，同在一地的人们能不断交往沟通，共同构建起对某些深刻概念的认识，诸如时空、生死、善恶等等。人们在这样由思想观念构造的抽象体系中生老病死，并认为这就是世界本身的模样。然而，哪怕只在几百里之遥的另一个环境中，人们从另外一套地理因素中汲取营养和形成认知，由此共同构建起的抽象体系也会是截然不同的。

1. 人类走上世界舞台

公元前150亿年—公元前5万年

1940年秋的一天，四个住在法国西南部的十几岁少年在家附近的树林里闲逛，寻找传说中埋在此地的宝藏。忽然，名叫"机器人"的宠物小狗冲到了一个因大树被连根拔起而形成的坑里，用爪子刨着什么东西。少年们满心欢喜地跑过去，却什么也没发现——地上没有装满古董宝藏的箱子，只有一个不起眼的黑黢黢的洞口。

他们毕竟是孩子，就像我小时候一样，会好奇地钻进洞里探秘，正好他们身上带着手电筒。洞穴很深，一直通向一个很大的洞室。他们用手电筒照亮洞室时，惊奇地发现洞壁和六七米高的洞顶都有巨大的壁画，画着水牛、野鹿等动物，体量比真实动物还大，描摹细腻逼真，黑、红、棕、黄颜色各异。原来，他们误打误撞进入的是世界上最壮观的旧石器艺术遗址之一：拉斯科岩洞。

此处的岩洞壁画蔚为大观，但不算绝无仅有。1868 年以来，从西班牙到利比亚，再到印度尼西亚，世界各地发现了很多类似的洞穴壁画，至今仍不断有新的发现。不少岩洞里的壁画创作时间跨越几千年，世世代代一直有人到洞中去画，其中最古老的大约可追溯到四万年前。令人称奇的是，这些古老的壁画都很精巧，考古并没有发现不成熟的过渡水平的画作。石器时代的画匠们并不是花上几百代人的时间学习勾勾画画，又经过几百代人学会描绘动物的大致外形，再经过漫长的时间终于画出清晰可辨的马、猎人等等。实际上，似乎在三万五千年到四万五千年以前，人类突然就能创作精细的艺术了。不仅壁画如此，古人类学家在小亚细亚半岛发掘出了与洞穴壁画大致同期、做工复杂的珠宝首饰；在南部非洲，考古发现的石刀装饰精美、打磨光亮，就算在今天也称得上工艺精湛；在德国发掘出的一块骨雕，雕有护身符大小的女性形象，有肥硕的四肢和丰满的乳房、臀部和阴户。

人类如何突然间掌握了高超的艺术能力？其实，与人类的祖先智人同时代的还有其他会制造工具的灵长类动物，其制造的工具种类大体与智人相当，但水平千年不见进步，而人类的手艺却突飞猛进。这样看来，四万五千年前一定发生过什么。那么发生的会是什么呢？

人类的故事，就藏在这个问题的答案中。

凡是故事，必然有其发生的背景。人类历史这个故事的背景是物理层面的宇宙，那我们就从宇宙讲起。物理学家称，宇宙约诞生于 133 亿年前。这听起来是个天文数字，但换种方式想，如果每一年对应一美元，那这么多钱都不够造三艘现代航空母舰的。这么想来，即便物理学家给出的宇宙年龄是个庞大的数字，我们的宇宙仍然可以说是挺年轻的。

物理学家认为宇宙始于一个没有时空维度的奇点的大爆炸，巧的是，很多宗教中也有类似的说法。大爆炸发生前不存在空间的概念，所以我们不能说这个奇点很小；时间的概念也是在大爆炸中产生的，所以我们也不能说"在宇宙大爆炸发生前"如何如何。大爆炸是一个没有之前、只有以后的事件。

大爆炸发生后，不断膨胀的简单物质凝结成数以万亿计的星球，它们随着宇宙的膨胀而彼此远离。膨胀的宇宙并没有一个中心，因为包括空间本身在内的万物都在膨胀（直到现在仍然如此）。到了约 45.4 亿年前，宇宙演化进入了一个与人类更加相关的阶段。在某处，八个星际尘埃云团中的一个结成了星球。在粒子与粒子间的万有引力作用下，云团凝聚在一起，像花式滑冰舞者一样旋转，越转越紧密，最终形成密实的球体。这个星球一面自转，一面也像其他七个姊妹星球一样，绕着太阳公转[1]。

我们可爱的地球在诞生初期是一团炽热的岩浆。经过大约十亿年时间，外层逐渐冷却，形成了岩石地壳。后来又有了雨，一直下到整个地球表面布满了汪洋。水中混杂有一些简单分子，如甲烷、二氧化碳、氨等等，这些分子聚在一起可能发生化学聚合，形成更加复杂的物质单元。当然，由于早期的分子种类很少，能随机结合成功的情况并不多，但随着新产生的分子加入，再结合成新分子的概率就大很多。就这样，随着"相邻可能"[2]的不断增多，宇宙变得越来越复杂、丰富。早期的分子虽然不会直接结合出花鸟鱼虫，这样的大生物可远说不上是"相邻可能"，但是这些分子的碰撞结合总有机会产生氨基酸、脂肪、核苷酸吧？太有机会了，这甚至是必然。

物理学中讲，封闭体系的混乱度会自发增加。这个规律很好理解，比如，随便叫一个人去随意码放书架，结果肯定不会是按书名顺序排列，因为物理现实不会这样自发地形成秩序。水总是往低处流，也就是有序度从高至低，直到再无更低处可流便打破了有序度，同时混乱度增加，聚成水汪，不再流动。我们把这个混乱度的量度叫作"熵"。物理定律还说，在外界作用下，体系中的熵可以停止增加甚至转而减少。水往低处流，但用上水泵就不会如此；火会熄灭，但不断添柴就会越烧越旺；整洁的房间会逐渐变乱，但勤加整理就能保持整洁……然而，宇宙作为一个整体却不会发生这种情况。为什么呢？因为从理论上讲，宇宙之外再无外界，正像哲学家路德维希·维特根斯坦（Ludwig Wittgenstein）所说，"宇宙就是一切"。没有外界，就不会有外力。因此，只有在更大的外界封闭体系中，熵增的过程才能被抑制。

大约四十亿年前，这种封闭体系开始出现在地球上。那时，大洋底部的缝隙让热量从熔融状态的地心释放出来，促使氨基酸、脂肪、核苷酸等小分子聚合起来，形成不再适用熵增定律的自洽小环境，就像让水往高处流、让火长燃不灭一样。这些分子集群就是最早的简单细胞的前身，是构成生命最基本的单元。

　　同理，生命体也是处在周遭环境中的一个封闭体系，各个器官之间的内部秩序将亿万分子组织成有机的整体，小到一个细胞、一个器官，大到一只青蛙、一个人，所有生命形式都是如此。

　　生命体就像一个星群，分子是组成它的星体。这里星群的概念并不单指哪一颗或哪些星体，而是指所有星体间的关系。任何生命形式要维持其内部结构就必须消耗能量，而能量来自外部世界。浅显点说就是细胞也要吃饭，如果没有足够的能量维持好这个体系，它就会失去凝聚力。凝聚力不断削弱，总有一天星群会不复存在，组成它的所有分子虽然不会灭亡，但一旦整个星群溃散，生命也就终止了。

　　在四十亿年前或者更早，地球的海洋中出现了最早的生命迹象。不管具体时间如何，毋庸置疑的是，生命几乎同地球一样古老。虽然任何个体都终会死亡，但生命这种形式却会不断增殖，对抗着熵增的趋势。这就是生命的整体规律：个体会存活、繁殖、死亡，但生命会不断扩张、衍生、进化。至少到目前为止，这个趋势从未变过。

　　几十亿年来，单细胞生物演化出了无数种多细胞生物。同时，生物繁衍生息的这片舞台也在不断变化。先是大陆崛起，沧海变桑田，之后大陆一分为二，分道扬镳。两块大陆进一步裂解、漂移，直到逐渐形成了接近今天的格局：一片体量巨大的欧亚大陆之外，南边是辽阔的非洲，东边是小小的澳洲，在地球另一边还有美洲，向南到尽端是南极洲，还有散落各处大大小小的岛屿，其中较大者甚至能与大陆媲美。到这时，人类还没有出现，但舞台已经布置妥当。一切就绪，只待人类故事的大幕拉开了。

　　大约四千五百万年前，一个巨大堪比陆地的岛屿与欧亚大陆发生了碰撞，这里说的"碰撞"是地质时间尺度上的用词。在人类时间尺度上，所谓"碰撞"发生得几乎无法察觉，只是这期间偶尔会有地震，百年之内会遇到一两次火山喷发，仅此而已。但在地质尺度上，南亚次大陆向欧亚大陆的缓慢碰撞造成了地球表面的褶皱，褶皱隆起的部分形成了世界最高的山脉——喜马拉雅山。喜马拉雅山的隆升改变了这一区域的气候格局，对人类历史产生了重大影响。从海洋吹向内陆的风遇到高耸的山坡，湿气上升形成降雨，强烈的降雨在东南亚和这片叫作印度次大陆的土地上形成了繁茂的森林。空气失去了水分后继续向南流动，进入非洲并在途中不断升温，干热的空气改变了非洲东北部的植被。随着热风的侵入，过去空气湿润时生长起来的密林开始萎缩。

　　当时的非洲丛林物种繁盛，其中有多种灵长类。随着丛林萎缩，一些灵长类迁往树林深处，继续生存在对自己最适宜的环境中，还有一些则在丛林的边缘探索新的生活方式。树木变稀了，形成了更多开阔空间，一些灵长类动物便开始从树上下来到地面生活。当时的类人猿大概是抓着树枝在树下用双足走路，那个场景应该就像今天的小朋友玩攀爬架，交替着双手向前荡。与此同时，丛林继续萎缩，本来还只是局部稀疏、出现空地，后来慢慢变成了稀树草原——大片都是草地，只有零星几棵树木。

工具

　　稀树草原成了人类的发祥地。生活在丛林边缘与稀树草原交界地带的树栖类人猿逐渐掌握了不抓树枝就能双足走路的本领，这在当时的环境中非常有用，使其在遇到危险时能快速跑过开阔的草地回到距离最近的树上，不得已的时候还能迅速躲进丛林。另外，能双足走路就解放了前肢，于是前肢变成了胳膊，爪子进化成了手掌，又进化出了对生拇指，形成了制造工具的巧手。大脑也在这个过程中变得更大、更聪明，以适应掌握新本领的需求。

　　花开两朵，各表一枝。除了稀树草原，还有一个因素对人类的出现至关重要。在那时，非洲东北部的地质很不稳定，造成了气候的极端变化。在二百万到二百五十万年前，这一地区冷热反复、干湿交替，时而季风气候，时而干旱少雨，草地变成荒漠，荒漠又变成沼泽。这些变化并非在百万年内，而是在短短的千年中频繁发生。此时，生物已经演化到跟生存环境就像一把钥匙开一把锁般精准匹配，于是问题就出现了：气候变化太快，生物演化的速度完全跟不上。非特化的物种比特化的物种更容易应对这种环境条件的无常变化，也就是说，适应能力强比适应结果好更有用。

　　生活在这样世界里的生物必须不断调整生存策略，有拇指、手掌和手臂，能双足直立行走尤佳，因为有这些构造的灵长类动物可以通过制造工具来弥补生理进化上的不足。起先，它们肯定只会利用环境中很少的东西作为工具：用大块的石头砸开果壳、用粗糙的石头碾磨种子、用尖利的石头杀死猎物。后来它们有了重大进步，开始用手头已有的工具制造新工具：用石头把其他石头打制成石刀、把树棍切削成木矛……总之，开始了发明创造。

会这样做的灵长类动物不止一种。在几百万年的时间里，地球上能双足行走、能制造工具的灵长类还有很多，其中一些后来灭绝了，另外一些则演化成了新的、更强大的生物。它们制造的工具种类越来越多，学会了生火和维持火种不灭（当然，火也是一种工具），学会了集团狩猎，还用上了长矛、棍棒、猎网等各色工具，让猎物闻风丧胆。它们不仅食用猎捕到的动物，还剥下一些动物的毛皮当作外衣。可想而知，在当时别的动物眼中，它们是多么可怕的物种。

这些灵长类动物掌握了用双足行走的本领，足迹遍布整个非洲和亚欧大陆。跟其他动物不同，有了工具的它们能够在各种环境中扎根下来，走进了森林、大漠，踏上了沼泽、平原，爬上了山岗，摸下了河滩。同时又被新的环境塑造，形成特定的生活方式。如果说历史是一条编好的麻绳，那么环境一定是编成它的三股麻中的一股，工具是跟它交缠在一起的第二股，而第三股则到了后来才出现。不管是过去还是现在，人类其实从诞生那一刻起就与所在的环境密切相关，也与为应对环境所做的努力和所造的工具紧密联系在一起。

这些一百万年前游荡在地球各处的生物其实都还算不上人类，如果它们溜进今天的百货商场，绝对会一眼就被发现。它们在生理上还没有进化成人类，但生命的发展演化一直在持续，直到约十万年前（前后误差几万年）才有一些双足灵长类动物进化出了与现代人一致的解剖结构。科学家称其为"Homo sapiens"，拉丁语意为"智人"（这个词听起来不免有点自大，人类居然会发明这么个词来夸自己）。

那么我们可以说人类历史故事的大幕早在十万年前就已经拉开了吗？其实还不算。舞台虽已布置停当，主角却尚未登场。早期智人还缺少一个现代人习以为常的要素，正是这个要素才让本章开篇所讲的情形成为可能。大约四万五千年前，人类开始能创造壁画、吹奏乐器、闻歌起舞，并在对食物的争夺中打败其他所有双足灵长类而成为历史舞台的主角。当时一定是发生了什么大事，才让人类开始主宰世界。是什么大事呢？

答案应该是：真正意义上的语言出现了。

2. 语言开启人类历史

公元前5万年—公元前 3 万年

早期的尼安德特人已经具备能说出单词的生理构造，但单词还不是语言。例如，乌鸦也会用不同声音描述环境中的不同事物，可以说它们会用特定的单词来表示人或狗，它们还会创造新的声音指代具体某个人，比如呱呱叫着提示其他乌鸦"农民布朗来啦!"但这不过只是单词，仅仅单词还不能构成语言。还有一个相似的例子：动物学家曾训练一只名为 Koko 的大猩猩学会了用肢体表达一千多种具体事物（比如冰激凌），但 Koko 只是掌握了词汇，它会指明具体某个东西，但这只能算是一种指识，还远远称不上语言。

真正的语言是通过连缀，把单词组合成千变万化的意群而形成的。语言是在语法和句法的框架中填入单词。在真正意义的语言中虽然也有不少单词直接对应具体事物或事件，如：

　　椅子、吃、杀

但不都是如此，如：

　　不、都是、如此

　　其实，很多单词的含义不在于对应现实世界中的哪样东西，而在于同其他单词间的关系。发展出语言能力，就意味着我们能把单词当作其所描述的客观物体一样使用，这样单词就可以脱离客观物体而独立存在。词汇的世界就这样形成了，它与客观世界相平行、相联系，又不完全对等。两个使用语言沟通的人能一起进入这个世界，相互交流无碍，就像在客观世界中一样往来自如。

　　想象一下两个人的对话。一个说，明天咱们去街角的卷饼店一起吃午饭吧。另一个说，行啊，什么时间？正午前后？——他们对话中的这些词在客观世界中都没有实物对应。明天、午饭、正午，如果要用手指识出来，这些概念在哪里呢？指不出来的。而这番对话还算不上是最抽象的语言。想想各类虚词：让、位于、关于……更是对应不到客观世界的实体存在。这些词语跟"明天""午饭""正午"一样，只属于语言的世界。

　　人类学会了真正的语言，发出的声音就不再限于提示同伴躲避危险、冲向猎物或准备开饭，而是进入了更高级的沟通阶段——开始用声音构建想象，描摹整个世界的样貌。两个人讨论明天午饭吃卷饼时，所对应的想象世界不是各自的而是共通的，否则两人根本不会在第二天同一时间出现在同一地点。仔细想想，这其实挺神奇的，不同的人竟然能想象出相同的世界。

人类掌握语言技能比学会画壁画和吹乐器就只早了一点。它不是人类的发明创造，而是逐渐发展出的一种生物特征，跟手掌进化出对生拇指是同样的道理。人类的语言习得并不是像做菜那样对着菜谱按部就班地来，而是所在的族群说什么语言，自己就自然而然能学会这门语言。一个婴儿不管在谁身边，都会极力尝试去交流：或哭，或笑，或乱摆乱抓……直到这些交流产生意义。其中的实质是婴儿打开了符号世界的大门，进入了由身边人共同创造和维护的现实当中。

在使用语言进行抽象交流时，语义并不依附于个人，而是为某一个星群所通用。人们能通过语言向其他人传递意义，却不"占有"这些意义。我们拥有的只是语言，通过语言形成意义传递给交流网中的其他人。回到前述两个人约午饭的例子，"卷饼""明天""午饭"这些词可不是他们的发明，但哪怕这两个人有个三长两短，这些词语和语义仍会在他们所在的社交系统中长存。这就好像，即使旧星陨落，新星也会亮起，星群依然如故。

到了距今几万年前的某个时间，掌握语言的生物相比其他生物开始有了决定性的优势。自然选择长期向语言优势倾斜，人类进化出纯熟的语言能力，再无其他物种可以媲美。人类从所有会制造工具的双足灵长类中彻底胜出，对手们则从此逐渐灭绝。语言，就是历史这条麻绳上的第三股，是世界历史"三元辩证"[3]中的一元。

需要指出，人类并不是唯一会群体协作的生物，一个典型例子是惯于群体围猎的狼，以及应该至少有与狼群相当的协作水平的尼安德特人。然而，其他社会性动物必须聚在一起才能协作，因为它们得靠实实在在的信号传递才能组织起来，形成照应。而人类掌握了语言，就能在不同时间、不同空间朝着相同的目标一起努力。语言织成的网络把无数个体的人联结起来，形成一个社会有机体。人们即使互不见面，各自处在不同的环境，也能够协同一致。能做到这一点，是因为人们都生活在群体共同的想象世界中。所以说，人类并非直接生存在客观宇宙中，而是生活在通过语言共同建立、共同维系的世界模式（world model）中。这个世界模式先于我们的出生而存在，我们在成长的过程中融入了它，而长大成人就是指一个人终于能够充分想象出人们共同的世界。

作为生物的人，如果肚子饿了就会想要吃的，这跟身处哪个社会无关。但社会意义的人则完全是另一回事，社会身份取决于所在的人群。生物意义的自我是指身体，即有一个由头骨包着无数神经细胞组成的大脑。而社会意义的自我是指人格，即从人类共同智慧的云团中汲取思想、态度、信息、观念等形成星群。这个星群与大脑和身体密不可分，却又存在于躯体之外由千千万万个体组成的社会网络中。而人们通过语言所创造的意义网络，正是把生物意义的自我和社会意义的自我统一起来的媒介。社会星群与环境不断交互，就像一个个细胞不断组成更大的机体。当人类开始形成群体自我的认知，组成了只存在于意识而不存在于现实世界的星群和意义网络时，人类历史的故事才真正开始。

然而，语言在赋予人无穷力量的同时也提出了一个要求，即把人群组织起来的世界模式必须与现实情况相符。而现实世界有着复杂迥异的样态和变化不息的未知性，为了与之保持一致，人们必须一边获取新知，一边不断调整认知中的世界模式。然而，要让整个社会转换思维可比改变个人想法难得多。虽然社会运转起来也类似一个庞大的生物，但它只是能让各组成部分互动起来的一个体系，并没有跟生物一样的大脑。能让社会真正实现改变的还是其中个体的改变，可是这个世界上没有心灵影响术，很难让所有人一下子全都改变。虽说人类一起生活在共同想象所建构的世界里，但每个人在这个世界中仍然是独立的个体，有属于自己的信息、思想与观念的星群。

如果社会中的一部分人改变了认知观念而另外的人没有改变，人们所认识的世界模式就会逐渐失去凝聚力。而一旦世界模式变得混沌不清，社会星群共同应对环境的能力就会减弱。所以，人一方面不能与物质世界错位，另一方面也不能与其他人错位，但这两个方面之间常常会有冲突。其实从语言出现的那天起，与他人关联和与世界同步之间的矛盾就一直存在，这个矛盾诱发了许许多多的历史事件。也正是因为这样，我们可以说语言同环境、工具一道，构成了人类历史"三元辩证"的三股力量。

在学会使用语言之前，人类的生活方式可能与其他高级灵长类动物并无区别，也是一个个小群体到处巡猎、采撷野果、茹毛饮血；也会在水源旁栖居，白天散往各处，晚上围坐在火种旁休息，还生怕火熄灭。在绝大多数的狩猎采集群体中，所有成员都有亲缘联系，当然其他所有高级灵长类动物也都是这样。那时的人们偶尔会在自己的地盘碰到其他人群，有时也跟其他群体聚在一起搞仪式节庆，过后有些女性就怀了身孕。甚至偶尔，在某些今天已经无法知其详细的情形下，人类与尼安德特人也会交欢受孕，毕竟两者之间差别很小。

但是语言出现之后，人类就与其他灵长类动物相揖别了。从那时起，有人开始进入洞穴探险，在洞壁和洞顶上留下了那些只有点着火把才有幸得见的壮观画作。音乐也出现在这前后的几千年中，后人在洞穴里发现的古老笛子就是证明。岩画中以线条勾勒的人形画显示，那时的人们已经会闻歌起舞，还会制造首饰，说明他们已经有了尚美的理念。人们制造的工具也比之前复杂了许多，不只使用石器，也开始使用骨头、贝壳、鹿角。当然还应该用到了木头，只是木器无法长久留存，所以无从考证。工具的功能不再限于研磨、劈砍，还出现了鱼钩和针等，有了针，就可以缝制衣裳。人们会生火吃熟食了，也肯定随之有了关于做饭方法的交流。

语言的出现让人们制造工具的能力大大提升，要学着做点什么东西不再需要亲眼看别人现场操作，只要做过的人能用语言描述，其他人就可以如此这般地学会。那个时候的人们尚未亲眼见过世界上很多东西，但只要群体中有一个人见过，就相当于其他人都见过了，因为那个人所见的东西已经成为他们共同的符号世界中的一个元素。技能和知识在符号世界中逐渐累积，过去的经验代代相传，从而使后人能制造出更好的工具。

如果说这样的突然繁荣说明人类已经掌握语言，那么从这时起人类应该也有了讲故事的能力。如果这个推断没错的话，这也是人类第一次有了历史意识，开始尝试构建自己的过去。宇宙诞生以来

的亿万年中发生了太多事情，但要把这些讲成故事，首先得有诸如
"昨天""明天""我像你这么大的时候""我爷爷的爷爷"这样的说
法。讲故事和历史概念出现了，才生发出所有的神话传说。当我想
明白了是语言发展之后，才产生了故事、艺术、宗教、技术等等，
忽觉茅塞顿开。我几乎能把自己代入当时当地的场景，跟一大群人
聚集在一起，每个人既彼此有关又不失独立。从那一刻起，我们才能
确凿无疑地说"人类"在地球上诞生了。他们虽然跟如今的我们穿着
打扮不同，也不会像我们一样每天洗澡，但着实已经是"我们"了。

3. 文明在地理中孕育

公元前3万年—公元前 1500 年

有了工具和语言之后，人类就能进入此前难以生存的环境中生活。到了苦寒之地，就以猎物皮毛做衣服、用猎物骨头搭房子，生火取暖，住在里边。距今四万年以前，人类已经走出非洲，来到亚洲西南部，又走向了欧洲和东亚，还到了冰天雪地的北极。哪里有好的食材，人类就往哪里去。对于狩猎者来说，猛犸象等大型野兽出没的北部自然是上好食材的产地。

在人类不断提高狩猎本领的同时，地球恰好进入了持续的冰河期。全球气温骤降，大量的水凝固成冰川，海平面大幅下降。今天西伯利亚和北美之间的开阔海域在当时要么是干涸的陆地，要么是厚厚的冰盖，人们走在上面根本察觉不到脚下其实是大海，于是有些追逐猎物野味的人就从这里闯入了美洲。随后气温转暖，冰雪融化，海平面回升，两大洲之间的陆桥消失不见。当初没能过去的人再也过不去了，已经过去的人则回不来了。这是人类的一件大事——一块大陆被分为了两块。但当时的人们根本意识不到这个全球性变化，他们都忙着在自己的社会星群里过各自的小生活呢。

到这个时候，至少已经有过三次从亚洲向美洲迁徙的浪潮，人类足迹甚至到达了今天加拿大东北部的新斯科舍和南美洲最南端的火地岛。此时人类使用语言已经有数千年，所以到了美洲的这些人无疑也会保留很多与东半球近亲共同的祖辈传下来的传说和传统。但在两块大陆分离后的一万一千多年里，人类文化则走上了分别演进的道路，这对后来的世界产生了深远影响。

环境主宰了人类的生存方式，也决定了群体的交往方式，所以不同的环境孕育了不同的文化。在那时最大的大陆上（包括今天的欧亚大陆和非洲），人类至少形成了三种截然不同的生活方式。大约一万年前，一些人放弃了狩猎采集而开始尝试定居农耕，在小亚细亚半岛（即今天的土耳其）、黎凡特（包括今天的以色列、叙利亚、黎巴嫩等地）和欧洲的部分地区出现了小型村庄。能有村庄的地方一定是土地肥沃、雨水充沛的地方，这就是环境决定生活方式的体现。

但是在这些地区也有人选择了不同的生存策略，他们没有定居下来完全依赖农耕为生，而是驯化捕猎来的动物，成了游牧的牧民。做农民还是做牧民，定居还是游牧，这是一次重要的历史分流。在定居农民与游牧部族交错居住的地带，二者形成了互利共生的关系。一方善于种植谷物、水果、蔬菜，另一方则出产肉类、皮毛、乳品，双方通过以物易物来互通有无。

偶尔也会发生游牧部族为满足自己所需而劫掠农民村庄的情况。其实在一些地区，双方甚至能追溯到相同的祖先。而双方的分流发展会被演绎成背叛与战胜的宏大传说，在各自的部族中流传下去，比如《圣经·旧约》中该隐和亚伯的传说就产生于农牧并存的环境中。在这样的地方，两种生活方式注定会产生摩擦与冲突。

还有一些人走向了河湖海洋，以水中捕食为生。这种生活方式未必形成得更晚，因为船的出现比人类更早，我们的祖先在尚未完全进化成人类时就造出了最早的船。所以，人类在诞生之初应该就已经明白，只要地理条件允许，捕鱼、耕种和放牧一样，都能够维持生存。

大河流域文明

距今约六千年，有人发现了一种极有利于耕种的环境——河流沿岸，那里每年有洪泛，随后会沉积一层肥沃的新土。这样的河流多不胜数，但其中四个大河流域尤为显眼，孕育了今天我们耳熟能详的最早的城市文明，即分别滋养了埃及、美索不达米亚、印度、中国四大文明的尼罗河、底格里斯-幼发拉底河、印度河和黄河。

如果说环境决定了文明，那为什么这些文明同样发祥于河流而后来的走向却如此不同？答案很简单：这四条大河并不十分相像，而有着重要的地理差异。人类在不同的大河流域生息繁衍，形成了不同的习俗、传统和思想的星群，产生了不同的世界历史故事。

尼罗河

　　尼罗河由两条支流汇聚而成，下游最后六百英里左右水流状况极好。尼罗河总长四千多英里，发源于非洲中部的几条小河，上游和中游三千余英里的河道流经峡谷、瀑布、湍滩，一路激流经过一连串大瀑布，这样的河道滩浅浪急、时有狂风，完全不可能行船，步行涉水也无法通过。而过了大瀑布群之后的下游，才是孕育了埃及文明的尼罗河谷地。尼罗河下游水阔流深，波澜不兴地一路向北流去。在这平静的水面上，终年吹着向南的微风。人们在河上行船，撑上帆就随风向南，收起帆则顺流向北。这样的条件让人们能沿着河流分散而居，而不用聚集在一个个孤立的城镇。在不断交流互动中，人们形成了相同的文化，或者可以说，整个流域形成了一个巨大的社会星群。

　　除了这个突出特征，尼罗河的另一个特征让它所养育的聚落得以很好地保全：由于上游的大瀑布群很难穿越，南方的蛮匪很难来这里滋扰。此外，尼罗河流域以东地形崎岖且气候干燥，几乎没什么人烟；西边是广阔的撒哈拉沙漠，也没有强邻威胁。所以古埃及人只需要守住尼罗河入海口三角洲的这一小块地方，居住在整个尼罗河流域狭长地带的其他人就能无忧无虑地生产劳作，蓄积财富。

　　在如此环境滋养的单一文化中，人们愿意团结协作，兴建庞大的水利工程。尼罗河泛滥时，洪水会一直漫到河谷两侧的山脚下，于是两岸农民修建起水坝、水库、河渠，在洪水期蓄水，再根据农时定量放水以满足田地全年的灌溉需求。在工程组织的过程中形成了一种复杂的指挥体系，指挥权层层向上，在顶端的决策者就有了神一般的权威。

尼罗河泛滥虽有明显的规律，却也并非一成不变。一旦出现洪水稍欠的年份，人们不禁会从自身找原因：是不是自己做错了什么事？或者少做了什么事？一边是强大的中央集权，一边是人们认识和影响自然的追求，两个因素碰在一起造就了古埃及文明中最显赫的人物——被人们视为神的法老。

人们视法老为神，其本人当然受用，于是也自视为神。而我作为理性的现代人，忍不住要就此联想一番。比如，法老要是感冒了，人们会怎么想呢？哪有神会一觉醒来浑身乏力的？但我知道，在当时的埃及肯定没人动过这样的念头。个人的思想是社会塑造的，而古埃及社会需要当时的人们有这样一个信念：只要法老的需求、愿望乃至任性都得到满足，洪水就会如愿而至。当然，现实中没有哪个人的所有愿望和任性都能永远被满足，所以这个假设条件也就无法证伪。古埃及正需要一个无从证伪的信念，才能组织起千千万万的人齐心修水利，如果有人胆敢质疑，就是威胁了所有人的安全。没有人愿意做这个出头鸟，去当威胁所有人安全的罪人。质疑会危及这个社会星群的内部秩序，所以社会是不欢迎质疑的。

修建、经营、维护水利灌溉系统让无数人在一年当中的一段时间内有事可忙，但其余时间里无事可做。这肯定不是好现象，因为组织有素却无所事事的壮劳力会酝酿骚动。那么，一边是庞大的劳动人口需要找事情做，另一边是神一般的法老有各种需求需要被满足。这两个因素在一起又会产生什么呢？

　　产生的是金字塔——无数人力的汇聚，只为一人打造身后荣华——还有庞大如山的纪念庙宇和雕像。水利工程、法老、层级体制、金字塔……古埃及文明中这些最突出的元素都源自这个文明最强的心跳：尼罗河。

底格里斯-幼发拉底河

　　底格里斯-幼发拉底河在尼罗河三角洲正东大约 1 350 英里处流入波斯湾。这两条河流发源于土耳其的群山中，相隔平均 50 英里，近乎平行地一路向南流去，流过今天的伊拉克地区，一直到快入海处才汇流合一。两河流域没有尼罗河那样的大瀑布群分开上游和下游，有些河段可以行船，有些不能。河上风向多变，下游还有很多沼泽地。所以美索不达米亚平原没有形成全流域连绵单一的文化，而是出现了很多散落的村庄群，各有各的祭祠神庙和信奉体系。

　　这个地区没有人能赖以庇护的地理屏障。大河滋养了农耕，且当地的环境同样适合游牧，所以农民必须时刻提防可能从任何方向入侵的劫掠者。没有地理屏障，村庄里的人就自己修筑卫墙，于是美索不达米亚平原上就出现了不一样的景观，形成了很多有卫墙的城池，进而发展成了善战的小型城邦：乌鲁克、阿卡德、拉伽什、基什……每个城邦都有自己训练有素的军队。

　　古埃及人发现，一旦培育出了修筑工程的劳动人口就必须让他们有活儿可干。而美索不达米亚人则发现，一旦有了军队就要不停征战，否则无仗可打的军队会产生内讧。于是，这里的统治者们不是在抵御外敌入侵，就是在沿着河流向上下游征讨邻邦。古埃及人修建了金字塔，美索不达米亚人则建立了王朝。战胜的首领统治若干城邦，得以拥有和调动更多资源，由于城邦需要更强大的军队来保卫，反过来又挑起了更多战事。大约四千三百年前，基什城邦的王——阿卡德的萨尔贡（Sargon of Akkad）征服了美索不达米亚地区大部分的城邦，建立了世界历史上第一个王朝帝国。

这样听起来，美索不达米亚人似乎凄惨、煎熬又短寿，但其实他们的生活如同燃放的鞭炮一样充满生机和创造力，起码在我看来，要比平静内向的尼罗河文明热烈得多。在埃及人建设丰碑式的雕塑和墓葬之时，美索不达米亚的苏美尔人在热火朝天地制作器物、发明东西，忙着打交道、谈买卖，也编纂律法，也作奸犯科，还有人忙着唱曲、交欢、偷盗、八卦、争吵……这片土地上的众多城邦中既产生了勇于开创的个体主义，也鼓励了不畏竞争的多元精神，这成了后世伊斯兰文明和欧洲文明的基本特征。仔细想想，这难道不应该是必然的吗？这里的大河本就是两条。

印度河

印度河孕育了世界上最早出现却最晚被发现的伟大城市文明之一。直到 20 世纪初，几乎都没人知道印度河流域在五千年前就诞生了文明，并在其巅峰时期产生过两座早已湮灭在历史中的辉煌城市——哈拉帕和摩亨佐达罗①。19 世纪，英国人在这里修筑铁路时

---

① 这两座城市的遗址以及印度河的主体均在今天的巴基斯坦境内。——译者注

甚至还用过印度古文明时期烧制的砖块，却从没想过那些砖块竟会如此古老。哈拉帕文明鼎盛之际，也是古埃及人修筑金字塔之时。当时印度河流域的确可以用"鼎盛"来形容，方圆数千平方英里的谷地中有一千多个城镇，生活着约五百万居民。

　　在这里，文明繁荣的关键是水源。印度河的源头有很多细流，涓滴汇流形成五条主要支流，在阿拉伯海入海口以北几英里处汇成一条大河。整个流域河网密布，灌溉便利，适宜耕种。丰沛的水源让这里毫不缺少闲情逸致，哈拉帕发展出了高度发达的艺术、手工以及工程能力，成规模的城镇像今天的城市一样有整齐的规划，因为水源取之不尽、用之不竭，城镇里还建设了很多浴场和供排水设施。

　　但是这里的河道有一点恼人，即时常会无故改道。河流流经土质松软的地方，缺少岩石和沟谷约束流向时就会如此。在哈拉帕时代，印度河本来由六条支流汇成，但最大的一条支流后来消失了，只剩下五条。所以，虽然河流谷地里土壤肥沃、生活富足，但这里的人们恐怕也会有盛久必衰的忧患意识吧。

　　另一个地理特征也给这里的文明烙下了印迹。巍峨的喜马拉雅山脉矗立在印度河流域旁侧，山的那边是非常适合放牧的高山草甸。游牧部族曾在历史上多次冲出山隘进入谷地，或劫掠城镇，或互市贸易，一有机会就落地生根，他们构成了这个地区历史演进中一股不可忽视的力量。

　　大约三千五百年前出现了一次游牧部族出山的浪潮，而此时哈拉帕文明正渐渐式微。新来的移民以往生活在辽阔干燥的草场，现在却来到人口稠密的谷地，而这里人们的思想、饮食、习俗和生活方式都形成于水源丰沛的环境。

所以，游牧部族就像一本书中突兀的插页一样格格不入。哈拉帕人已经是城市文明的居民，而新来的移民还是乡野之人：哈拉帕人懂得烧制尺寸均一的砖块来修建大房子和谷仓，而新移民只会用泥坯、竹子和草根搭盖小棚屋；哈拉帕农民已经发展出了规模农业，而新移民只会放牧和小农生产，他们以马代步和驮运，以铁制作工具和武器，靠着焚毁森林形成牧场和小块农田；哈拉帕人有生育崇拜，诸神中的很多宗教偶像都是女性形象，而新移民的崇拜对象都与其过去的游牧生活方式相关，主要是寄寓自然神力的风神、雷公、太阳神、火神等男性形象。

新移民的记忆中没有确定的故乡来处，于是也就没有寻祖归宗的想法，只有一切向前的惯性。他们向东迁徙，在所到之处建起村庄。有些人再去更远的地方开疆拓土，建起更多同样的村庄。这些人到达恒河谷地，在一片曾有过更古老文明的土地上定居下来。后世的考古学家发现，此地灰色陶器文化层之下存在一层黄色陶器层，这证实了更古老文明的存在。这里的先民可能使用与印欧语系截然不同的达罗毗荼语系，这种语言应该是源自非洲，漂洋过海抵达印度南部，再从那里向北迁徙。

今天，我们把来自西北的这些移民称为吠陀人，因为他们有一整套名为《吠陀经》的宗教赞美诗，流传至今的就有数千篇。被称作"婆罗门"的教士们背诵了这些赞美诗，然后逐字逐句口口相授，代代相传。《吠陀经》中对古人生活有详细的描写，比如它记载了一种关于神秘饮料"索玛"（soma）的仪式，"索玛"由某种植物制成，只有教士才掌握制作和饮用这种饮料的方法，他们视之为生活中非常重要的仪式，甚至把索玛神尊奉为主神之一。话说回来，这样的吠陀文化从南向北扩散与另一种文化交汇时，就种下了印度文明开花结果的种子。

黄河

从印度河流域一路向东，我们就来到了被称为中华民族母亲河的黄河。黄河之"黄"指的是黄土，这里的黄土几乎是世界上最肥沃、最深厚的一层土壤，是被风力从遥远的西部山脉搬运到此。黄河流域气候干旱，古代农人必须依赖河流灌溉。但这里的山坡往往太陡，人们需要开垦梯田才能耕作，也就是说，要自己动手改造其赖以生存的土地，这可算得上是一项壮举。因为这里土壤实在肥沃，所以人们不惜挽起裤腿辛勤劳作，在此定居下来。

把黄河称为水道几乎名不副实，因为没有哪段河道可以航行。黄河水流湍急，在其中行船无异于送死。人们在沿河两岸能住人的平地上发展聚落，但无法借河流在聚落间交流从而形成单一文化，因此黄河流域形成的各个农耕小社会都是基本独立的。

然而，这些小社会时时处于忧患之中。黄河因携带大量泥沙而得名，是世界上泥沙含量最大的河流。泥沙在河床上不断沉积，抬升水位，沿岸居民必须修筑堤坝才能拦住不断抬升的河面。一旦汛期水量偏大，河水就会漫过堤坝形成洪灾，洪水迅猛时更会直接冲垮堤坝。

就这样，黄河沿岸人们的生活一直笼罩在灾难可能随时来袭的阴影中。这条大河就像一个喜怒无常的母亲，一面滋养了丰饶，一面又不时以灾难突袭，沿岸居民必须时刻提防。当出现垮坝或暴雨洪峰过境时，人们没有时间争论该听谁指挥，所以要预备好一套权力机制。黄河流域的小社会规模不大，人们彼此相熟，所以纪律、等级、服从关系等自然始于家庭。一家之中以长为尊，即使长者去世，其余威犹在。黄河流域的人们认为，过世的长者成为祖宗，仍会荫庇子孙，影响后人的日常生活。家庭在社会关系中的核心地位以及家庭中的长幼尊卑关系，构成了发祥于黄河流域的中华文明的基本特征。

黄河流域的早期聚落有一定的分布规律：典型的聚落是一圈十八到二十个村庄环绕着中心的集市，再外一圈是田地。每个村庄有几十户人家，以父系亲缘维系在一起。村民的住处靠近自家田地，去集市也是走路即可到达。在集市上，邻近村庄的人互相交往，解决争端，共商大事。发展得好的聚落会不断扩张，直到形成小型王国的规模。当时可能出现了很多这样的小王国，但它们在中国历史传说中被笼统地归为一个王朝——夏朝。

神秘的夏朝堪比传说中的亚瑟王宫，人们虽未见过它的遗迹，但不能否定它曾经存在。夏朝之后的商朝也在很长时间内被认为是神秘不可考的时代，直到 20 世纪初，考古学家偶然发现了商朝最后的都城——殷墟。那里出土了成千上万件精细的文物，其中包括刻有文字的甲骨，即经过炙烤和冷却形成裂纹的龟背。甲骨显然是用于占卜的，先向神提出问题，再由解卦的人从裂纹中解读答案，这跟有些预言家用杯中的茶叶渣占卜有些类似。而让历史学家喜出望外的是，占卜的问与答都以文字刻在了甲骨上，这种文字与现代中文有些相近，学者能够逐一解译，从而证实了中华文明绵延不绝，至少可以追溯到三千七百年前。

草原游牧文明

人类文明的另一支又流向了哪里？草原游牧民族是如何发展的呢？农耕文化在若干条件适宜的地区繁荣起来了，游牧文化也没有落后。有的环境太适宜游牧了，简直就像量体裁衣，游牧民族最主要的发祥地是欧亚大陆北部的广阔草原。如果从尼罗河三角洲到黄河三角洲画一条线，那么从这条线上任何一点往北都是草原游牧民族曾经繁衍生息的腹地。

读者如果认为农耕更加复杂先进而游牧则愚钝落后，那就大错特错了。游牧民族同样探索出了能完美适应环境的生活方式，毫不逊色于农耕文明的居民，其中也产生了不少文明。

从字面上看，"草原游牧文明"似乎是个自相矛盾的说法。英文中的"civilization"（文明）一词来自"city"（城市）这个拉丁词根，而游牧恰恰是指不在城市定居的人。在历史上，游牧民族常被视作并称作"蛮族"（barbarians，源自希腊语"外来的"一词）。但这不过是城市人给他们贴的标签，以"（城市）文明"和"（外来）蛮族"做区分，体现的是城市人的偏见。所以在本书中，我们定义"文明"这个词为所有地理分布范围较广、人口众多，虽在内部有具体差异和多样性，但有着共同文化认同、审美和价值取向的文化整体。

因为不定居生活，游牧民族没有形成君主国或帝国之类，而是以变动不居的部落联盟形式不断融合、冲突、分裂。他们的世界幅员万里，横跨中亚，穿过里海与乌拉尔山之间的关口，经过黑海北岸，越过波罗的海海岸的群山，一直延伸到欧洲中部的平原。大河流域的农耕文明是各自孤立的，好似一块块兀自生长的菌斑。而游牧文明则占据了北方大地上一大片广袤贯通的土地，并向南经阿拉伯横贯非洲直抵大西洋，犹如在两个大河流域的农耕文明间形成了一个连通的淋巴系统。

当然，游牧民族中并不是每个人、每个部落都从东边的蒙古一路迁徙到了西边的波兰，但思想会借由邻近部落间的交往像涟漪一样向远方传播开来。游牧社会中如果哪里出现了生活方式变革，就会向周围扩散，能从欧亚大陆腹地一路渗透到游牧文明的最南缘。

游牧社会中产生了不少历史性的技术发明。例如，生活在今天乌克兰与吉尔吉斯斯坦之间的游牧民族首次驯化了马。可能按常理人们不把马归为工具一类，但换个思路想想，马匹和石器一样，都是本就存在于环境中，后被人类改造利用（包括驯化），从而让人类能更好地应对环境。驯化了马之后，游牧民族还发明了马镫和马鞍。游牧民族的女人也有不少创造，先是发明了裤子让人两腿能自如分叉，又发明了有袖的上衣——虽然今天的人们已经习以为常，不会想到这也算发明，但在当时，有了这种服饰，游牧民族才得以跃马驰骋。

牧民骑上了马背就能跑得更快更远、放更多的牲畜、吃得更好、生活得更富足。同时，他们也必须走得更远，因为马吃起草来比牛吃得干净，养马多的草场很快会被啃光，所以牧民必须频繁迁徙。

一般而言，生产效率的提高必然带来人口的增长，但游牧部落总是不会超过一定的规模，其道理很简单：百十口人四处为家并不成太大问题，但数千人则不然。因此，部落一旦壮大就会分裂，会有人离开去另讨生活。在城市文明中，人口增加会让城市发展得更壮大、更稠密。但在游牧文化中，人口增加则意味着要开拓更广大的空间。

游牧民族还有两项意义更重大的发明，这两者无疑算是工具。其一是不同于早前四轮车的两轮车。车轮和四轮车应该是古埃及人或美索不达米亚人的发明，是搬运大块石头等重物的有力工具。但四轮车转弯困难，在不平整的地面上前行也很费力，所以发明了四轮车之后不久就要兴修道路：一项创造催生另一项创造。

但两轮车的情形就不同了。它只有两个轮子，不仅可以灵活转弯，甚至还能原地旋转。四轮车要求修建道路，而两轮车推动了轮毂的发展，出现了由辐条攒集在一起形成的镂空车轮，既轻便又减震。这样的两轮车虽然运不了建金字塔的砖石，甚至承重不过三人，但如果把马套在车辕上，载上车夫、弓箭手和刀斧手，就组成了一辆绝佳的战车。

这就引出了第二个发明——弯弓。这是草原民族发明的武器，更早的弓是用一整个有弹性的树枝制成的，弓太短弹射力会很差，因此一把强弓需要一人多高。中亚大草原上的牧民发现，把若干打磨平整、厚度均匀的木条黏合在一起能制成更好的组合弓，其中的要诀在于强力的黏合剂。黏合剂要从哪里获取呢？这还要说到由他们最早驯化的马匹，从马蹄上取材制作黏合剂，这又是一项创造催生另一项创造。新的弯弓比早期的弓小巧很多，力道却大得多，骑手可以把弓装进马鞍袋里，边骑马边张弓，从此骑兵成了比车兵更善战的兵种。

草原游牧部落四海为家而交游广阔，不喜聚居又骁勇善战，他们的这些特征影响了古代历史。大约四千到五千年前，在里海和黑海之间的草原上，一次文明的浪潮向东西两边而后向南翻涌，席卷了游牧民族的广阔土地。黑海畔大草原上的这个民族的语言到今天已经在辗转流离中佚失，随着时间推移，民族开枝散叶，语言也发生了分化，从中演变出的语言包括梵语、印地语、拉丁语、意大利语、波斯语、俄语、德语、希腊语以及英语。这一语系从印度一直覆盖到西欧，所以最早使用这种古老语言的人被称为"印欧人"。读者应注意，"印欧人"既不是印度人也不是欧洲人，甚至不一定是单一民族，只是为了指代方便，我们不妨称他们为"印欧人"。其游牧生活的腹地，一定有过一次文化向外传播的浪潮。

4. 贸易织就社会网络

　　地理因素还造就了另一种人类文明，或者说人类文明的另一种样态。在我们的地球上，资源分布很不均衡，所以人们把东西从一个地方转运到另一个地方就能创造价值，而且转运的距离越远形成的价值越大。在驯化了牲畜以后，就有人开始以长途贸易为生。

　　长途贸易和本地贸易是有截然分别的。每个社群内部肯定都有本地交换行为，一个地方出现了农耕文明和游牧文明两种样态之后，两者间也必然有互市。但长途贸易则是另外一回事，它不是哪个人的重大创想，也没有确切的起源时间和地点。其实农耕、放牧、捕鱼等文明产生之后就出现了长途贸易，长途贸易无疑是游牧民族日常生活的重要内容之一，因为他们本就过着辗转迁徙的生活，很清楚到哪里能弄到什么东西。他们到便宜的地方收来东西再到价高的地方转卖，如果倒卖的利差够大，有些人就干脆不再遭放牧的罪，一心从事起贸易来。

游牧民族之"游"并非漫无目的地到处跑。猎人只会去猎物出没之地，牧民愿意去情况熟悉的草场，商人则在有商机的地方来回奔波，开辟效率最高的线路，形成固定的路径，在这里，地理因素仍然起到了决定作用。不难想象，贸易繁忙的地方周边会形成路网，若干贸易线路交汇的村庄必然会发展成集镇，部分集镇又壮大成为城市。城市的主要功能就是服务商人，给其提供暖衾热食、烟酒娱乐，或许还有眠花宿柳之所，当然更会提供让商人们联络买卖的场所——集市。

例如位于今天约旦境内的佩特拉古城，虽然自然环境恶劣，既不适于农耕也无法放牧，但恰恰因为建在了一处险要峡谷的岩壁之上，地处众多客商往来红海沿岸、黎凡特地区和波斯湾诸港口之间的必经之路，曾经发展成了烜赫一时的大都市。

大面积的开阔水域也促进了长途贸易，使得来自不同地理环境的货物通过水路汇集到沿岸。因此，本来捕鱼为生的人们往往也兼做贸易，能泊船的地方就会出现集镇。相比于畜力运输，船运不需要人吃马喂，优势更加明显。

随着越来越多的城市出现，通商路线也越织越密。到公元前2000年，欧亚大陆上出现了若干有所重叠的贸易网络，每一个都像很多文化星群，组成了一条星河。

中部世界

　　繁忙的古代贸易网络之一出现在从小亚细亚半岛沿伊朗高原直到今天阿富汗的广大地区，在这本书里我称之为"中部世界"。中部世界位于四大流域文明的正中，西靠埃及文明和美索不达米亚文明，东望印度文明和中华文明。这里大部分地区地形崎岖、气候干旱，但仍有不少河流。河流沿岸很早就出现了小农耕作的村庄，也生活着一些游牧民族。这种农牧混居又邻近高度发达的城市文明的格局，恰恰最适合发展长途贸易。

　　中部世界不仅两旁有发达的城市文明，周边还遍布港口，可通航的水域环绕全境：从阿姆河（也称奥克苏斯河）源头出发，沿着咸海、里海、黑海、马尔马拉海、爱琴海、地中海、红海、波斯湾可以周游一大圈，最后沿印度河溯流至中游就又能回到出发的地方。

　　古时候，这里商旅车队络绎不绝，驼队规模有时可达数百匹。当然，并不是每个商队都要横穿整个地区。随着贸易线路的增加，在商路交汇处形成的城市越来越多，在这些城市里，商人与商人之间能进行交易。希腊人所称的赫卡通皮洛斯①就在这一时期繁荣起来，它位于中国和美索不达米亚的正中间，大概在今天德黑兰的位

---

　　①　位于伊朗，《后汉书》称之为"和椟城"。——译者注

置。赫卡通皮洛斯在希腊语中意为"百门之城"，喻指该地是众多商路交汇之处。赫卡通皮洛斯虽早已消逝在历史中，但曾几何时它是强大的帕提亚帝国①的都城，王朝几起几落，构成了后来波斯文明的重要篇章。

地中海世界

中部世界以西还有另外一个全球规模的贸易网络，即连接了地中海沿岸各港口的海上商路。地中海是一整片面积广阔的水域，甚至称得上是大洋，它东北边连通黑海，东南边近乎与红海贯通。这里没有大西洋上的风浪，也没有那些大河流域的瀑布、沼泽，水面波平浪静，即便没有风力，靠水手人力划船也能到达彼岸。因此，地中海沿岸港口间的水路通商十分便利。

更突出的优势是，地中海整体位于温带之内，是世界上最宜居的气候带，沿岸地理条件多样，因此，产自不同环境的各类货品在港口云集荟萃。商船上装载的可能是埃及的谷物、黎凡特的奶酪、北非的食盐、南欧的琥珀以及来自欧洲最西边伊比利亚半岛的锡等等，不一而足。

读者可能会推测强大的埃及早就把控了这个贸易网络，其实不然。埃及人虽然不缺能拿来贸易的货品，却鲜有主动做买卖的欲

---

① 即中国古代所称的"安息国"。——译者注

望。他们太富庶了，反而是全世界都找上门来与之做生意。地中海
上第一个主要文明出现在克里特岛，它最大的优势在于地理位置恰
好在地中海中心，与东北岸各大港口有通畅的航路相连。之后，腓
尼基很快崛起为能够与之抗衡的海上力量。腓尼基人发展壮大的策
略又不一样，他们从故乡黎凡特地区出发，沿着地中海南岸跳跃式
前进，开辟了很多殖民地。

后来，希腊崛起。这里有着其他民族少有的得天独厚的地理条
件。希腊在一个延伸入地中海的半岛之上，犹如一串群岛。内陆干
旱多山，不适于普通作物生长，却极其适合种植葡萄和橄榄，希腊
人以此制造葡萄酒和橄榄油。然而，人总不能只靠酒和油生存。但
希腊人很幸运，他们的海岸峡湾中有很多岩石凹谷，多形成天然良
港，于是港口成了希腊人最重要的资源。由于内陆地形崎岖，希腊
人更愿意沿海居住，与周边地区的交往也倾向走海路而非陆路。背
靠腹地而眺望沧海，他们眼中的陆地更多是在海外。

希腊最早出现的是迈锡尼人，起初他们就是海盗，靠劫掠腓尼
基人和克里特人的商船积攒了足够的货物，不久就能自己开展贸易
了。到公元前 1500 年左右，他们一举摧毁了克里特岛上的米诺斯
文明。在他们自己的叙事中，米诺斯的王作恶多端，强令希腊人每
年进贡一名处女。终于，希腊大英雄忒修斯愤而出征推翻了暴君，
为了给暴君一个深刻教训，他还奸淫了其仍是处子之身的女儿。当
然，克里特人对此恐怕会有另一番讲述，但终究没有流传至今，故
不为人所知。

约公元前 1200 年，一伙被称为"海上民族"的凶悍强盗沿着

地中海一路滋事生非，劫掠了整个地区，迈锡尼人自此从历史舞台上消失了。这之后，北部贫穷地区的多利安人来到了迈锡尼人曾经的城镇和土地上。接下来六百年左右，这里归于沉寂，鲜有历史记录留下。但可以推测，多利安人应该自认跟迈锡尼人颇有亲缘，因为他们的传说中有迈锡尼英雄的形象。其中，《伊利亚特》和《奥德赛》两个故事记述了希腊人与亚洲某个城邦旷日持久的战争，在后世希腊社会中受到推崇，其意义甚至堪比其他文化中的经书。希腊再次出现在历史记载中时，已经是若干小型海洋文明的城邦，而这些英雄传说成了各个城邦的共同记忆。

季风世界

地理环境还孕育了另外一种贸易文明。广袤的亚洲大陆就像一座巨大的风箱，形成一个庞大的气候系统。内陆的草原、平原、针叶林带等，冬季严寒，夏多酷暑。由于冷空气相对重，冬季大陆空气向下流动，形成从大陆吹向海洋的风；到了夏季，大陆内部温度升高，热空气上升形成低压吸来空气，形成吹向大陆的风。吹向海洋的风寒冷干燥，而吹向大陆的风温暖湿润，这就是季风。

横亘其间的喜马拉雅山脉将季风环流系统阻隔开来，一侧吹向中国和太平洋，另一侧吹向阿拉伯地区和印度洋。太平洋和印度洋两套季风环流系统在东南亚地区相遇，因此印度洋到太平洋沿岸各地的人们在冬季出海，就能顺着季风到达东南亚。在东南亚停留几个月，等到季风如期转向，他们又能顺风回到中国、印度、阿拉伯半岛和非洲。

这样，季风气候区也形成了一个足以媲美地中海和中部世界的庞大海洋贸易网络，将东非-阿拉伯-印度-马来西亚-印度尼西亚一线串联起来，还可以间接通达中国。正是因为这样的联系，今天相距甚远的马达加斯加和印度尼西亚才会有人使用相同的语言，几千年前的中国市场上才会出现来自非洲的物产。

因为季风气候的特点，来自不同地区的海上客商都要在东南亚逗留数月。在等待季风转向的时间里，他们会在摩肩接踵的集市上邂逅。于是东南亚成了世界最大的文化熔炉之一，来自印度、中国、东非和阿拉伯等地的各种元素交织在一起，形成了复杂的融合。

撒哈拉以南的非洲

到了公元前 500 年，世界五千万人口中的大部分仍然生活在欧亚大陆，其中大部分居住在中国-伊比利亚半岛一线的狭长地带。人们出行和迁徙时，往往会选择东西方向而非南北方向，因为同一纬度上温度大致相近，而沿经线走向的气候则会从赤道的潮热变化到两极的严寒。此外，地球上的一个显著地貌——横贯非洲大陆的撒哈拉沙漠将非洲这个第二大洲截然分成了南北两部分，因此，撒哈拉沙漠两侧出现了两个独立发展的文明。

同样，地理因素还造成了撒哈拉以南的非洲人口稀少。非洲中部是不适宜人类居住的茂密的赤道雨林，这里丰沛的雨水将土壤中的养分淋失殆尽，因此耕种非常艰难且收成稀少。雨林中还有两种致命的动物：蚊子和采采蝇。蚊子传播疟疾，采采蝇则传播昏睡病。采采蝇嗜饮马血，导致马在撒哈拉以南的非洲彻底绝迹。出了雨林地带向南，非洲的东西海岸中间是另一片不毛之地——卡拉哈里沙漠。在这样的地理条件下，早期的非洲人多靠近海岸居住。到了公元前 500 年左右，非洲人口约占世界的 6%。

撒哈拉沙漠并非一直是像今天这样的地理屏障。直到地球历史很晚近的时候，甚至可能在一万年前，这里还是植被茂密的地带，后来部分地区逐渐干旱，人们开始向水草更好的地方迁徙。一支向东与埃及人融合甚至取而代之，另一支向北进入地中海世界，还有一支沿着东西海岸分两路向南。等到整个撒哈拉地区终于变成沙漠，这几支移民就各自走上了自己的历史进程。

就在苏格拉底与雅典精英激辩的同一时代，西非地区尼日利亚的两条大河间出现了一个发达的文化。它的遗迹最早在一个叫诺克的村庄发现，故历史学家称之为"诺克文化"，至于这个文化如何自称，今人就不得而知了。诺克人在村庄的外围耕作，在更远处牧牛，还独立于北方诸文化而发明了冶铜技术。到公元前 1000 年左右，诺克人进入了铁器时代。到公元前 500 年，他们已经能用陶土制造形象生动、服饰多样的动物像和人像，表明当时已有了相当复杂的社会和政治制度，但个中细节今人已难以解读。

今天我们无法弄清楚诺克文化的细节，因为这个文化的遗迹很少。它没有书面语言，房屋和公共建筑都使用木材和秸秆一类的植物材料，不像石料或砂土草根混制而成的土坯那样可以耐久保存。出土的雕塑也支离破碎，要靠后人拼接才能勉强恢复原貌。

通过对后来非洲各文化的分析我们知道，在诺克文化中，生活的基本单元是村庄，村庄由整个宗族组成，其中有实行集权统治的长老。村庄之间联系成网，构成了更大的政治体系。诺克社会并非像印度的吠陀文化那样分层，而是有着很强的集体感。同住一个村庄里的人即使只是远亲也像家人一样亲密，老人和年轻人能形成父母与子女般的关系，真论起亲戚来他们可能是平辈的远房表亲。总之，这里的一个村庄就是一个大家庭。

对后来各文化的观察还能推断出，诺克文化中的光明神是对大自然的泛在神力和祖先力量的一种具体表达。诺克人的精神信仰世界与日常生活不能截然分开，他们认为音乐和肢体表达可以通灵，虽然吠陀人也会靠声音与灵界联系，但要有专门的通灵者按固定的程式吟诵唱词才能奏效。而在诺克人看来，音乐就是通灵媒介，集体参与就是仪式，每个人都要通过呼喊、应答、吟诵等形式参与进来。希腊人的宗教偏神秘，注重达到"入定"的状态，认为只有如此才能打开与神灵沟通的大门，而众人之中唯有得到神启的人才能"入定"。而西非文化则是通过集体参与达到一种欢快的通灵状态，在整个宗族与无形的灵界间形成联络的洪流。在诺克文化时期，撒哈拉以南的西非可能曾是一个庞大的文化星群，只是构成这个星群的诸星今天已经不为人知了。

公元前 500 年后的某个时间，诺克文化从历史上销声匿迹了。

没人知道其中缘由。或许跟环境变迁有关，比如这个地区变得太过湿润、干旱或炎热；又或许这里的人们有了什么重大技术进步，让他们能迁徙到过去不适宜居住的地方。不论是何原因，这些原本生活在今天喀麦隆、尼日利亚、贝宁一带的人们开始迁出。撒哈拉以南的非洲几乎所有的语言都同属班图语系，有共同的原始语言源头。随着班图民族迁往各地，分化衍生出了很多不同的语言。

这些操班图语的先民能够穿越赤道雨林带，是因为他们会使用铁器砍伐树木，能披荆斩棘、填平泥淖。有了铁制的武器，他们还能把之前散居在此的狩猎采集部族赶走。与喜马拉雅山地部族进入印度的情形类似，随着新来的班图人定居下来，原来的部落退到了密林深处。

班图人的大迁徙并不是突然间的集体快速流动，实际上班图语系民族可能花了上千年时间才到达东非海岸。他们迁徙的速度并不快，因为迁徙的主要动力还是环境变迁的影响。在热带地区，强烈的降雨会让土壤的肥力流失，因为这里没有每年的洪水泛滥补给养分，所以农民要采用刀耕火种的方式种植：先烧荒形成一层草木灰以补给土壤养分，再耕种；但烧荒只能进行一次，因为下次就没有荒草能用来烧了。用草木灰育肥过的土壤只能保持几年肥力，再之后农民就要重新找一片荒地开始新一轮的刀耕火种。这样看来，每一代人可能都并不认为自己是在迁徙，不过是换个地块耕种而已。然而随着时间的推移，这样的耕种方式必然导致人们向没有踏足过的地方越走越远。

迁徙速度虽然不快，但班图人最终还是到达印度洋之滨。不少人在河、湖岸边定居下来，从事捕鱼、耕种、放牧，还有一些人从这里继续南迁，最终与沿西海岸往南迁徙的部族汇合。每一群人都保留着各自祖地的村落文化，村落之间很快形成贸易网络，在彼此联系的村庄里，部族长者有了国王般的地位。

在非洲东部，班图语系民族与沿东非海岸线南下或从印度洋渡海而来的商人们打起了交道。于是非洲也成了季风贸易网络的一部分，阿拉伯人在其中扮演着重要角色。东非很多人使用的斯瓦希里语就是班图语系融合阿拉伯语形成的语言，斯瓦希里这个名字来源于阿拉伯语单词"sahel"，意为"边界"。斯瓦希里语正是诞生在班图语系民族与阿拉伯强盗和商人打交道的边界——在不同文化交叠碰撞的地方，总会激起扩散的涟漪。

5. 信仰体系的诞生

公元前1000年—公元前350年

有一个"六度分隔"理论认为,世界上任何两个人之间最多只隔着六个彼此认识的人。也就是你我或者任何人都会认识某个人,这个人又认识某个别人,如此再经过四个人就能认识教皇,或哪个著名影星,又或者某个仍然逍遥法外的连环杀手。也许此言不虚,但是人类还有一种根深蒂固的交往模式是反"六度分隔"理论的,可以称为"圈子效应",即人们更倾向和生活在同一环境中的人交往,而更少与其他环境中的人交往。

比如,古人当中,生活在同一流域,共同建造同一个大工程的人们属于同一个交往体系,我们可以称之为一个"交流区",这些人所讲的故事会在其交流区内流传。虽然其中的人并不会直接跟交流区内的每个人交谈，甚至跟大部分人都素不相识，但每个人都认识一些别人，别人又认识更多的别人，故事也就这么传播开来。

当然，也会有新闻从其他地方传来，远道而来的行商、探险者或误打误撞的访客会带来各种流言轶事。但是从别处来的信息终归是分散断续的，在同一交流区内流传的故事才是持续不断并越发得到巩固的。在故事流传的过程中，转述者会省略掉自己觉得不重要的部分而突出自己觉得重要的部分，从而把故事演绎成了传说。四大古文明诞生的流域是这种交流区最典型的例子，几大贸易网络也都各成交流区，因为沿着商路行旅的人们总会在路上或贸易节点的城镇与其他旅人相遇，比如在前文说到的和椟城、佩特拉、米诺斯、迦太基等等。来自不同文化又饱经世事的行旅者在这些地方交流传言轶事，就这样，中部世界形成了自己的传说体系，地中海世界也同样如此，两者都成了由无数叙事脉络交织而成的巨大社会星群。

对任何一个民族来说，若干叙事脉络交织，终将形成一个庞大的整体，我们可称之为"主体叙事"（master narrative）。主体叙事是繁杂的故事和思想凝聚而成的自洽星群，不是若干事件的简单拼合。讲故事要想引起共鸣反响，就必须设置在真实、可信的世界中，主体叙事也是如此，需要时间感和空间感，要体现历史上有哪些重要人物，生活中有什么重大事件，世间一切如何发端，曾经如何变迁，又将走向何方。所谓主体叙事其实是一种抽象世界模式，是人们集体创造又以个体身份置身其中的一个想象整体。离了这个整体，人类就会失去应对环境的能力，因为人类以社会星群为基本存在形式，而不单单是孤立的个体。

人类最早的主体叙事滥觞于特定的环境之中，为密不可分的地理因素所塑造。但主体叙事一旦成形就会脱离地缘而自发生长，会自发判断和选择内容的真与假、有关与无关。如此，与既有各项认知相符的信息就更容易被判断为真从而被接纳进来。正像故事能演绎成神话，主体叙事也在发展中不断得以丰富成形。认同某种主体叙事的人们会抵触有损其根基的思想和信息，而对能丰富和印证这套叙事的内容大加欢迎。于是，主体叙事越发展就越缜密、越明晰，由之形成的体系让置身其中的人们能找到生命的意义。然而，身在其中的我们可能不会察觉的是，主体叙事除了给人以生命的意义，更是社会星群实现自我延续的机制。

大约两千五百年前，一些受人尊崇的人物从若干迥异的社会环境的主体叙事中发展出了具体的信仰体系。这里说的信仰体系如果都被称为"宗教"可能不算恰当，因为宗教对大多数人来说有非常具体和明确的意义。人们往往通过自己宗教的框架来认识其他宗教，但每种宗教都只是一个参考系，把一个参考系嵌套到另一个当中的认识方法必然会让两者都遭到扭曲。因此，不妨先使用"信仰体系"这个稍显宽泛的词语。

中国

中国人似乎自古就认为，世界是向心归一的而历史是周而复始的；世界的中心是中华帝国，中国的周边是各藩属国，即地位较低的需要中华帝国保护的国家，藩属国的外围是蛮夷之地，蛮夷之地再外围则是天高地远、不值一提的地方。

中华帝国是一个家族王朝，朝代的更迭有其可预测的规律。举凡历朝历代，首先都要有统治的"天命"，即来自俗世之外的强大超自然力量的授权，中国人把这叫作"天"。天命既在，和谐自生，天下各得其所。随着时间推移，王朝会出问题、犯错误，逐渐失去天命，而后覆灭。随之治世变为乱世，直到又一位承天命统治"天下"的"天子"出现，新王朝建立，重回和谐治世。改朝换代，循环往复。

值得注意的是，在古代中国的这种机制下没有"我国"和"他国"之分。中国不是世界诸国之一，而是唯一之国，中国即天下。周边的蛮夷之族总想进犯，虽然也有几次得手，但不过是因为中国恰好进入了合久必分的阶段。真正的矛盾从来不在于蛮夷强邻，而来自帝国内部。外族入侵、水旱饥荒、反叛起义、社会失序等局面，是王朝逐渐丧失天命的表现，说明天下的中心出了问题，社会的"熵"增加了，所以才变得如此混乱。

一个王朝会因为无法践行维护天下和谐的礼制而失去天命。古代中国的世界观认为，现实世界有一种基本秩序将所有可见的实物组织起来，诸事万物之间有千丝万缕的隐秘联系与映射：颜色、季节、数字、时令、方向、饮食、情绪等等皆彼此相关。巧合总代表着某种意义，运气总有因果缘由。所有联系和映射在现实世界中交织起来形成的规律，就是学士们格物致知的对象。遵从这些内在规律而行止就能交上好运，背离这些规律则会招致麻烦。打个比方说，这有点像走在一个地雷密布的战区，如果你的手上有一张标示地雷的地图就能轻松通过，但盲目闯关恐怕会被炸得四分五裂。

帝国就是凡人与至高的超自然力量——"天"之间的媒介。"天"不是西方观念中好人死后去的天堂，它其实根本不是一个"地方"。"天"也不是中国人对上帝的称呼，因为它也不是一种意志力量。中国人没有给"天"赋予人格，"天"所代表的是看似无序的宇宙之中无处不在的一种非人格的、实在的秩序。

公元前 500 年左右，中国的孔子对中华文化和礼制的观察与阐释被总结为一套信仰体系，这套信仰体系既解释人生，也规范行为。孔子本人不追求扬名立万，只潜心学问。他遍览卜卦文本等经典，取其精华加以传承。他尤其关注生活中特别是家庭中的行为规范，指出家庭各成员角色不同，因此须合乎不同的伦理纲常，父为一家之主，应以父命为尊。每个人都以别人为尊，也会被别人以为尊，人生就在互有尊卑的社会网络之中。

孔子的弟子将其思想辑录为《论语》，《论语》收录了孔子本人的经典言论及其弟子对其日常行为的观察记录。例如，记录了孔子就座时"席不正，不坐"。这听起来不过是区区小事，但许许多多的小事串联在一起就有了大的意义。孔子对礼仪和社会行为规范多有评述，却不是靠空洞的教条铸成笼子去约束，而是以具体要求教化人们在各种情形下有礼有度，形成"德"的本能。人们与社会大局和谐共融，才有了生命、有了意义。孔子的主张集合在一起构成了一种对理想社会的设想，国与家在其中彼此呼应，家中之父有如国中之君，而国中之君为皇天之子，又是万民之父。如果一切按纲常运转，国与家就是和谐统一的整体。

孔子的学说中并无神明，但其思想体系却有着宗教般的力量。即便当时还有很多其他流派的思想家与孔子不属一脉，在争鸣论辩时也跳不出孔子立下的框架。只有《道德经》的作者老子算是半个例外，他的学说并没有跟孔子论争，而是另创了一套话语，从相同的主体叙事背景中总结出了另外的思想体系。老子其人生前并不是显赫的角色，连生卒何年也难以确切考证，人们只知道他的著作在公元前 300 年左右广为流传。老子秉持了中国传统思想中认为宇宙有其自身逻辑的理念，这种逻辑他称之为"道"。老子认为，人类的欲念是所有问题的根源，因此他主张不争、无为、顺其自然，唯有如此才是顺应了"道"。

印度

在中国西南方向两千英里外，另一种主体叙事正在形成。这里的人们与中国不同，从来没有把世界视为单一中心体系。印度连绵分布着大大小小的村庄，到处兴起小型王国，但没有哪个称得上有重大意义。世界对于生活在此的人们来说不是同心归一，而是分层次的。每个村庄都分出相同的四等人，等级划分最初以职业为据，后来就成了种姓。四个等级包括神职人员"婆罗门"，武士与藩王，农民和商人，最后是工匠和佣工。在这四等人之下，还有那些从事没人愿意接触的工作之人，例如清洗尸体者。

这种等级划分并不限于人为划定的界限之内，而是穿越村庄、国界，跨过山河。比如，即使在同一个村庄内，不同等级之间通婚也是大忌；而只要双方等级相同，跨村庄通婚也没有问题。待到后来，印度发展出了城市，但对人的等级划分依然保留了下来。

在印度人看来，时间并非周而复始，而是虚幻的。诸事发生，事又生事，但最终会归于原初。各个生命的不同只是表象，众生皆要经过出生、成长、衰老、死亡四个阶段——这又像是分四个层次的世界。乞丐如此，国王也不例外，不管现世发生着什么，每个人都必须独自面对自己人生中最重要的情节：生、长、衰、亡。

印度有众多神明，但众神都不是隐秘的非人格化的抽象概念，而是有躯体形容、有来龙去脉的生动的个体，而且众神也分层次，有高等级的神托生为低等级的神，也有高等级的神下凡化身凡胎示人。有凡胎的神看似最真实，却也最虚无，而越是高等级的神越真实。到所有层次之上，万般归宗为单一、无时空、无具象的永恒真实。

公元前900年左右，恒河流域出现了若干哲人，印度社会称其为"娑度"（sadhu），意为宗教圣人，他们抛家舍业，隐居在密林中修行求索。这些人根据吠陀社会的主体叙事，播下了后吠陀时代信仰体系的种子，形成了后来的印度教。在圣歌典籍《奥义书》中，娑度们总结说世界是虚无的，现实是单一、混沌、无缝隙的整体。圣歌中唱到，人不是拥有灵魂，而就是灵魂本体。所有灵魂都渴望升华，却多困于肉身当中。一个肉身灭失后，灵魂将转世进入新的肉身。

《奥义书》提出，业力是宇宙间的铁律①。每个行为都会引发与之相对的反应。种下善因，方得善果；伤人作孽，终将遭劫。报应总会降临，虽然未必会在此生显现，但业力会跟随灵魂转世投胎，决定来生的灵魂是升天还是堕落。积善业的灵魂将在若干来世中不断上升，最终脱离苦海，逃出喜而生、凄而衰、哀而亡的轮回。

同中国一样，印度除这个主体叙事之外，一些思想家还开创了略有不同的其他思想。耆那教的先知摩诃毗罗（Mahavira）主张，人们戒色欲、戒暴力、戒贪念，则可以脱离轮回的苦海。另一位产生了巨大影响的思想家是被后世尊为佛陀（梵语 Buddha，意为"觉醒者"）的乔达摩·悉达多（Siddhartha Gautama），他的贡献不在于哲思理论，而在于探求如何在现世修行，跳出无边的轮回。佛陀不鼓励信众以钉床为卧榻那般出世苦修，而教导人们处世清净有度，修习冥想。冥想能让人放下欲求执念，而执念是所有痛苦的根源，放下方能涅槃、得道，获得解脱。

与孔子类似，佛陀并不言说神明。当弟子问及超自然力量时，佛陀回答：这个问题并无益于得道。他将自己比作医生：众生皆苦，佛送良药。

---

① 业力即 karma，是印度教和佛教中重要的概念，包含了因果轮回、来世报应等理念。——译者注

波斯

哈拉帕文明鼎盛的同期，在奥克苏斯河北岸河中地区的大草原上生活着一个游牧和小农耕种的部落，他们自称"雅利安人"，在其民族语言中意为"高贵的人"。大约四千年前，这些人开始从河中地区向南和向西迁徙。南迁的一支进入印度河流域，继承了哈拉帕文明的余势成了吠陀人，而西迁的一支则进入伊朗［Iran（伊朗）和 Aryan（雅利安）两词本为同源］，融入当地人。随着吠陀人和伊朗人在地理上的分离，文化也出现了分流。雅利安人使用的语言在南支发展成了梵语，在西支则成为阿维斯陀语。他们的赞美诗在印度成了吠陀经，在伊朗则演化为《阿维斯陀》[4]。吠陀人有种仪式需要使用一种今天已无从考证的植物，名叫"索玛"，阿维斯陀人也有类似的仪式，使用的植物也是如今无从知其详的"豪摩"（haoma）；吠陀文化中有一群专事宗教的人士被称为"婆罗门"，阿维斯陀人中也有同样的一个群体被称为"博士"（Magi）[5]。

在吠陀人的神中，一种是"提婆"（deva），另外一种是"阿修罗"（asura），提婆善良，阿修罗邪恶。而阿维斯陀人也相信神分两派，即"魔鬼"（daeva）和"阿胡拉"（ahura）。显然，这两组神源起同宗。但有趣的是，吠陀文化的两类神在伊朗的阿维斯陀文化中角色对调，善良的神反而成了魔鬼。

南迁的雅利安人进入了自然资源丰饶的环境，他们信奉的神逐

渐分化出成千上万身份不同的个体，反映了印度思想演变出的种种
细微之义。如果要选一个词描述印度的众神体系，最恰当的莫过于
"多元"了。

而在伊朗，最初的雅利安众神出现了不同流派，诸神之间的差
别越来越大直至最终形成两大群体：要么是善良的阿胡拉，要么是
邪恶的魔鬼。古伊朗人眼中的世界不是多元的，而是二元对立的，
是由光明与黑暗、生与死、真与假、善与恶等对立面构建起来的。

雅利安人的一些古老神祇在印度地位渐衰，却在波斯得到了尊
崇，有些还成了主要的神。例如，阿格尼（Agni）是雅利安神话中
的火神，在阿维斯陀文化中成了阿胡拉·马兹达（Ahura Mazda），
即造物者，也是光明与生命之神。另外，密特拉（Mitra）在吠陀
文化中只是一个名不见经传的小神，但在波斯却被尊为光明神，其
地位与神力仅次于阿胡拉·马兹达。

密特拉是一个怎样的神呢？他掌管契约。这乍看之下有点奇
怪，为什么契约之神会如此重要，成为宇宙中仅次于造物者的重要
角色呢？这还要从当时的社会背景中找答案。正如生育之神对农耕
社会十分重要一样，在一个靠贸易通商组织起来的社会，契约之神
地位自然崇高。在伊朗高原，往来的商旅串联起城市，社会正是基
于陌生人之间的一系列契约在运转。人们经常要跟一生可能只会见
一次面的人打交道，但只要双方都诚实相待、信守承诺，就会一切
安好。反之，撒谎和违约将动摇整个世界的秩序，正像旱灾与绝收
会危及农耕社会一样。如此看来，一个主诚信的神在众神之中居于
高位就顺理成章了。

　　阿维斯陀文化中的众神逐渐分为两极后，在这个社会星群形成了能全局性解释世界的故事。在这个故事中，魔鬼是祖神，他们生下了阿胡拉，但又担心后代对自己构成威胁，于是要杀死阿胡拉，阿胡拉愤而发起了声势浩大的反击。生命的意义就在这场斗争之间，世界既不是静态的同心归一，也不是简单的分层构造，而是有着戏剧性的本质：世界是一个舞台，一场宿命的大戏在此上演。时间既不是周而复始，也不是虚无幻象，而是线性往前。同每个故事一样，这出大戏也有开篇、发展、结局。当下正是剧情发展的中段，而结局很快就会到来。没错，结局很快就要到来。

　　一位名为琐罗亚斯德（Zoroaster）的先知将这些认识提炼成了一套思想体系，正像孔子在中华文化的叙事中创立学说、印度教圣人在印度开创宗教一样[①]。琐罗亚斯德生活在何年今已无法考证，可能早至公元前 1200 年，也可能晚至公元前 600 年。传说他在三十岁前是一个鞋匠，也可能是铁匠或其他什么手艺人，我们不得而知。有一天，琐罗亚斯德感到了超自然力量的召唤，于是爬上一座山去见火与造物之神。在那里，阿胡拉·马兹达降谕给琐罗亚斯德，令他昭告全人类：阿胡拉·马兹达远高于其他诸神，人类只应尊此一神。但是，阿胡拉·马兹达深陷和其神力相当的黑暗之神阿里曼的斗争中，在这场宇宙混战中，人类被裹挟在善与恶之间，每个人的每个行为都在助力其中一方，每个决定都事关宇宙的走向。

　　最重要的是人有自由意志，能做道德选择，每个人的种种选择

---

　　① 琐罗亚斯德教是伊斯兰教出现前中东和中亚地区最重要的宗教，传入中国后被称为祆（xiān）教。——译者注

构成了他们生命的意义。待到时间的终点，阿胡拉·马兹达将赢得最终胜利，所有跟他站在一边的人将有永福的来世，生活在花繁木茂的独立花园中。这样的花园在干旱的中亚非常稀少，让人心向往之，阿维斯陀人称这种花园为"pairidaeza"，意为"封闭之园"，现代波斯语中的"firdaws"一词即源于此，而它的英文形式读者或许更为熟悉——paradise（天堂）。

新月地带

历史学家习惯将美索不达米亚平原到埃及的这片弧形地区称为"新月地带"，这一地区连接了尼罗河流域和底格里斯-幼发拉底河流域两大最古老的城市文明。在这两大历史悠久的交流区之间的地带，农耕和游牧皆宜，因此自古往来人口众多，在整个区域形成了稠密的贸易网络。尼罗河流域和美索不达米亚地区各有自己的一套主体叙事，而往来于新月地带的人们又形成了另一套叙事体系，承续了这两大古文明的特征。

美索不达米亚

前文已经说过，当时美索不达米亚地区有无数城邦，长年战火不断。王国兴衰更替，帝国壮大又瓦解，游牧民族攻陷城市夺取权力，嬗变为城市居民，然后再被下一波游牧民族侵略征服。在这样的历史条件下，怎么可能产生像印度人那样认为万物恒常、宇宙恒存的世界观呢？颠覆性变化无时无刻不在发生，几乎每个人都被裹挟在战乱之中，每个人都有故事可讲。

美索不达米亚地区生活着诸多闪米特语系民族，如苏美尔人、阿卡迪亚人、阿卡德人、亚述人、迦勒底人等等。早在中国的商朝建立殷都之前的一千年里，远在美索不达米亚地区的这些民族就一直在互相征战。同时，使用非闪米特语系的其他民族也从小亚细亚和东部高地地区不断迁入这片已然十分拥挤的土地，这其中有赫梯人、胡里安人、米坦尼人、加喜特人、埃兰人等等。

这里总有新的帝国诞生，每一个都比之前更加强盛。但这些帝国却不像中国那样仅仅改朝换代，至少不会有人把它们理解为同一帝国的朝代更迭。一个显著的区别是权力的中心不断转移，此消彼长，轮流坐庄。在众多城邦和部族的不断争斗中，人们保持着坚定的"单一主神信仰"，即相信多神的存在，但只尊一神为偶像。每座城邦有自己的护佑神，且其都是人格化的，有具体形象、脾气秉性、规矩要求等等。每座城邦都有中心神庙，是护佑神的居所，护佑神以塑像或牌位长居在此，庙中祭司日常为神像供奉、洒扫、沐浴，并定期将护佑神请出巡城，接见黎民。

在这里，历史最本质的特征也是戏剧性，人世间发生的种种都是神界冲突交锋的体现。如果甲城征服了乙城，人们会认为是甲城的护佑神打败了乙城的护佑神。

那么人类在这出戏剧中处于什么地位？答案是侍奉者。神之所以造人，是为了获得人的供奉和服侍。凡人只需要扮演好自己的角色就能实现生命的意义，这个角色就是神的侍奉者。为了侍奉得更好，凡人需要揣摩自己的护佑神想要什么。一些城邦在交战中落败，人们不会因此质疑其护佑神的存在，只会觉得是因为有的神法力更高，或者因为城邦居民做了什么错事，疏忽怠慢了自己的护佑神。

埃及

新月地带的另一端，我们已经知道，在绵延千里的大河沿岸，环境造就了一个相对单一但内部交往充分的民族。在尼罗河文明的世界中，人们信奉很多神，不同的神对应着不同的力量与观念，又彼此关联，形成了一个庞大的（也因此运转不灵的）神系。

这个世界的基本框架是一个简单的家庭故事的反复发生。远方的某处有一个祖神，将混乱永恒地阻隔在外。祖神的两儿两女结为两对夫妻，一对善良，一对邪恶。"好儿子"奥西里斯率先统治了世界，但后来被自己的胞弟即"坏儿子"赛特杀害，又被肢解抛尸。奥西里斯的姊妹兼妻子艾西斯找回了尸体碎块并拼合在一起，让自己怀上了孕。他们的儿子荷鲁斯后来成了拥有神一样地位的法老，维持着人们赖以生存的尼罗河水的正常涨落。每年，随着尼罗河洪水泛滥又退却，这样的故事情节反复出现并不断加强。

在古埃及人看来，死亡不是一切的终点，而是两界之间的一道大门。他们相信，只有很少的人能进入来世，而来世要比今生幸福得多。人们此生寄寓在肉体之中，来世也还将是肉体。但在埃及人的叙事中，人体内有一种像鸟一样的存在，叫作"卡"（ka）。如果体内没有健康的"卡"，人就不能通过重重考验从今生进入来世。"卡"的说法让人联想到今天很多人都相信的"灵魂"，这样的概念听起来并不陌生。

在这样单一完整的文化中诞生一神论，怎能说不是一种必然呢？公元前 1350 年左右，法老阿蒙霍特普（Amenhotep）宣布他所尊奉的偶像阿托恩（Aten）是唯一的神，给自己改名为奥克亨那坦（Akhenaten），意为"尊崇阿托恩的人"，还关闭了所有其他神庙，这让很多神庙里原来的神职人员丢掉了营生。奥克亨那坦去世之后，埃及的诸多宗教势力立刻复辟，将其一神独尊视为异端。

希伯来人

还有一个文明叙事模式在尼罗河流域和美索不达米亚地区这两大文明之间出现，并融合了两者的内容。希伯来人（即后来的以色列人）起源于美索不达米亚平原南部，在父权领袖亚伯拉罕的带领下溯河北上，向西到达地中海岸边，再沿着黎凡特海岸向南。途中曾在迦南地区从事过一段时间农耕，最终到达埃及生活了相当长的时间。历史上，这应该不是一次连续的跋涉转移，而是一个半耕半牧民族逐渐完成的迁徙。

希伯来人最早是完全融入美索不达米亚地区的叙事体系的，他们有自己部落的神，叫耶和华。有人认为耶和华是火神，也有人说是生育之神。正如摩洛神是巴比伦的护佑神一样，耶和华是希伯来人的护佑神。此外，每户希伯来人还有自己的保家神，供奉着石头神位。希伯来人本身是半游牧民族，所以没有兴建神庙，而是将神位放在一个可携带的容器中便于迁徙，这个容器叫作"ark"①。希伯来人的耶和华神与美索不达米亚地区的其他诸神有一点不同，即未显过真身，也不可见，是没有具体形象的神。

同美索不达米亚地区的城市居民一样，希伯来人也认为自己是被神创造出来以侍奉其需求的。荒年的艰辛让他们背井离乡到埃及谋生，不想却重演了历史上很多其他移民民族的悲剧，最后成了奴工。希伯来人到达埃及的时候，距离奥克亨那坦强力推行一神独尊才不到一个世纪，一神论很可能仍是文化的主流。而根据希伯来人的祖先亚伯拉罕的后人即以色列人的说法，他们出埃及时，领袖摩西曾爬上一座山接受神的召见，这跟琐罗亚斯德得神谕的情节十分相似，耶和华向摩西显身，并训谕世上只有一个真神即耶和华，耶和华不像其他假神那样索求俗世欢愉和子民的歃血献祭，而是希望子民修习德行。摩西从山上下来后将训谕总结成了简洁扼要的戒律，即"摩西十诫"。

回到黎凡特的希伯来人建立了两个体量不大却毫不羸弱的王国：以色列和犹大王国。在犹大王国的国都耶路撒冷，希伯来人终于能建起自己的神庙。然而，此时的希伯来人正处在强大帝国的威胁之中。公元前587年，巴比伦人攻陷犹大王国，摧毁了耶路撒冷的希伯来神庙，俘虏了大部分犹大国民到巴比伦服苦役，长达五十

---

① 即诺亚方舟的"方舟"一词。——译者注

年之久。

　　这段历史非常重要。在巴比伦，被俘的希伯来人能守住的只有自己的传统、记忆和经卷。没有了神庙，一切靠口口相传。从这时起，不管是希伯来人、犹大王国人还是以色列人（包括他们的后裔），都成了犹太人。以西结（Ezekiel）和以赛亚（Isaiah）等先知创立了一种叙事，将犹太人遭受苦难的原因归结为违背了与耶和华的约定。

　　从此，在有着上千座异教神庙的巴比伦，希伯来人这个人数并不多的俘虏群体诞生了世界上第一个体系完备、经久不衰的一神宗教。犹太人宣称，他们的神是最好的神，更是唯一的神。神不居住在庙宇中，而是无处不在。神没有具体形象，也不能以任何形象去附会，任何对神的具体描摹都是亵渎。

　　犹太人基于本民族的历史形成了一套宗教叙事，不仅吸纳了过往，也涵盖了当下和将来。在这个叙事中，神与亚伯拉罕有一个约定：如果犹太民族不再崇奉其他的神，就会得到自己的土地。在出埃及的途中，神通过向摩西谕示十诫重申了这个约定。从此以后，犹太人就要履行约定中的义务，即遵循先知传授的经文中有关道德行为的要求。其中的戒律、义理由有学问的人来解读，这些人被称为"拉比"，他们成了与祭司地位相当乃至后来超越祭司的社会领袖。

　　犹太人的叙事与当地对时间的线性认识完全符合，也反映了琐罗亚斯德教的末日预期，而后者恰恰是希伯来人被俘期间在巴比伦最盛行的宗教。在犹太人的叙事中，世界诞生于神创世之时，终结

于末日审判。在琐罗亚斯德教的叙事中有两个主要的神，一善一
恶，而犹太人坚信神只有一个。诸恶之首被称为撒旦，撒旦的地位
低于神，也是神创的一部分。撒旦存在的重要意图是诱惑正直的人
陷入迷途，能抵住撒旦诱惑的人才有资格进入天堂。如果没有撒
旦，进入天堂岂不是像罗伯特·弗罗斯特（Robert Frost）在诗中
说的那样：像在没有拦网的场地打网球般轻而易举？

希腊

　　希腊人的历史可以追溯到黑海畔大草原。他们的语言是印欧语
系的一种，崇拜的神与波斯人和早期吠陀人相似，也有雨神、天
公、地母等等。希腊的神被演绎成了传说故事中的形象，每一位都
有独特的个性。希腊人的世界观中并没有瞬间创世和末日终结等逻
辑，整个世界更像无数大大小小的故事汇集而成的一册故事集。

　　此外，希腊诸神都有具体而各不相同的诞生时间和地点，例如
太阳神阿波罗诞生在德尔菲。诸神虽有神力，却非全能，都身受某
种模糊而巨大的力量的限制。宙斯虽贵为众神之神，也要受命运三
女神的主宰。

　　希腊人相信世界的故事可以追溯到一个本源，同伊朗人一样，
他们也有父神生下子神之后又想消灭子神，故子神自然要反击的传
说。但希腊人认为这些不是正在发生的故事，而是已经结束的过
往，结局是父神输了战争，获胜的子神成了奥林匹斯山上的诸神。

没错，对希腊人来说，众神的大本营竟然在凡间的一个具体地点，人们可以来到奥林匹斯山下，仰望神的居所。希腊众神很像戏剧中的角色，因此希腊人乐此不疲地构想他们的样子，就像科幻小说的读者会去想象哪个角色应该由哪个演员扮演。历史上，希腊人几近偏执地创作神的雕塑和画像，其外观看起来与世人别无二致。

简而言之，希腊人把神视作与人类平行的另一族类，他们与凡人生活在同一个世界，有着跟人类一样的爱、欲、妒、贪、憾等七情六欲。众神与人类的不同仅仅在于他们长生不死且神力广大。诸神的故事主要是在神与神之间上演，但他们毕竟与人类同处一个世界，而且为数众多，甚至神界都有些拥挤，所以他们时常会闯进人类世界。众神法力广大而人类如此渺小，神捉弄起人来就如同人踩蚂蚁一般轻而易举。诸神对人的喜怒哀乐并不关心，只凭一时兴起操控人间的悲欢离合，就像小孩摆弄玩具娃娃、编故事来娱乐自己。

希腊众神说不上特别善，也没有极其恶。正像人性复杂，神性也并不单一。神不给人设定道德规范——他们对此实在没什么兴趣。人与神之间可以形成像人与人之间一样的联系，前提是神的至高地位和所受的尊崇不受挑战。有时，其实应该说是经常，神还会与人交欢，生下半神半人的后代。人可以与神培养交情，让神更容易与自己亲近友好，但没有什么屡试不爽的手段伎俩，因为神并非一成不变，而是像人一样难以捉摸。人们还必须注意不能偏尊一神，这样很容易冒犯到其他诸神，毕竟嫉妒之心，人神皆有之。在这里，一神论不但完全没有土壤，而且似乎还有亵渎神明之嫌。

在构建人神共处的世界时，希腊主体叙事中有一个比神界还要大的框架，即与神无关的自然界。由此，希腊文明产生了一种世俗的世界观，其地位与其他文明中的宗教观相似。这种世界观认为，人类虽然有办法从诸神那里寻求襄助，但归根结底要自助，这个道理对神来说也是一样。因此，人间的皇帝并不需要上天的授命，而要凭自身的果敢和才智。人类的至高美德是追求卓越，不管在哪个领域都要力求极致，诗人有诗作的卓越，战士有战功的卓越。人固然要当心触犯易怒的神，但要想繁衍生息，还是要在人神共居的自然界中追求卓越。

对希腊人来说，世界不是富有戏剧性，而是本就是一出戏剧、一场悲剧。人类至高的美德是卓越，最大的原罪也是太过卓越，甚至混淆了人神的边界。希腊人对于凡人一生必经的起起落落采取的态度是主动作为、设定目标、努力实现，虽然到头来难免一场空——因为人毕竟不是神，要是僭越了神而取得成就，人就会灰飞烟灭。明知宿命如此却还要努力尝试，这便是生命的意义和使命。印度人通过宗教仪式让人们体验时空和自我的虚无，而希腊人则通过程式化的戏剧实现情感的宣泄——不去逃避苦难，而是直面苦难、锤炼意志，在生活的悲剧中升华。

于是，希腊哲学在非宗教的舞台上应运而生，与东方产生的宗教相呼应。希腊的众先哲相当于东方的孔子、琐罗亚斯德、印度"娑度"、犹太先知，其中较早的一位是米利都的泰勒斯（Thales of Miletus），他出生于公元前 625 年左右，与孔子生活的年代相近。相传，总有人来问泰勒斯，既然你这么聪明为何却不富有？于是泰勒斯开始售卖橄榄榨油器，很快垄断了市场成为巨富，堵住了悠悠之口。这之后，他又重拾学习，潜心研究。跟琐罗亚斯德等人一样，泰勒斯必然曾遨游在当时社会主体叙事的思想海洋中，他的思想也必然与同侪有所共鸣，因为他们同在一片思想的海洋中。

　　泰勒斯在思想史上占有重要的一席之地，因为他提出了一个意义深远的问题：世间万物到底由哪种单一物质组成？他认为是水，因为他发现万物无非固态、液态、气态三种状态，而水恰恰能呈现所有这三态。后世哲学家虽然不能同意他的观点，却认可他提出的问题。构成万物的必然是某一种物质，到底是什么呢？阿那克西曼德（Anaximander）认为是空气，德谟克利特（Democritus）认为是某种无特征的不可再分的小物质，毕达哥拉斯（Pythagoras）认为是数学关系……众说纷纭。问题虽是泰勒斯和同人在自己设定的框架内提出的，但直到今天仍然是理论物理学家不懈探索的问题。

　　还有一个学派是饱受诟病的诡辩学派。在很多诡辩术士看来，抨击这个学派最多的，是一个长相丑陋、名叫苏格拉底的害群之马。他在雅典的街上瞎逛，抓住人就问些招人厌烦的问题，再就答案开展辩论。苏格拉底提出，人即使不受神的点化，也能靠自己的思考和与别人的交流分清什么是善、什么是真。今人了解苏格拉底的学说只是通过他的弟子和仰慕者的记录，不过佛陀、琐罗亚斯德等其他很多先哲的学说也都是这样传世的。后来苏格拉底的学生柏拉图以及柏拉图的学生亚里士多德也都形成了自己的思想，他们共同构建了希腊哲学的思想体系，即人在宇宙的中心，人生的要旨在于通过理性与经验追寻善与真。

希腊哲学家的思想体系源于希腊文明的完形，又反映这个文明的完形[6]。苏格拉底和他的学说拿到当时的中国不会受欢迎，同样，孔子的儒家学说也不会出现在古希腊，佛陀不会在美索不达米亚文明中涅槃，以此类推，皆是这样。毕竟，主体叙事是统一的整体，其中的一些部分会加强另外的部分，整体中的连贯一致极其重要。

第二部分

同一个地球，很多个世界

工具拓展了人力所能及的范围，使人类的世界越变越大。车轮、战车、马路、文字等发明的出现让更多人能在更远的距离取得联系。人们各自所处的网络在扩张中重叠碰撞，有时还会结成人、故事、意义和思想组成的更大网络。到一定程度，决定谁与谁交往联系更多的要素就不再是地理条件而是统治范围。以金钱为溶剂，以军事力量维持秩序，帝国形成了。而诸多小区域的叙事融合成统一的主体叙事，把很多很多人组织成一种超越地理因素的社会整体，比任何部落、君主国乃至帝国都更持久。由此形成的庞大、内向的网络就是世界尺度的文明，而每一种文明都视自己为历史的中心。诸多文明之间有千丝万缕的联系，他们知道彼此的存在，却认为自己之外的文明都只是历史的配角。在不同文明重叠碰撞的地方，有些相互矛盾的叙事会慢慢融合在一起，通过对原有内容的扬弃，形成新的自洽的叙事。

6. 国家的 5M 要素：通信、数学、军事力量、金钱、管理

公元前2000 年—公元前 500 年

文明就像一个个思想的云团，既没有中心，也没有边界。文明太过宏大和模糊，因此人类不会在这个尺度上直接形成意图或实现计划；而宗族等亲缘集体的尺度又太小，难以承担像治理尼罗河或在黄河沿岸开垦梯田这样的大型工程。为了探索如何在更大规模上应对环境，人类需要一种以分工和规则为基础的中观尺度的社会组织样式，于是国家应运而生。

国家的出现将"社会云团"转变为"社会细胞"，强化了"圈子效应"。就像每个细胞都有细胞核和细胞膜，国家也有其统治权威和国界——虽然有些国界不一定很清晰，但在一国的外围总有一个区域能区分哪里是内、哪里是外。一个国家的有序运转需要若干

重大机制，例如，国家从形成起就需要通信等实际机制来维持凝聚力和整体性，这里的通信机制是指人们为了向其他人传达思想、愿望、意图等所做的一切努力。一个国家的实力和规模会受其国民间交换信息的速度和效率的限制。

在狩猎采集时代，每个人都只是很小的劳动群体中的一员，所有必要的信息都可以面对面地传递。群体成员在白天可以各寻去处，但到晚上都会归来团聚。如果要把某件事告诉某个人，只需要等待日落见到对方即可。

但随着社会网络的扩张，群体规模不断扩大，群体当中不再是每个人都互相熟识，例如就没有人能认识尼罗河流域的每个居民。因此，维系国家完整的种种信息需要通过传导链来传达，即一个人把消息告诉另一个人，这个人再继续传给下一个人。

然而，在尼罗河流域兴修和维护水利设施这种大工程需要成千上万人的协作，每个人都有自己的贡献，如果协调不好，整体工程就无法成功。因此，国家得有一个中央决策者来协调成千上万参与者之间的沟通，就像大脑支配肢体一样调动众多劳工。这个规模的信息传递不能简单靠一个人到下一个人的口口相传，而必须是一个人到很多人再到更多人的信息传递模式。这样才能保证一个中央权威——不管是法老、国王、酋长、大主教、元老院还是别的什么——能把信息传达给共筑大业的千千万万人。这样看来，很多早期文明都修建过金字塔就不足为怪了：埃及人将其作为高贵的陵寝，美索不达米亚人将其作为神庙，玛雅人则将其作为举行宗教仪式的高台。我大胆推测，当时人们之所以热衷金字塔，一定程度上是因为它象征力量，彰显了人类文明的某种基本特质。

权力中心要向散布在辽阔疆域的人们传令收报，速度显得尤为重要。如果一个消息到达接收者那里需要两天，回复又至少需要两天，这就形成了四天的延迟。四天足够发生很多事情，等统治者的政令传达到位，情况可能已经发生了变化。因此，信息传播的速度决定了一个权力中心可以统治多大的疆域。

在公元前 2000 年，社会还不像今天这样瞬息万变。发布的政令经过两天大概仍然有效。但即使在慢节奏的古代，时效也总有一个临界点，超出时效的中央命令在到达边疆时就会与现实情况脱节。这个临界时效是多久呢？三天？还是四天？

为了讨论方便，我们假定是七天。不管权力中心多么强大，生活在信息七日可达的半径以外的人就不在权力中心的控制范围之内了。这样的遥远地区如果发生紧急状况，人们等不起中央命令，必须有更近的人尽快决断。

在此背景下，工具的重要意义就凸显出来。狩猎采集时代，通信技术根本无从谈起，信息传递的极限就是人步行一天能到的范围。一个身强体健的人大概能在一周之内把消息带到 80 英里外的地方并带回回复，但这要求他日复一日、不间断地赶路，倘若中途要跋山涉水、打退野兽或者迎战匪帮，就很难达成这样的理想速度。所以在史前时期，最强大的部落首领统辖的范围半径也不会超过 30 英里。

后来人类驯化了马匹，这带来了社会政治格局的革命性变化。马的速度可以达到平均每小时 8 英里，平均一天可以跑 64 英里。

按此计算，信息控制的半径约达 430 英里。当然，古代的信使即使有马当坐骑，也要跋山涉水，面临艰难险阻，那我们不妨保守估计，将半径减少到 350 英里，这应该是当时国家的最大范围了。

但是且慢，随着长途贸易的发展，人们开始逢山开路、遇水架桥，逐渐改造本地的环境，减少了野兽侵扰和匪帮袭击的可能性。技术的进步和设施的完善逐渐提高了信使骑马的速度，国家的疆土边界也随之扩大。

在美索不达米亚，公认最早的政治单元是约五千五百年前的乌鲁克城邦，其统治者是吉尔伽美什（Gilgamesh）。他是世界最古老的史诗《吉尔伽美什史诗》中的主角，史诗应该就是根据他的真实生平而写。乌鲁克四面有 6 英里长的城墙，算下来吉尔伽美什直接控制的城邦面积不过 3 平方英里，但他的实际势力范围还包括城市周围的不少土地。最终，乌鲁克的势力范围扩张到南北约 150 英里，东西大概 50 英里——这几乎是当时技术条件下的极限了。

随着时间推移、技术进步，在吉尔伽美什时代之后一千年，又一位美索不达米亚的国王阿卡德的萨尔贡缔造了一个从东南到西北纵深约 1 000 英里、幅员约 308 000 平方英里的大帝国。这之后八百年，埃及新王国时期法老治下的疆土要比萨尔贡的阿卡德帝国还大两成。又过了八百年，亚述和巴比伦的帝国面积约达到了阿卡德帝国的两倍。帝国疆域扩大的背后，是通信速度的加快、技术的进步和设施的发展。

但是，信息的传播速度只是一个因素，另一个因素是信息的保真。口耳相传的信息可能在不知不觉中产生讹误。大家都知道聚会时玩的传声筒游戏，一圈人逐个低声向相邻的人复述信息，由最后一个人把听到的信息公之于众，首尾两端的差异常常离谱到令人忍俊不禁。信息传递链上的环节越多，信息的损失和讹误就越多。

因此记诵的能力在古代非常重要，但主要被用到了背诵宗教经典上。把纷繁社会中的日常交流都背诵下来显然不现实，于是人们发明了文字作为语言的补充。

在美索不达米亚，到了公元前 2000 年，人们已经可以使用楔形文字传递和接收信息。楔形文字由笔画和符号组成，刻在湿陶土上，待其风干后留下文字印迹。楔形文字的起源很可能出于贸易需要，现已发现的最早的楔形文字就是刻在商人给商人的容器上，记录了容器里所装是何物品以及数量多少。这样的信息让收到容器的人能知道其所收即为所寄，为了让交易顺利进行，这种保证对双方都很重要。例如，负责递送的仆人拿着标有"珍珠十二颗"的盒子，就不能佯称东家送来的是十二粒葡萄。早期的楔形文字记录了面包、谷物、啤酒等这一地区常见的贸易品。

楔形文字应该是脱胎于人对事物外形的描摹，但被广泛应用后，其符号形状就不再完全对应所指之物。其实这本来就没有必要，因为一个商业网络中往复流转的货品总共只有那么多种，内行人都认得出并记得住每个符号代表何物。所以文字的写法并不用照顾符号和意指之物的形似，而是要考虑书写的简便快捷性。由于当时人在陶泥上刻画所使用的是尖棒，直线与楔形自然在这种文字中占比很高。

差不多与此同时，埃及出现了源于宗教的象形文字。最早的象形文字出现在庙宇的墙壁和达官显贵的坟墓上，记录着真实的或传说中的事件，有点类似今天的连环画。后来，图片渐渐被简化和抽象，演化成了能代表一类事物的图像符号。这些图像符号仍然与其所指的事物之间比较神似，光看外形也大约能猜出意思，例如表示太阳的符号就像太阳，表示人的就像人。

后来，腓尼基发生了一次文字理念的飞跃。腓尼基人以海上贸易为生，常年与说不同语言的人打交道，因此他们发明了若干符号，并不用来描摹世间难以穷尽的万物，而是表征人的发音，这样只需要几十个音即可。有了这个工具，腓尼基人就可以记录下每个新去地区的人们如何问好，下次再来时就会用对方的语言跟人问好，愉快地开启交流。

腓尼基人的这套符号系统最大的优点是简单，它使用为数不多的音素（发音的最小单元）就能拼出无限多的词汇。有了这套文字，人们不仅能记录异域的人们如何问好，还能记录自己在当时产生了什么想法，即便这个想法此前从未出现过，只要能说出来就有办法记录。而且但凡他们的字写得别太潦草，事后再看时总能辨识出所记的内容。

拼音文字功能非常强大，拼音的理念也影响了该地区的其他文字系统。腓尼基人的这套文字启发了地中海沿岸从黎凡特到伊比利亚的各地纷纷发明自己的文字。古埃及的象形文字用于宗教没有问题，但用于日常沟通，特别是在埃及这样一个充满繁文缛节的社会就显得太过麻烦。于是产生了一套与之并行使用的简化文字系统，叫作"僧侣体"（hieratic）。宗教文本仍然使用象形文字记录，但书信、契约、政府文件等都使用求快不求好的僧侣体文字。从此，僧侣体文字就像图文字谜（rebus puzzles）一样被用起来了。可能有读者不知道什么是图文字谜，举例来说，英文中的"sun"（太阳）和"son"（儿子）两个词发音一样，那就可以用太阳的图案代表"son"这个字母组合。这样，名叫"Carson"的人就可以把名字拆成"car"（汽车）和"son"两部分，用汽车和太阳的组合图案表示自己的名字。这些图案只代表所指事物的发音，渐渐地象形文字也走上了拼音演化的道路。

僧侣体虽然写起来比象形文字快得多，但仍然基于象形描摹，总共有几千个不同的字，学起来十分困难。因此，僧侣体慢慢成了只用于宗教文本的文字，同时又出现了另一套更简单、以发音为基础的"通俗体"（demotic）文字用于日常交流。到公元前 30 年罗马帝国占领埃及之时，通俗体已经演化成了一套完全基于拼音字母的文字，跟腓尼基人早期的拼音文字道理一样了。

而同一时期在地球另一边的中国，出现了一套完全不同的文字系统。中国文字没有走上拼音演化的道路，而是恰恰相反，与埃及象形文字类似，也起源于描形的图案，每个符号都是对所代表事物的抽象描画。比如，"木"就是一棵小树的形状。这种文字系统对黄河流域分散而居的聚落社会非常有用，因为聚落之间相隔太远，各地的口头语言是有差别的。

中国的象形文字又演化出了会意文字，这类文字不仅能代表实物，还可以表示"爱""法"这样的抽象概念。我们可以把会意文字当作数学符号来理解：一个说法语的人和一个说俄语的人看到同样的数学符号，比如 3 或者 7432，可能读出来有所不同，但从中得到的意义是完全相同的，意义和发音就这样分离开来了。

伴随这种演化，人们甚至可以用文字表达一些口头语言所不能表达的意思。这样，书面文字本身也成了一种语言。能脱离所有口头语言而单独存在成了文字语言的优势，比如，一个权力中心可以使用书面文件统治众多说不同语言的人。这将在后来的中国历史上激荡出经久未平的涟漪。

商人和官员的需求不但催生了书面文字，还催生了数字的发明。商人把十二颗珍珠装进盒子里时，盒上的文字除了写"珍珠"还得说明数量。最早的楔形文字对数学信息和语义信息并不加以分别，如果一束麦穗的图案表示"大麦"，三个这样的符号并列则代表三捆大麦，但要如此表达五十六捆大麦就很不方便。因此，数量的概念从事物的概念中分离出来，成为可以用单独符号表达的内容。这样，数学其实也成了一种语言，一种特殊的、能跨越文化边界而不发生意义变化的语言。

如果我们将通信比作社会这个生命体的神经系统，文字就是它的记忆细胞。然而社会生命体并不能仅靠一个决策者向许多下级发布信息来维持，社会星群与人类大脑类似，核心并不在哪颗星或哪个人，而在于整个体系的协同自洽。这样，社会生命体才不仅有信息的流通，还有货物的流转。一个社会，不论多么原始，一定存在人们交换货品和借他人的技能为己所用的机制。

18 世纪苏格兰的哲学家亚当·斯密（Adam Smith）提出了让

人耳目一新的理论，认为最早的社群中有以物易物的经济。比如，甲会花一整天时间捕鱼，乙花一整天做鞋，甲需要鞋时就拿一条鱼来和乙换，反之亦然。根据斯密的理论，由于这样直接交换太不灵活，人们才发明了钱。但最初，为什么会有人每天心无旁骛只顾做鞋呢？另一个人又为什么只捕鱼？斯密并没有解释这个问题。

跟斯密的理论相悖的是，目前还没发现哪个社会以他所说的易物经济为基础。钱并不是一种发明，而是跟语言一样在人类交往中自然出现的产物。钱也并非一种实物，而是一个抽象概念。没有人真正想要拿牛去换钱币，而是想用得到的钱币再换来牛车。钱只是把牛换成牛车的一个媒介，它将价值作为一种独立的实质从蕴含价值的实物中分离出来，跟数学符号将量的概念从具有量的特征的事物中独立出来的道理相同。

如果社会中每样东西都能基于某种基本单元来衡量，那么任何东西都可以拿来和另外的东西做交换。如果我们把通信比作社会生命体的神经系统，那么钱就是循环系统，它形成了一种联系网络，让价值能够从一个地方流动到另一个地方。某个地方的某件物品可以交换成完全不同的物品在另一个地方出现，这样的转变只有通过钱才能发生。

每个社会中都有贸易，所以也都会出现钱。比如，监狱里的囚犯一般没有现金，香烟就自然而然成了货币。在这里，香烟可供吸食的功能变得次要，而能准确衡量不同物品相对价值的功能则凸显出来。

在美索不达米亚地区，保存了五千年的文字记录显示，在社会中占有核心地位的庙宇会详细记录人们给庙宇做了多少工，以若干斗大麦为单位计量。但做完工的人们来领酬劳时，拿到的未必是大麦，而可能是价值与应得大麦相当的某种东西。在这样的交换中，人们并不使用现金，只用到了信用，即关于欠付多少薪酬的记录。由此可见，信用出现得比现金还要早。货币的出现并不是取代了以物易物，而是改变了信用赊欠的计工方式。

再比如，古代的国王会囤积大量黄金，却不是直接用黄金买东西，而是标量其积累的净财富。当国王需要很多臣民一起成就某件大事时，货币就产生了。

一类最典型的大事是战争。大卫·格雷伯（David Graeber）在《债：5000 年债务史》一书中有这样的阐述：国王如果拥有强大的军队就可以让很多人臣服于自己，但他必须给军士提供给养和住所。然而国王毕竟是一个人，怎么能做这么多事呢？如果委任一批人管理这些事务，又该怎么给这些人提供给养和住所？这个谜题有一个干脆利落的解决方案：国王可以按两支付黄金给士兵和管理者作为报酬，再向臣民征收若干两黄金的税赋。臣民得向士兵出售商品或服务才能获得用于缴税的黄金，于是，国王治下的所有臣民会自发地利用自己的才能和资源供养军队，而恰恰又是军队保障着国王对臣民的统治。如此一来，国王只需要从一边征税，再给另一边开军饷，而自己拥有的净财富并不会减少，因为支出军饷的黄金最终还会回到国库。

国王能接受的用于缴税的东西就成了钱，而钱的力量让交易跨过了宗亲、语言、世界观等壁垒。早在公元前 2000 年，相距遥远的印度和小亚细亚半岛之间就有货物流通。这样的交易能发生的前提是在一地使用的货币能兑换另一地使用的货币，即货币间的相对价值可以计算。计算是其中的纽带，如果没有数学就不会出现钱，而数学跟文字几乎同时出现。文字起源于通信的需要，以保障长途贸易顺利进行，而贸易的本质是让相距遥远的人们实现互利交往——说了一大圈，其实就是说，在社会星群中，万事万物都能联系在一起。

　　随着通信、数学、军事力量、金钱、管理等要素发展成熟，国家的规模也日益扩大。阿卡德帝国比乌鲁克城邦大，亚述王国比阿卡德帝国更大。但这个增长过程不是渐进的，波斯阿契美尼德王朝幅员八百多万平方英里，是亚述王朝面积的五倍还多，而其疆土扩张的时间不过短短半个世纪。这样惊人的速度背后，一定出现了什么重大进展，而且在很多地方都有发生。从阿契美尼德王朝开始，世界进入了体量巨大的超级帝国时代。庞大的波斯帝国只是空前，并非绝后。不久，希腊、印度、罗马、中国都出现了规模能与之媲美的超级帝国。波斯帝国走向扩张的转折点发生在公元前 533 年。那一年，波斯征服了当时美索不达米亚地区最大也最发达的帝国——迦勒底人的新巴比伦王国。为什么是在这一年？为什么是波斯人？为什么后来还出现了很多其他超级帝国？

7. 超级帝国走上历史舞台

公元前500年—公元100年

在现代英语中，巴比伦是"堕落的深渊"的代名词。但在历史上，巴比伦可是整个地区的众神之城。城内有一千多座庙宇，在美索不达米亚人眼中有着神的光环，就像后来的麦加之于穆斯林、梵蒂冈之于天主教徒。巴比伦是知识之城、典籍之城，充满了艺术、美感与文化，拥有众多壮观建筑和优美花园。可是，这些美好因为巴比伦王国对其他城邦的无情劫掠、对异族的驱逐流放和对俘虏的奴役而蒙上了阴影。被巴比伦抓回城内奴役的俘虏中包括犹大王国人，这些人在为奴期间形成了犹太民族，并留下史书让巴比伦成为残忍和堕落的代名词，也向世人证明了录史之笔是比反抗的剑更有力的武器。

犹太民间传说中，巴比伦的伯沙撒王（Prince Belshazzar）有一次摆盛宴款待千余好友，觥筹交错之际，大厅一个隐暗角落的墙上突然出现了一只手指，以火写下了"Mene Mene Tekkel Upharsan"的字样，意为"无多，有衡，分裂，波斯人"。看上去这不过是莫名其妙的只言片语，但伯沙撒王清楚，这样一只手指用火写出来的字句不能等闲视之。于是他叫来犹太解梦者丹尼尔，让他解释其中奥义。丹尼尔答道："这是说你的时日不多了，你的作为已经被判为不良，波斯人将分裂你的王国。"

波斯

丹尼尔说得没错。此时，波斯军队正在居鲁士（Cyrus，即后来的居鲁士大帝）的率领下从山中奔袭而来。波斯是伊朗高原上的一个部族，居鲁士是波斯王族阿契美尼德家族的一员。继承父亲的王位后，居鲁士收服了伊朗的其他部族，开始征伐吕底亚国王克里萨斯（Croesus）。吕底亚是当时最富饶的王国，世界最早的铸币就诞生在这里。

克里萨斯有强大的同盟力量，大家都觉得战争一开始他就能挫败居鲁士，不到春天就可以鸣金收兵。只有居鲁士不以为然，他出其不意地选择在严冬时节攻打吕底亚都城。哪有人能预料到这一手呢？于是居鲁士轻而易举攻下了戒备松弛的吕底亚都城[7]，又乘胜征服了目之所及的广大山川，一直扩张到美索不达米亚的外围。

公元前 539 年，巴比伦人并不把波斯人放在眼里。巴比伦城四周有里外三道四十英尺高的城墙，坚不可摧。但后来发生的事情证明，坚不可摧的城墙也能被长驱直入。由于巴比伦城从幼发拉底河中取水，河水通过城墙下的涵洞流入城中，居鲁士下令开凿水渠截流，再让士兵从排干的涵洞爬入城中作战。

得胜之后，居鲁士没有效仿其他征服者大肆屠城或把巴比伦人卖为奴隶，而是让他们修复神庙，允许城中俘虏返回故国。至此，犹太人终于能返回以色列，回去后便在自己的宗教中将居鲁士大帝尊为仁君。后来，居鲁士的儿子征服了埃及，他的继任大流士（Darius）又进一步巩固了战果。大流士统治期间，阿契美尼德家族的波斯帝国盛极一时，其疆土横跨今天从阿富汗东部到苏丹北部的广阔地域，此前的任何国家都无法与之媲美。大流士的庞大帝国像上了发条的马达一样运转有序。

波斯人是怎么取得如此卓著成就的呢？

答案还是在那些 M 字头的单词当中：管理、通信、金钱、数学、军事力量。先说管理。居鲁士和后来的历任波斯皇帝虽然采取容留亡国之民的怀柔策略，但在治国中也用了强硬手腕。他们将波斯帝国分为 23 个行省，每省由皇帝直接委派一名总督，对皇帝负责。阿契美尼德的波斯王朝有毫无争议的唯一中央权威，这就是帝国的管理。

波斯帝国能以一个中央权威统治巨大的疆域，靠的还有发达的通信体系。阿契美尼德王朝建设的夯土道路连接成网，覆盖全国，其中主干是长达 1 500 英里的波斯御道，从首都直通西部边塞，马匹和战车能全速前进；此外，还在重要的地方修了支路，就像从脊椎发散出去的神经系统。

在道路沿线，每隔一定距离就有官办的客栈供行旅者歇脚膳宿。依靠这些设施，波斯人办起了古代版的快递。国家养着一批邮差沿国家修建的大道在驿站间邮递信件，每到一个驿站，前一个邮差把装有消息的信件包裹传给下一个邮差，自己歇息下来，而消息却不停脚，随着养精蓄锐的人马继续前进。行路途中邮差完全不用怕野兽出没或缺粮少水，这些问题都由国家来解决，邮差只要全神贯注带着信件飞驰就对了。有了这个系统，即使在帝国相距最远的两地之间传书，七天之内也能到达。按我们前面说的七天为限，阿契美尼德家族的波斯帝国是完全做得到的。

但是，要怎么防范驻守偏远之地的总督们拥兵自重、自立为王呢？朝廷通过"御用耳目"来解决这个问题，派出一批密探在帝国各处巡查，摸排到什么蛛丝马迹就立即禀报。波斯帝国的这个机制实质上是一个复杂的情报系统，这就是我们所说的通信。

下一个因素是金钱。波斯帝国治下有很多本就富饶的地区：埃及出产谷物，北方草原的塞西亚人豢养马匹，阿富汗盛产黄金和宝石……把物产各异的区域统一起来，靠的是合理有度的征税制度。历史上，战胜国的君主总是要求被征服的邦国朝贡，但征税与朝贡还是有本质区别的。征服者要求被征服的藩属纳贡，一则为壮大自身实力，二则为维持万民臣服。纳贡的目的是让藩属保持贫弱，而合理有度的征税制度却恰恰相反。从各地征收的税额以不损害当地生产力为限，一个地方越是繁荣发达，君主能征到的税也就越多，所以好的征税制度会让纳税者的经济条件不断改善。

波斯的第三位皇帝大流士承袭了吕底亚王国（此时已成为波斯帝国的一个行省）的做法，铸造了两种硬币，一种是金币达里克（daric），另一种是银币西格罗斯（siglos）。帝国以金银币支付大型工程建设费用和军饷，同时让各地总督在征税时收取金银币。帝国把金银币付给为其劳动的人，这些人再拿着金银币去买自己需要的东西，于是形成了钱币的流通。随着标准化钱币的大量流通，帝国的百姓可以拿着钱币买卖任何东西，只要在帝国铸币有信用价值的地方，商品就能流通起来。

波斯物产阜盛，各地出产黄金、谷物、马匹、宝石等等，如果哪个地方能把它们都集中起来，此地必然富甲天下。正是因为有了标准化钱币，在阿契美尼德的波斯帝国中，货物能从任何地方流通到其他地方，这让波斯成了一个商品荟萃、富甲天下的国度。

帝国铸币比单纯的金银锭更好用，因为它的重量是严格标定的，金银兑换比例也有精确的标准。这又涉及数学：一个达里克的价值相当于二十个西格罗斯，直截了当，帝国铸币就这么把金钱、数学、贸易三者结合在了一起。交易双方看到达里克上的箭手徽标就可以放心，没有狡猾的经手人从上面刮削过金屑，也不会是铜块包上金银假造的，因为仿冒铸币是大罪，皇帝的耳目又无处不在。虽然波斯帝王素来仁厚，但也不是好好先生。毕竟，要让货币与征税共同起作用，必须要有军事力量的支持。

波斯帝国从来不缺军力，广阔的疆土上有充足的人口可供征召，各行省总督都有义务为国纳奉士兵、马匹和军需物资。所以波斯帝国养着强大的军队，其中有一个万人精锐军团，被称为"长生军"。他们身穿特征鲜明的统一制服，让敌人一见就明白自己遇上了劲敌。一个后备部队一直待命，一旦先锋部队有人倒下，立刻替补，在敌人看来就好像长生军的士兵哪怕心脏中剑也能原地复活。所以，其实长生军的称号并不是波斯人自己起的，而是敌人给他们的诨名。

　　行文至此，我们已经花了不少篇幅介绍阿契美尼德王朝，这并不是因为波斯文明有多么特殊，而正是因为它代表着一些文明的共性。管理、通信、金钱、数学、军事力量这五个 M 字头的要素在当时世界上的很多地方都有突飞猛进的发展，但只在公元前 6 世纪的波斯首次集合成一个转捩点。当时的波斯，已经有了从楔形文字发展而来的拼音文字，有了当时最先进的邮驿体系和世界级的情报网络，还有官方铸币、合理有度的征税制度和有精兵强将的强大军队……正是这些支持着波斯帝国。御道、金银铸币、行省总督制、长生军……这些看似不相关实则蕴含联系的因素共同构成了波斯文明的星群。

　　M 字头的因素除上述五个之外，还有主体叙事。波斯帝国的核心凝聚力来自琐罗亚斯德教在当地形成的共同世界观。虽然居鲁士及后来的波斯帝王允许臣民信仰自由，但王朝尊奉的是视世界为舞台、视历史为光明与黑暗的角力的琐罗亚斯德教，它不但深深植入伊朗高原的社会肌体中，也与新月地带的主体叙事颇为契合。因此，波斯皇帝的政治势力范围恰好对应了这种叙事所影响的范围。帝国在各个地方倾注了金钱和军力，而统一的主体叙事把各地集合在一起，成了波斯人打得下、坐得稳的江山。毕竟，抓住一块岩石要比拢住一把碎沙容易得多。

支持波斯帝国兴盛起来的驱动力也在其他地方推动着历史发展。中国、美索不达米亚、西欧等地，筑路技术都在发展；亚述帝国形成了自己的情报网络和邮驿体系的雏形；越来越多的社会相继采用了书面文字；数学知识也像能传染一样，跨越文化差异普及开来；钱币铸造虽然最早由吕底亚人发明，但当时其他一些社会也已经开始摸索将金属锻造为标准钱币的方法。

当然，各项军事技术也在发展。公元前 1000 年，铁器取代了青铜，冶铁技术之后又发展出炼钢技术。人们发明了可以抛射和围城的武器，战车的轮毂也装上了刀剑。万事俱备，迟早会出现一个波斯这样的帝国。当然，缔造波斯帝国还需要居鲁士大帝这样的英雄人物。当时并不乏这样的英雄，有些人之所以能名垂青史，是因为像居鲁士一样恰好站上了时势的风口浪尖；更多的人终生壮志未酬，只因怀才不遇，没赶上发挥自我的时机罢了。

希腊

波斯的主体叙事和技术能力所能凝聚的疆土是有限的，帝国到达这个临界线后，终究会碰上源自另一个中心的社会星群。当波斯遭遇希腊，自身的文化影响和物质资源已经不足以打败另一个团结作战的民族了。

以往，希腊从来被视作各自为营的分散城邦，至波斯大军来犯，人们才发现希腊不是任人宰割的羔羊。几百年来，希腊都是本地区最强的海洋强国，势力范围从其在今天意大利的属地一直延伸到黑海之滨的贸易港口。希腊没有统一的王，但这并不影响它国力的强盛。确实，希腊实际上是很多自治的城邦，每个城邦有自己的律法，但这些城邦的居民有同一种思维方式，说同一种语言，有同样的民族性格和共同的历史。他们推崇同样的诗人，尊奉同样的诸神，到彼此城邦去求神占卜……他们有太多共同的机制，比如奥运会在那个时候已经出现了三百年。所以，希腊并不是散落在众多岛屿和半岛上的一盘散沙，而是一个有自我认同的社会星群。希腊人生活在自己人共同营造的世界中，有自己的身份可以标榜，这个身份告诉他们，自己不是波斯人。

公元前 490 年，大流士派军攻打希腊，在马拉松之战中败给了雅典。雅典人是在自家门口 25 英里的地方作战，而波斯人则远赴 1 800 英里之外作战。这么远的距离已经超过了波斯主体叙事能覆盖的范围，大流士在这里不再是什么大帝了。十年后，大流士的儿子薛西斯（Xerxes）率领当时最庞大的一支军队攻进希腊，火烧雅典，但最终在萨拉米斯战役中被击垮并落荒而逃。

打不死对手，总会让对手更强大。波斯的这次出兵也是如此——他们虽然火烧雅典城，重挫希腊人的尊严，却帮助希腊开启了黄金时代。希腊社会自古就有知识的繁荣，早在二百年前，泰勒斯就发出了万物之元的追问；一百五十年前，毕达哥拉斯（Pythagoras）提出了著名定理。历经希波战争的洗礼，希腊的剧作家们写出了多部伟大的戏剧，雕塑家们创作了很多不朽的作品，柏拉图（Plato）等哲学家也开创了对后世有重大影响的思想流派。此时，希腊文明方兴未艾，必然不甘心附庸于波斯这个异域星群，成为其边缘不起眼的小星星。希腊人非常自傲，哪里愿意给别人做陪衬。他们是团结一心、能干大事的集体，不但击退了波斯人，后来还主动出击，攻打波斯。这是历史的必然。

亚历山大大帝（Alexander the Great）其实并不算正宗的希腊人，他父亲所统治的马其顿王国是希腊的一个藩国。马其顿人把希腊人当作见过大世面的城市人，而在希腊人眼中马其顿人则是乡巴佬。马其顿国王腓力二世（Philip II of Macedon）给儿子亚历山大请了希腊的大哲学家亚里士多德（Aristotle）做教师，但不会有哪个雅典贵族愿意找个马其顿人来教自己的孩子。所以腓力二世征服了希腊诸城邦之后，也把自己的王国认作希腊。他的儿子亚历山大即位后剑指东方，以希腊人的立场去讨伐恩怨未了的波斯。我们常常听说亚历山大大帝在此后的十年间"征服了世界"，但打开地图对比一下大流士时期的波斯版图，其实亚历山大真正征服的不过是波斯世界。

印度

波斯侵略希腊超出了主体叙事的极限，同样的道理，希腊举兵跨过印度河也突破了自己的极限。当时，亚历山大的大军已远征近三千英里，而跨过印度河后，他们就真正成了陌生土地上的闯入者。他们所到达的印度，有种姓制度，有千手菩萨，人们还留有吠陀君主跑马圈地的记忆，还认为时间是静止的、世界不过一场幻象……而入侵的大军来自受希腊影响的"中部世界"，两者之间有太多太大的差异，必定会让他们无所适从。亚历山大的大军此时身处之地，不再是自己能想象、能理解的世界的最东端，而是一个别人的世界的西端。在这里，他们不再是主角，而成了远方舞台上的配角。

事实上，正当亚历山大率军席卷亚洲之时，一个巨大的帝国正在印度崛起。曾经托起强大波斯帝国的诸般要素在印度也蓄积到了转捩点，一个堪比居鲁士和亚历山大大帝的印度伟人也已诞生——旃陀罗笈多·孔雀（Chandragupta Maurya）。他是出身商人种姓的孤儿，从小父母双亡，生活贫寒。传说旃陀罗笈多小时候有一天在一棵大树下睡着了，醒来发现一只老虎正在舔舐自己的脸，从那一刻起，他就知道自己是成大事之人。

亚历山大率部跨过印度河时，旃陀罗笈多已经当上了故乡摩揭陀国的王。希腊大军撤退后，旃陀罗笈多的军队乘虚而入。最终，他创立了比波斯帝国更大的孔雀王朝，甚至大过亚历山大大帝征服的疆土，从印度延伸到开伯尔山口之外。

一个皇帝如何统治这么广大的土地？还是要看那几个 M 字头的要素：管理、通信、金钱、数学、军事力量、主体叙事。孔雀王朝像波斯一样修建了路网和驿站，与印度星罗棋布的水道相得益彰，发展了跟波斯类似的邮驿体系，还统一了度量衡，发行了自己的货币，推行了波斯式的管辖体系——村庄隶属小区，小区隶属大区，大区之上为行省，行省总督直接对皇帝负责。与波斯人一样，孔雀王朝的历代国王也有一个庞大的情报网络，上到婆罗门，下到商人甚至娼妓都可能是国王的密探，居江湖之远而给权力中枢搜集情报。

此外，旃陀罗笈多的王国也发展出了成熟的主体叙事。这里没有琐罗亚斯德教，而崇印度教、佛教和耆那教，三者虽然有些区别，却源于同一个主体叙事并能和谐共存。宗教的凝聚力让地域聚成了"江山"，从而国王才有了"一统江山"的雄心壮志[8]。

中国

波斯、希腊、孔雀王朝在几百年内先后走上巅峰，还有两个更强大的帝国也紧随其后，崛起在世界人口最稠密地带的两端，它们就是东方的中华帝国和西方的罗马帝国。这两大帝国是早期超级帝国中延续时间最长的，值得我们多花一些笔墨。

中国人一直有"天下"的说法，认为中国就是天下。但到这个时期，中国还没占领过太大的疆域。然而在公元前3世纪，中国突然全面实现了"天下"的构想。

这个过程经历了两个阶段。第一阶段是诸侯连年征战的战国时期，长江与黄河流域的中华文明出现了七雄争霸的局面，其中一个是军力强大的秦国。秦国国君去世后，他年仅十三岁的儿子继位。此时其他几国的君主虎视眈眈，磨刀霍霍，觉得是时候对秦国下手了。然而，他们小看了秦国的少年新君，他竟然先发制人，重拳出击，从此开启了长达二十多年的诸侯混战。待诸侯争霸尘埃落定，原来的各国都归顺于一个君主，这位君主毫不讳言地自封"始皇帝"，意即第一位皇帝。

"始皇帝"这个名号让他跻身中国神话传说的崇拜对象之列，起初有三皇开辟鸿蒙，然后有五帝举农耕、造文字、养桑蚕，现在又有了始皇帝一统千秋。雄心既定，岂容争锋？

秦始皇以铁腕迅速巩固了统治。为防御北边游牧民族来犯，他征调百万民夫将各国原有的拱卫边墙连接在一起，形成连绵万里的长城。众多民夫在修长城的徭役中丧生，但长城修起来了，秦朝也安全了。秦始皇反对儒术，将法家思想尊为国之法门。儒家思想宽和、自觉，法家严谨、教条，规定了需要严格遵守的法条以及违反后的具体处罚，没有回旋余地和模糊空间。

秦始皇还将冶铁、制盐等重要产业收归国家，铸造圆形方孔钱币为官方货币，统一度量衡，实施严苛的征税制度，并具体规定每户农民在自己的土地上只能种什么庄稼。跟其他开国皇帝一样，秦始皇很快建设了宽阔的马路、行人歇脚的客栈、发达的邮驿系统、无孔不入的情报网络等等。至于发展这些要素的做法是从波斯等地学来的，还是自己摸索出来的，我们不得而知。但这并不重要，效仿与创造随时在发生。一边是不同社会间不断有学习借鉴的涟漪传递，另一边世界各地的人们都在勤奋地自我发展。一种新想法只要有用，无须问其出处，只管让它生根发芽。秦始皇采用的管辖体制跟波斯相同，也同样取得了好效果。

　　秦始皇驾崩后，社会进入第二阶段。各处草莽暴力起义，很快推翻了秦二世。这正应了中国历史学家常说的"合久必分，分久必合"。不过这次，另一个乱世枭雄很快出现了，他就是刘邦。刘邦虽是一介农夫，却果敢过人，趁乱世先是做上了起义军头目，然后成为军阀，最终成为角逐整个中华帝国控制权的双雄之一。刘邦的终极对手项羽一度俘虏了他的老父亲，威胁要把老人家活活煮了，刘邦霸气回信道"分我一杯羹"。项羽最终落得个自刎而亡的下场，公元前 202 年，刘邦改朝称帝，定国号为汉。

　　至此，群雄逐鹿的局面只持续了七年便迎来了改朝换代。刘邦其实是再造了秦朝，不过改名为汉。为了将散乱的天下调治成有序的社会，秦始皇把得罪人的事都已做尽。到了汉朝，长城已然屹立，无须再牺牲百万人巩固北方边塞，也不用操心建立统治体制，法家治国早已设置好具体到人的机制，汉朝皇帝反而可以通过减税赢取民心。汉朝继承了全国无可争议的军事强权，也就没必要再实行秦朝严酷的全民征兵制。总之，秦始皇靠血肉牺牲赢来的天下被汉朝不费周章地接过来统治。汉朝建立的统治体制稳固持续了约四百年，中华文明这个文化星群在此期间全面形成并繁荣发展。

　　汉朝皇帝恢复了中华文明主体叙事中最根深蒂固的儒家思想的地位。秦始皇曾下令焚烧古籍经典，企图营造一个新世界。但书是烧不尽的，人们把留存下来的书籍拿出来重新刊印流传，全社会又重新掌握了前人积累的儒家智慧、传统、思想和精神。从此，在汉朝这个地跨南海之滨到蒙古草原的大国，儒家经典成了全国的精神食粮。

　　为了统治如此庞大的国家，汉朝开创了一种中国独有的机制——通过考查经典的掌握情况来选拔治国之才。当时其他国家的国王都是委任亲信掌权，亲信又任用自己的亲信，层层繁殖……每个层次上的每个人都被国王的自己人管理。但中国的情况不一样，仅靠亲信关系并不足以在朝中谋得一官半职，虽然亲信关系不是完全无用，但熟读经典是必不可少的。所以理论上说每个层次上的每个人都是被学者型官员管理。好在汉字是表意文字，来自天南海北操不同方言的官员不难通过书面交流共事。同样的文字，不管读出来如何南腔北调，意思总是不会差误的。

　　然而，汉字是需要下一番功夫才能学会的，所以这些学者型官员自然而然地形成了中国社会独有的精英群体，即士大夫。士大夫阶层和其他许多特征一起，构成了中国独具特色的政治体系。即使不熟悉的人也能直观地将中国与印度或其他社会星群区分开来，中国的诸多文化要素共同构成了一个自成一体的中华。

罗马

　　与此同时，在欧亚大陆人口最稠密地带的另一端，地中海沿岸也有一个超级大国正在成形。在马其顿希腊人向亚洲大举东进期间，罗马逐渐强大。罗马的崛起并非在希腊完全衰落之后，两者在时间上有所重叠。在希腊文化和军事全盛时期，罗马只是个尚未找到自我的鲁莽少年。在希腊涌现先贤柏拉图和亚里士多德、伯里克利（Pericles the Great）以及众多不朽的剧作家的时代，罗马不过是个破乱的小城，虽然不好对付，但还称不上帝国。

公元前 509 年，罗马人推翻了国王，迎来了国运的重大转折。罗马开创了当时世界上独一无二的政治体制，由几百人组成元老院治国。元老院通过选举产生，但只有拥有土地的罗马贵族精英才有权选举。每年，元老院中选出两人为执政官，代替国王执政。执政官总是两人共同担任，从不会一人独揽，而且一年过后，两名执政官必须让位给继任者。可见罗马人对称王称帝是多么提防。

在希腊黄金时代，罗马的地主与农民、精英与大众、贵族与平民之间曾发生过一场声势浩大的权力斗争。最后，双方达成和解，设立若干地方司法官，由平民选举产生。这些司法官虽然只有一种权力，但这个权力很大——他们可以否决元老院的任何提案。然而表面看来，危机来袭时这种体制似乎很难发挥作用。

罗马人还制定了十二铜表法，这些法条不像"摩西十诫"那样是圣人的训诫，而是不同社会群体为保障社会整体运转达成的完全世俗的契约。人们不再说法律来自神明，而是将法律基于道理与传统之上。理论上，十二铜表法为所有其他专门法奠定了基础，专门法中有些是程序性的，例如规定无法偿债满多少天后债主方可将欠债者作为奴隶；有些是规定具体事项的，例如唱歌诽谤他人者，杖击至死；还有些是社会性的，例如规定妇女无成年一说，必须像儿童一样时时处于监护之下。

在今天看来，十二铜表法非常原始。但值得注意的是，罗马人从那时便已经开始将抽象的理念视为最高权威，高于元老院，高于执政官，高于任何人。所以从理论上说，在罗马没有人凌驾于法律之上。虽然实际中如莎士比亚（Shakespeare）所说，这些法律"违反倒比遵守更光荣"，但是罗马毕竟给世界带来了"人在法下"的观念，堪比古代中国给世界贡献了精英治国的理念。

后来，罗马又经历了几次风波。北方强大的伊特鲁里亚决意复辟罗马帝制，因此罗马向伊特鲁里亚宣战。战争过后，伊特鲁里亚被罗马吞并。公元前387年，游牧部族高卢入侵意大利并攻入罗马城，但被浴血奋战的罗马人打了出来。自此，罗马人渐觉自己羽翼丰满。不久后，强大的马其顿帝国皇帝、凭军事才能闻名遐迩的皮洛士（Pyrrhus）也率大军入侵意大利。皮洛士以惨重的代价赢下若干战役，却因战线太长，深陷意大利腹地且兵力匮乏，可怜一世英名就交待在了这里。

再后来，罗马人与隔地中海相望的迦太基的腓尼基人交手。迦太基是地中海地区最强的海洋势力，统帅汉尼拔（Hannibal）被认为是历史上军事才能最卓越的统帅之一，他仅驾几十头大象长途跋涉，竟能翻过阿尔卑斯山的北坡攻打罗马。相比之下，罗马人可打不出这种战法，他们只有稚嫩的治理体制，靠每年更迭的执政官带领几百人组成的元老院做各种决策。没人记得元老院派了哪些名不见经传的将军迎战汉尼拔，每个将军似乎都比上一个更逊一筹，每次战役都反衬了汉尼拔的卓越将才。然而不知为什么，罗马还是攻下了迦太基，乘胜追击汉尼拔，走投无路的汉尼拔最终自杀谢世。罗马人踏平了迦太基，对其国民非屠杀即奴役。一番扫荡之后，迦太基荡然无存。所以不管怎么说，罗马的体制必有其强势之处。

　　罗马是个泛军事化社会，所有适合服兵役的男子都要参军。罗马军队由纪律严明的军团组成，每个军团都能独立作战，像棋子一样接受指挥调遣。他们能神速挖掘护城堑壕，将敌军围困起来断绝粮草，没有谁经得起与他们对峙。

　　如果说基础设施是波斯帝国繁荣的关键，那么罗马在面积、实力和国祚上全面超过波斯阿契美尼德王朝则是理所应当的。因为罗马人发明了混凝土，掺水后胶结得非常坚实。有了这种神奇的材料，罗马人能遇水架桥，还能修筑水渠把清水输送到千里之外。如此一来，到处都能建起城市。罗马人攻城拔寨的机械和强大的工程能力，让他们能如探囊取物般攻占别国城池。他们环绕地中海修建了石头马路，总里程达三万英里，筑路质量远胜波斯（直到一千多年后才出现了同样规格的筑路工程）。有了条条大路，一旦地方上叛军起事，罗马军队不等其成气候就能快速部署到位。

　　罗马人的爱国热情近乎宗教般狂热，他们生活在罗马的伟大之中，即使贫困潦倒，也有强烈的身份认同感和民族自豪感。源自希腊的世俗人文主义是罗马法的基础，也形成了罗马的整体社会氛围。其实，罗马之伟大可以追溯到古希腊攻打特洛伊的战争。罗马不仅有着与希腊相同的诸神（不过给他们都取了拉丁名字），也有着同样的思维框架，认为人和神共同组成自然世界。换言之，罗马是另一个希腊，只是差了点文化细节，少了些哲人，多了不少工程师和他们发明的混凝土。

　　罗马的对外征服大多是在罗马共和国时期完成的。这个时期，元老院执掌统治大权，执政官主持政令实施，（部分）罗马市民也确实有权选举。罗马的第一位皇帝奥古斯都（Augustus）直到公元前 27 年才真正掌权，还要假惺惺地不称 "emperor"（皇帝）而称 "princeps"，意为"第一公民"。此后的二百五十年里，整个地中海沿岸地区都在这个超级大国的统治下，各地靠整合的路网、单一的货币体系和统一的法律系统结为整体，这些要素让商品在广阔的地域内有了前所未有的充分流动，因此哪怕是在罗马帝国境内最远的两端，物质文明也没有太大差别。

公元元年，地球上每十个人中就有八人生活在从欧洲大西洋之滨到亚洲南海沿岸的这一地带。几乎每个人都属于某个国家，其中绝大部分又生活在少数几个超级大国或曾经的超级大国中——有些在罗马帝国，有些在波斯帝国（这个时期称为"帕提亚帝国"），有些生活在孔雀王朝后继的印度教和佛教王国中，还有些在汉朝的中国。在这一地带，整片整片的广阔土地被不同的主体叙事、信息网络、货币体系、成文律法以及军事力量组织在一起。

虽然叫作"王国""帝国"，却也不是说国王或皇帝会过多介入平民百姓的日常生活。各国的权力分配都是俄罗斯套娃式的：人们首先直接生活在家庭和家族的盘根错节中，每个社会的家庭与家族的样式和结构都不尽相同；其次生活在一套宗教信仰、意识形态，以及共同的历史、风俗、传统等之下，包括婚俗、饮食、生养、教育、娱乐，两性关系的形式，孩子玩什么玩具，大人讲什么故事，人们因何而喜、为何而悲……这些都不是政府决定的，而是本文化、本社会中的人们在日常交往中约定俗成的。

在营造日常生活氛围上，女性在每个社会中都起着重要作用。

但今天我们已经很难详细了解她们曾产生的影响，因为史学家和其他记录者大多是男性，他们往往更关注发生在男人间的大事。

各个国家几乎无一例外由男性主宰，设定了各种条条框框。在条条框框之内，生活的走向可以由风俗、传统、生物本能等自发的力量决定。然而自上而下的制度条框毕竟不容忽视，也无法摆脱。其中，国家对日常生活干预最直接的方面有征税、军队、公共工程等。征税影响生活，在于人人都要向国家纳税；军队影响生活，在于领袖总要开拓更多疆土，从而扩大征税范围，而在争夺国土的战争中，如果只是袖手旁观恐怕会在战乱中丧命，所以有抱负的人会选择参军打仗，打了胜仗还能分到战利品；公共工程影响生活，在于举国家之力建设大型工程时，诸如修建碑石、陵寝、宫殿、公路桥梁、沟渠水坝等，总有一些人能从中牟利，而另一些人被强征徭役，两者的人生都会因此被彻底改变。

8. 文明的中间地带

公元前200年—公元700年

每个国家都有国界，每个文明也都有边界区。但边境毕竟不是铜墙铁壁，同理，边界区也是一片模糊的区域，一个文明的主体叙事在此消解，另一个文明的势力从此渗入。纵观历史，人们从一个文明迁移到另一个文明，总要经过中间地带。商人、旅人、匪帮、军队、移民、逃犯等群体在各地间流动时会带来各类货物、游戏、笑话、菜谱、谜语、歌谣、故事、是非、流言、观点，以及其他各种各样的器物、思想、冲动、习惯等等。人类虽属不同的文化星群，但彼此之间总还有千丝万缕的联系。

在不断密切交往的过程中，生活在不同文明之间的人们一直发挥着重要作用。文化并不是靠哪个具体的人从一地到另一地，而是只要这两地之间有人生活就够了。左邻会影响右舍，右舍又会影响周边，这种影响在社会领域像涟漪般散播开去，就像其实每个水分子只是上下振动，并没有远离本来的位置而海浪翻涌。文化涟漪的传播甚至不用要求邻居间相安无事，因为即使是在交战状态，双方也会有物质和思想的交换——当然，也少不了基因的交换。

汉朝统治中国四百多年（公元前 202 年至公元 220 年），与其北方的邻居——欧亚大草原上的游牧部族几乎战火不断，汉朝人称他们为匈奴。中国距罗马万里之遥，但两地之间散布着很多游牧部族，部族之间有自己的交往网络。匈奴后裔（连同其他部族）在匈奴王阿提拉的率领下席卷了欧洲，一举攻下了罗马，这些游牧侵略者被欧洲人称作"匈人"①（Huns）。在东方，他们曾入主中原，成了中国历史上的一个朝代；在西方，他们也给欧洲历史写下了浓重的一笔。这些游牧部族不是其他民族历史的点缀，他们的社会星群同样形成了浩瀚的星系，他们有属于自己的完整故事。

丝绸之路

从古代中国的视角看，匈奴是自古就侵扰、掠夺中原村庄的滋事者。他们的语言属阿尔泰语系，与汉语毫无关联，生活方式也与

---

① 虽然"Huns"常被译为"匈奴"，但"Xiongnu"和"Huns"两个词意指略有不同，原书也同时出现了这两个词，后文还有解释。为了区别起见，本书将"Huns"译为"匈人"。——译者注

古代中国的道路交通、成文律法、邮驿体系等极不相称。正是为了防范他们，古时中原的诸侯才纷纷在北部边境修筑边墙，秦始皇才不惜牺牲百万人连接边墙筑成长城。没错，秦始皇当年防御的正是匈奴。在群雄并起的战国时代，诸侯争霸不过像兄弟间争夺家产，"家"是各诸侯国都有归属感的中华帝国。但汉人与匈奴的战斗可不是兄弟之间，而全然是与外人的斗争。

公元前2世纪，汉朝皇帝和朝官们想出了一个钳制匈奴的法子，开始主动接近生活在匈奴西南边的另一个草原游牧部落联盟——月氏。大概因为对草场的争夺，月氏与匈奴之间一直摩擦不断，汉朝的谋士们遂决定拉拢月氏结成军事同盟，为己所用。

公元前176年，匈奴看清了形势，先发制人，攻打月氏。月氏调遣十万士兵迎战，匈奴则派三十万大军压境，杀人如麻。月氏遭受重创，从此出逃远走，销声匿迹。

月氏究竟逃往了哪里？在这次大劫过去三十八年后，汉朝派远征队前去寻找。因知此行凶多吉少，朝廷不愿牺牲大员，只派了一个名叫张骞的小官。可怜的张骞还没走出多远就被匈奴俘虏，被困十年。但他倒没有沦为阶下囚，而是与一个匈奴少女通婚，还生养了孩子，游历各部落，逐渐被同化。终于有一天，张骞瞅准一个机会顺势出逃，可是逃跑方向反了，不是回大汉王朝，而是进入了游牧草原荒远未知的地带，迈进了在他心中文明人从未踏足的土地。

在汉室天下最遥远的边缘之外，张骞会有什么异国奇遇呢？那里有人面蝙蝠吗？火龙？食人族？都没有。他反倒发现当地诸国之文明有序且毫不逊色于大汉，城市繁荣，马路宽阔，公共建筑林立，有雕塑、庙宇、书院、学堂，市场上有来自各遥远国度的商贩叫卖，好不热闹。

在历尽十年艰险才到达的这些远离汉朝的城市里，张骞竟然在巴扎集市上见到了四川出产的织物和竹筒，四川可是深处中国内陆的省份，连近邻匈奴都闻所未闻，但其物产却能越过长城，穿过匈奴草原，到达这些异邦。而在那个时候，真正走过迢迢远路亲临此地的人，张骞恐怕是第一个。

货物能通达的地方，思想也一定会有交流。因为贸易需要买卖双方的对话和计算，需要币值明确的多种货币作为媒介，还需要协商、契约的理念和长期的生意关系。很多思想观念也借此一并传播，例如对神明、宇宙、命理、行为规范等的认识，甚至是具体的处事礼仪，如能不能跟陌生人狎昵、孩子要怎么跟长辈讲话等等。

张骞偶然闯入的这个国度叫大夏，它是亚历山大大帝征服了这片土地之后，由希腊军队的统帅建立的国家。到了张骞的时代，希腊人正向西回迁，而推动西迁的是来自中国汉朝的力量。这又要从何说起呢？话说月氏在汉朝的撺掇之下卷入了灭顶之战，兵败后沿着印度河一路逃亡，沿途重新结成新的部族。组成月氏的五个支系，相继放弃了游牧生活，转事农耕与贸易。其中一支逐渐统领了其他四支，建立贵霜帝国，国都在今天白沙瓦和喀布尔，并向北、西、东三面开拓疆土。只用了几代人的时间，贵霜人就不再是兵败的丧家之犬，而一举翻身创造了强悍的城市文明，拥有了装备精良、组织有序的军队。

大约是"前事不忘，后事之师"，贵霜完全无意再与汉朝结盟。

而且此时贵霜已与匈奴发展了良好的贸易关系，不愿再有变化。其实，早前生活在草原上的月氏虽然跟匈奴在战场上杀得你死我活，但两者间依然维持着贸易。有意思的是，匈奴从月氏处大量购买的不是别的，正是丝绸，而丝绸是月氏跟汉朝贸易获得的。所以，匈奴虽然与汉朝激烈交战，生活中却对产自敌国的丝绸爱不释手。

汉朝盛产丝绸，连农民也能穿上丝绸。但在匈奴部落，丝绸可是稀罕之物，只有名门贵族才穿得起。匈奴贵族以自家女眷能穿上丝绸来显摆地位，还会大摆宴席，用汉人精雕细琢的铜器盛食物宴饮宾客（有时也会将月氏人的头盖骨剥皮抛光做成酒杯）。

不过，汉人与匈奴的战争从未停止。匈奴靠着战马在战场上取得巨大优势，而汉朝的中原地区不适合养马，又急需战马对战匈奴骑兵。到哪里能弄来马呢？当然可以从匈奴那里弄到——用对方渴求的丝绸、玉石、铜器来交换。就这样，汉人利用强大的生产和商业能力从匈奴手中换来战马，再骑着战马迎战匈奴。世界还真是奇妙。

中国人当初修建长城本是为了防御匈奴入侵，但随着历史发展，长城竟成了汉匈互市之地。不过也别把这看得太理想化——劫掠与反击从未消停过，宿敌双方也没有握手言和。只是互市一直在发展，因为汉人发现，能从匈奴那里得到的不止马匹。由于匈奴的疆域与地中海类似，与周边多种环境相接，四处为家的游牧部落能从周边广大地区把各类商品带到汉朝的长城边：有来自北方森林的蜂蜜、蜡脂、皮毛、香木；也有来自西域的珍奇、水果和葡萄酒，汉人从来喝的都是粮食酒，所以稀罕的葡萄酒备受青睐；还有主要产于印度的棉花——虽然丝绸做衣服很好，棉花也不赖。

汉朝的国土不能扩张到草原，因为游牧民族太适应这种环境，即便动用大军强取，他们也不会战败。但是从长城往西，汉朝还是能有所作为的。于是他们在这里建了一连串驻军屯堡，以此护卫往来中原的商旅。

这个长长的触角一直伸到了贵霜帝国的边界。货物到达贵霜之后就不再有被劫之虞，能安全地向东南进入印度或往西流向波斯。到了波斯，商人们能把货物带往仍由亚历山大后人统治的地中海沿岸各国，再从那里进入罗马。

沿线贸易的货物中，属丝绸最为光彩夺目，所以欧亚大陆中部大草原上的这个商路后来得名"丝绸之路"。丝绸之路并不是当时就有的称呼，因为人们还意识不到有这样一个存在，值得一个专有名词。这也难怪，丝绸之路并不是一条路线而是多条路线，自古以来也没有哪个人走完全程。人们只是给丝绸之路的一些局部分支起了名字，在此买卖往来的货品，却并不知道，其实也不用知道货物从哪里来、本地市场又居于地球的何处。

贵霜帝国从公元前 1 世纪起逐渐成形，最终将印度河到咸海的广大地域都纳入了版图，包括今天伊朗的一部分、中亚突厥民族的几个斯坦国、阿富汗和巴基斯坦全境，以及现在属于印度的部分地区。贵霜帝国失势淡出历史舞台后，这个地区又出现了若干大大小小的王国。因为这里横跨丝绸之路，包含了一些重要路线交汇的节点，所以一些邦国存续了下来。

在取代亚历山大所缔造的中亚诸王国的过程中，贵霜帝国吸纳了希腊文明的余韵；在征服印度北部的印度教和佛教诸国时，也汲取了那里的一些文明残余；向西，贵霜扩张进了波斯世界；向东则碰上了从汉朝伸出的触角。这样，贵霜帝国（及其后来者）与古代世界的四个主要文明交流区都发生了交叠碰撞。这里，文化的碎片像血球在人体中循环一样，在四个文明之间流动。

不同文化的碎片在一个新环境中碰撞，产生了有趣的结果。思想不像尘埃一样独立地漂浮，而是交织在一起形成有结构的整体，即思想观念的星群。如果这些碎片能互相契合，协同构成完整的体系，就不会分崩离析。但是，思想观念的星群一旦跨越不同文化，就必须调整适应。这个过程中可能有些因素会佚散，成为游离在外的单体。不同的文化星群碰撞结合，形成新的星群，彼此接纳的同时又将不适合的元素加以淘汰。

贵霜帝国就是一个典型的中间地带，佛教是这里发生的碰撞结合的一个很好的例证。贵霜人崇奉佛教，所以大量僧侣从印度来到贵霜传教。起初，佛教徒很厌恶雕塑佛像，他们认为佛不能被具象化。但由于受到亚历山大大帝留下的希腊文化的影响，希腊人经常通过神的具体形象来体现诸神的精神，贵霜的佛教徒也开始雕塑佛像，通过佛的外貌和姿态表达佛教所追求的淡然平和。然而，这些佛像竟然也有点……猜对了，有点希腊的特征。

贵霜帝国跟波斯帝国也有碰撞结合。波斯是琐罗亚斯德教的故乡，这里充满了阿维斯陀文化流传下来的思想星群，其中包括对光明神密特拉的崇拜。密特拉原本是雅利安人的契约与诚实之神，随着历史发展，被演绎成了父亲是神、母亲是人的神灵，处于永生与凡寿之间。这样，既是神又是人的密特拉就成了能让人免于死亡、得到永生的救赎者。

在贵霜帝国，佛教徒常能遇到密特拉的信徒，于是佛教中也产生了一种新思想，相信一些得道尊者在即将涅槃之际不进入极乐世界，而选择留在世间度人，做人的救赎者。像密特拉一样，这些救赎者跨越两界，连接了浮世的虚幻和永恒的真实。这些佛门尊者被称为"菩萨"，其中最崇高者（此时尚未出现）的名讳虽然不是密特拉，却是拼写十分相近的"弥勒"（Maitreya）。

除了崇奉佛教，贵霜人还很敬重长途贸易的商人。各路客商沿着佛教徒走过的路在这里云集，见面和交流多了，这两类人自然而然地融合在一起。在中亚，远行的商旅开始皈依佛教，使佛教多了一些商业气息。

在受到商业影响的同时，佛教也出现了一些新的发展。围绕菩萨度人的观念发展出了一个全新的教派，叫作大乘佛教，大乘意即大的车辆。这一派主张众生的涅槃之路并非一定要靠个人孤苦清修，菩萨也可以慈航普度。

大乘佛教开启了一扇新的大门，个人修行者不必亲自完成涅槃所必需的苦修和冥思，而可以由甘愿奉献自我的人出家为僧，为众生完成修行。普通人通过支持僧侣修行便可以既不放弃日常生活，又朝着修行的目标不断前进。

不久，各地都出现了大乘佛教寺院，这些寺院不仅作为僧侣的住宿之所，也让众多信奉佛教却不能或不愿放弃俗世生活的人有了捐功德的地方。后来，寺院积存了大量黄金和土地，因为佛教忌奢侈浪费，财富无处消化，寺院就把资本投入了以个人之力不能完成的宏伟事业。

当时当地的宏伟事业往往是组织大规模的商旅驼队远赴异乡，也包括建设途中的驿站、发展金融手段促进交易等等。这样的混搭竟然非常协调，长途客商中越来越多的人皈依佛教，佛教徒也越来越多地从事商旅。信众把自家财富捐到寺院，直接投入是修行，间接投入是贸易。

贵霜帝国中的商旅货物有西去也有东往，可是佛教却只向东传播。这要如何解释呢？因为西去的商旅发现，那里的文化土壤不太适合佛教发展。在伊朗和美索不达米亚地区的主体叙事中，世界有开端也有结局，末日劫难终要到来，当地人认为世界的主角是神，而人只是配角。相比之下，佛教认为宇宙是无象无形的，一切有为法皆如梦幻泡影，人的灵魂都要走向永恒、无形、无我的涅槃。这两种认知体系难以兼容，当时没有哪种既有体系能同时包容佛陀和琐罗亚斯德，或同时包容佛陀和犹太教先知，也很难新形成一个这样的体系，因而佛教作为这个地区的后来者没能发展起来。

不过，佛教思想在东方发现了适合生长的土壤。这倒不是说中华文明的主流范式就轻易地接纳了佛教，佛教与儒家思想就像油和水，是各自内部自洽但外在迥异的两套观念完形。佛教注重个人的灵魂修行，而儒家倡导个人在社会中的规范；佛教关注宇宙，而儒家关注家国；佛教追求脱离物质俗世，而儒家要求人们在现实社会中嘉言懿行；佛教推崇融入永恒，而儒家强调做好当下的自己。

在中国，还有另一套思想体系也在一直流传。先哲老子从与儒家相同的文化背景和传统中创立了另一种哲学，探究与儒家不同的命题。老子关注人如何适应世界的混乱与困难，认为人其实什么都不能掌控，唯能控制自己的争与不争、为与不为。受老子道家学说影响的人追求在自然中平和独处，以静观与冥想为美德，尚静不尚动。道家学说跟儒家学说一样，同为中国的本土思想流派，同样反映这片土地所塑造的中华世界观。佛教在进入中国后遇到了道教，并从中发掘出了相似的精神。

中国与西方不同，传统中没有诸神争功、唯己独尊的情形。在中国，同一个人可以既崇信道教，又遵守儒家价值，还去给本地的神仙烧香磕头，而不用择一而从。在汉朝的鼎盛时期，朝廷奉儒家为正统，但道教也在百姓当中流传甚广。要想考取功名到日益壮大的官府谋职就必须学习儒家经典，而田间的农民和城镇的工匠则多信奉道教。儒家轻视商贾，所以商人与农民和工匠一样处于社会下层，交往颇多。这一时期正值越来越多的商人皈依佛教，因此道教和佛教的信众在生活中也是共同相处的。

只要汉朝皇帝还牢牢统治着社会，佛教在中国就只能缓慢地发展。但到了公元 3 世纪，汉朝到底逃不过古人所说盛极而衰的宿命。朝廷失掉天命和民心，皇帝不再有绝对权威。中国维持了四百年的大一统局面结束了，继而开始了三百多年的列国纷争。在此期间，黎民百姓闹不清楚谁在掌管国家、未来命运如何，因此越来越多的人开始信奉道教，而道教的发展也给佛教在中国的传播形成了有利的文化土壤。

与此同时，信仰太阳神密特拉的教派在波斯世界继续传播发展。此时波斯地区的帕提亚帝国皇帝正谋求向西扩张，而罗马也在东进，小亚细亚半岛成了双方争夺的前线。正是在这里，罗马士兵接触到了太阳神教。

太阳神教有秘传宗教的特征，而秘传宗教是希腊-罗马世界古已有之的传统。秘传宗教是一类围绕着秘密宗义展开的宗教，一无所知的门外汉要通过修习教义逐渐接近教门内部，最终达到神秘的核心，从此他们就能亲自或借助通灵者与神灵沟通。太阳神教的这个特点让罗马士兵感到熟悉，因此经过改良的太阳神教作为一种新的秘传宗教在罗马兴起了。

处在太阳神教传说核心的神是密特拉。他的母亲安娜希德（Anahid）是一介凡人，以处子之身生下了他。神诞日在冬至附近，也就是在 12 月 25 日当天或前后。密特拉在世间的时候，由黄道十二星座的弟子侍奉。想想看，母亲是处子，成为人类的救赎者，神诞日在 12 月 25 日，有十二门徒——这一切听起来是不是有点熟悉？

太阳神教在罗马的繁荣稍早于基督教。早期，这两个宗教在招揽希腊-罗马世界的信众时存在直接竞争，最终基督教胜出。到公元 4 世纪，太阳神教彻底消失，但在此之前它已经给基督教注入了很多元素。

香料之路

在印度南部，丝绸之路碰到了另一个有重大意义的流通系统。

这里是季风气候下形成的世界，其中一个枢纽是阿拉伯半岛，无垠的沙漠三面环海，散落着点点绿洲。环绕着阿拉伯半岛的还有非洲之角、伊朗高原以及黎凡特平原等几个半干旱地区，这些地方居住着很多民族，他们使用同属闪米特语系的语言，包括希伯来人、阿拉伯人、腓尼基人、苏美尔人、阿卡德人、纳巴泰人等。这些民族在地中海到波斯湾这片区域发展壮大，这是历史上多个民族长期交往的结果，至于他们的祖先是谁倒可不必细究了[9]。在这样干旱荒芜的土地上，发展出了辉煌而神秘的古代香料之路。

今天我们说的香料是指食物中各种提味的作料，但古代所说的香料有所不同。古时，香料商人贩卖的不但有藏红花、胡椒、肉桂之类，也包括没药、沉香木、宝石、精油、染料、药品、珍奇羽毛、药膏、脂粉、秘药等各类非食用的东西。这里说的香料是一个广义名词，涵盖了所有珍奇精华、质轻便携、好卖又不易腐坏的货品。总的来说，香料是人们想要却并非生活必需的一类商品，它能引起人们对奢侈享乐、欢愉甚至高潮的向往。几千年前，"广义上的"香料是世界经济的一股重要力量，其实今天也还是如此。

阿拉伯及周边地区是世界上最早的香料产区之一。在这片沙漠里，可耕地的面积不到万分之一，最内陆的地方植被稀疏到不能放牧。然而，在阿拉伯费利克斯［也就是古罗马作家老普林尼（Pliny the Elder）所说的"阿拉伯福地"］生长着一种硬木树，它虽然叶子稀少，但将其晒干、捣碎、研成粉末，再与油脂拌合后晾干，能制成乳香块售卖。

不过沙漠里生产的乳香能卖给谁呢？当地人互相买卖？不会

的，人们先得填饱肚子才有心思享受香料。而果腹的粮食只能依靠大河流域的农耕文明生产，再通过各贸易中心一路转运而来。于是，沙漠里的人们开始把自己这些小玩意儿带往富庶的地方。

　　约三千五百年前被人类驯化的骆驼素有"沙漠之舟"的美称，此时在香料贸易中派上了大用场。骆驼是荒漠上最好的交通工具，可以几天不喝水，还耐极端气温。一周之内，同一匹骆驼可以从四十多摄氏度高温的戈壁沙漠行进到终年积雪的高山险隘。骆驼比马、骡更能负重，而且性情温顺，招人喜爱——最后这句其实是在开玩笑，我小时候住在离养驼场只有两个路口的地方，能以亲身经验告诉大家，骆驼绝对是又脏又暴躁的动物。但如果碰上会驯服它们的人，骆驼也会服服帖帖，香料商人就是个中高手。

　　大部分情况下，这些商人都是中间商，贩卖从别处买来的货品。那么，中间商肯定不愿意买卖双方直接交易，所以他们会把货物的来源、路线、去向都作为严格保守的秘密，还会编出为了拿到货而经历种种艰难险阻的离奇故事，避免两边相互了解。比如，希腊历史学家希罗多德（Herodotus）记述，乳香非常名贵的一个原因在于乳香原料生长的树上藏有飞蛇，人们要收获乳香，先要焚烧某种树脂把飞蛇暂时呛走，然后趁机赶紧上树，在飞蛇回巢之前尽可能多地收获乳香原料，随时提防命丧飞蛇之口。这样听起来，为了把乳香卖到市场上，不知牺牲了多少勇士！卖得昂贵也就不足为怪了。希罗多德显然是相信了讲这个故事的人，毕竟，那时谁不相信香料商人呢？

　　因为香料贸易的货物往往质轻而价贵，所以商人愿意长途运输，尤其在沙漠商路与东方的季风商路和西方的地中海商路贯通之后，香料更是受到青睐。香料商人四海漂泊，他们形成的文化跟居有定所的顾客完全不同。香料商人敬奉的是流动不居的神，这类神不是护佑哪个地方而是弘扬某些观念。商人们还通晓多国语言，培养了宽阔的视野，结成了跨越文化和政治边界的行会和社交关系网。这些小星群不受限于地理空间，而存在于社会意义的空间中，有着各自的向心力，形成了现实国家组成的显在世界之上、由"影子国家"组成的另一层世界。

　　虽然不同文化各自形成了一片海洋，但仍然有些观念和影响能在不同的文化海洋间通过某些管道彼此融汇，比如沿着香料之路和丝绸之路发生交流。在不同交流区相遇和重叠的地带，文化星群彼此碰撞，产生部分内容的交换，最终发展成全新的文化星群。

9. 不同世界的碰撞交融

公元元年—公元650年

在过去数千年中，人们之间的交往越发频繁，但这个融合过程却从来不是一帆风顺的，像白糖撒进沙子里那样一下就能不分你我，而是一路磕磕绊绊，时断时续。社会星群从形成到扩张，再到碰撞交流，产生摩擦、创伤、混淆，直至每个星群能充分交融，合成一条主线、一个完形。在此过程中，新星群的元素会补充进来，而不再适应时代的旧元素则会被抛弃。

西奥多·斯特金（Theodore Sturgeon）在1953年出版的小说《超人类》中，将两个英语单词"blending"（混合）与"meshing"（啮合）拼在一起发明了新词"bleshing"（融合），以此形容小说中六个主人公身上发生的故事。这六个人都无法独立生活，凑在一起却争吵个不停。终于有一天，他们发现各自的奇异能力可以合成一体，因为他们其实是一个新物种、新个体：完形人。我们可以借用这样的"融合"概念来描述社会星群在历史上大规模碰撞交融、使宏大的主体叙事结合成新的更大的世界历史故事的情形。在公元纪年开始后的头八百年左右，全球各地都上演着融合的故事。

罗马

比如我们看罗马帝国。史学界常把罗马帝国衰亡作为世界史上的一次关键事件，一般认为罗马帝国灭亡是在公元 5 世纪。这期间，罗马遭受多次攻击，正统的末代皇帝也被蛮族推翻。而罗马帝国具体灭亡于哪年，不同的人以不同的事件为准，说法包括公元 410 年、455 年、476 年、492 年等等。或者，公元 395 年？——那一年罗马一分为二，形成东、西两个帝国。再或者公元 378 年？——那年一支蛮族大军首次取得征战罗马的全胜，并将罗马皇帝斩于马下。

具体年份暂且不论，如果读者认可英国历史学家爱德华·吉本（Edward Gibbon）提出的"衰亡"（decline and fall）这一说法，就会认为基督教是罗马衰亡的根源。但是，我们不妨也看看最近几十年出现的一种新解释。

在罗马共和国时期，罗马国土横跨小亚细亚半岛，沿地中海东岸向南延伸，再经埃及横贯北非，向东北扩张到多瑙河流域，向北到达今天的法国，向西直抵大西洋之滨。如此广阔的疆域，大部分是在公元前 500 年至公元 1 世纪纳入罗马版图的。

如果我们把国家比喻成社会细胞，国界就是能把细胞内外区分开来的细胞膜，信息在细胞内的流动远多于跨细胞的流动。在被罗马征服后，新月地带已有的叙事，包括美索不达米亚的众多护佑神、希伯来人的单一神、埃及的兽头神系等信仰体系都被囊括在了罗马内部，在希腊-罗马世界中与其他思潮一起汇流涌动。

这些信仰体系中也有犹太教。犹太教跟美索不达米亚地区的其他众多信仰一样，尊奉部族之神，也会有"我们的神比你们的神更厉害"的想法。但与众不同的是，只有犹太教提出了世间唯有一神的观念。

被罗马征服后，犹太人居住的村庄和社区也开始受到罗马帝国中其他各种信息流的影响，能频繁接触到希腊-罗马世界的世俗和异教观念，同时犹太教的一些理念也汇入罗马帝国的血脉并流动到罗马治下的其他地区，包括世俗叙事居主导的地区。

犹太教思想并没有在这些涌流中溶解或消失，因为犹太教的叙事有强大的凝聚力，不会轻易溶解，这点有些像古印度的吠陀文化。犹太人认为自己是被罗马帝国集体俘虏的一个独立民族，因而通过信仰强化自身的民族精神。这一信仰号召犹太人通过抗争成立自己的国家，因为犹太教认为神界的追求与人间的诸事是分不开的，神的规训都是关于人与人之间如何相处，其中也涉及本该由政府管辖的事务，诸如契约、继承、罪罚等。如此一来，宗教就不单单是将众多部落凝聚成一个民族，还号召信众建立自己的政府，不再臣服于罗马。

因此，从土地被征服那时起，犹太人就心有不忿。犹太教的叙事中开始有了"弥赛亚"（messiah），弥赛亚是有神赐力量、引领犹太人走向自由的一个受人拥戴的形象。与之相应，在暗流涌动的犹太社会中很快出现了很多义愤的宣传者，他们痛斥罗马帝国，像昔日的先知那样宣传宗教革新。在犹太人看来，弥赛亚可能是这些人中的任何一位。

其中一位名叫约翰的布道者尤其杰出，他让人们通过浸礼仪式进入自己的核心信众圈。"浸礼者约翰"（John the Baptist）本身是犹太人，但类似的皈依仪式在希腊-罗马世界的诸多秘传宗教中非常普遍，如太阳神教、厄琉希斯教、俄耳甫斯教等都有吸收教外之人时的皈依仪式。这些秘传宗教常许诺信众能习得秘密的教义，达到精神升华，从而拥有幸福的未来，甚至可以长生不老（其实，只有不信秘传宗教的人才能总结它们的规律，因为哪个教的信徒都会觉得自己的教派是独一无二的）。

在公元 29 年或前后，一个出身木匠家庭名叫耶稣的人遇见约翰并接受了浸礼。后来，耶稣成了犹太民族主义浪潮中最受爱戴的一位弥赛亚人选。这引起了当地罗马官员的注意，他们逮捕了耶稣并盘问道："你就是弥赛亚吗？"在罗马官员的眼中，这样问就等于在问"领导反罗马斗争的人是不是你？"耶稣报以肯定回答。于是，罗马政权把他钉在了十字架上。这种刑罚不是针对个人的特例，而是罗马帝国对待反叛者的一贯方式，在耶稣之前已经有数千反叛者被钉在十字架上，在他之后也还有数千人被如此处刑。当时大部分罗马人对耶稣其人一无所知，更不知道他是怎么死的。可当耶稣被钉在十字架上受难之后，他的几位追随者悄悄传信说耶稣没有死，声称在哪里哪里见过耶稣，同常人一样健在。凭借这些说法，耶稣的门徒们开始散播消息。不久后，拥戴耶稣的运动就从主流犹太教中分离出来了。

犹太教很明确地只对应一个民族，所以不会在整个罗马帝国传开。犹太教认为上帝与亚伯拉罕的子孙之间有一个契约，非亚伯拉罕的后人都不在这个契约之内。耶稣的门徒，特别是保罗，对这个说法做了改动。保罗从未见过耶稣，但在一次去大马士革的路上他突然皈依。按保罗的说法，耶稣带给世人的不只上帝同哪个部族的契约，而是同全人类的契约，世间男女老少都可以认同自己也是契约中的一员。

保罗本身是犹太人，奉《旧约律法》（Torah）为圭臬。在他的时代，基督的信徒并无其他经典可参照，记录耶稣言行的《福音书》是后来才出现的。那时，基督的信徒们将《旧约律法》重录为《旧约》。而在犹太人看来，《旧约律法》从来没有变成《旧约》，一直就是《旧约律法》。

坚持主流信仰的犹太人继续等待弥赛亚现身，基督的信徒则认为弥赛亚已经现身。此时，基督信徒与犹太人对弥赛亚的理解不再相同。坚持主流信仰的犹太人认为，把一个以肉体凡胎行走俗世的人尊为上帝是对神最大的亵渎，而在基督徒看来这却是信仰中的一个核心要义。基督徒认为，上帝确实应许给子民一个理想国，但这不是人间的哪片土地，而是信徒死后进入并永远居住的天国，有点类似古埃及人曾经想象的身后世界。两种信仰做个对比，如果要一个人产生对犹太教中上帝契约的归属感，他必须出生在犹太家庭，遵守犹太律法生活，男人还要行割礼，挨上那一刀可是很疼的；而要让一个人对基督教有归属感，只需要接受浸礼，信奉耶稣即可，有愿望的人都可以加入。

在罗马世界中，相信凡人可以成神不是什么惊世骇俗的想法，多神教的世界充满了这样的偶像。比如，赫拉克利斯和阿喀琉斯之所以有超人的能力，是因为父亲是神而母亲是人。而就在耶稣被钉在十字架上受难的同一时代，罗马的精英也在宣扬奥古斯都大帝已经成神。所以基督教并不是希腊-罗马文化的对立面，而是与这一文化当中的诸多其他文化形式一起竞争。反对基督教的罗马人相信凡人可以成神，但是拒绝承认世上仅有一神。而反对基督教的犹太人则相信世上只有一个神，并且不承认这唯一的神是耶稣这个凡人。

基督教正是诞生在这两个显然矛盾的叙事相遇之处，它结合了两边各自的一些观念，并排除了其中不合适的部分。公元 74 年，这场新运动发生了一次关键性的转折。被围困在马萨达要塞的九百名犹太反叛者没有屈服于罗马，而是选择集体壮烈自杀。

这个时候，基督徒中从犹太教改宗而来的人已经越来越少，更多的是原来不信教者的皈依。犹太人一直在同罗马抗争，争取建立自己的民族国家，但是新皈依的基督徒却无暇做这样的斗争，仅仅是加入基督教就已经招致罗马政权的不少刁难了。他们从来就不是犹太人，为什么还要承担罗马政权对犹太人的仇恨呢？在此背景下，耶稣对基督徒的告诫"让恺撒的归恺撒"有了新的含义，凸显了基督徒和犹太人之间越来越明显的分别①。希腊-罗马文化中不信教的人本主义者很容易接受世俗与神界的二元分野，但黎凡特文明中的犹太教徒却理解不了怎么能"让恺撒的归恺撒"，因为本来就没有什么是恺撒的，世间万物都是上帝的。

因此，犹太教一直像是悬浮在罗马世界诸多社会星群中的一个密闭气泡，而基督教则凭借两个优势像野草一样迅速传播开来。其一，基督教符合希腊-罗马文化中认为人神两界并存但截然有别的理念；其二，基督教的受众很广，其内容与罗马帝国大部分人的生活息息相关。今天我们听到古罗马，脑海里浮现的往往是浴场、宴会，华贵的器皿中盛满剥好的葡萄——但葡萄皮可不是瓜熟蒂落自己脱掉的。奴隶制在古代各个社会都稀松平常，但罗马人对奴隶的使用远超其他社会。罗马的奴隶不仅仅是供使唤的下人和寻欢的工具，还被当作劳动机器，要从事采盐、凿石、撑船、犁地等各种繁重劳动。罗马自由人当中，如果谁拥有的奴隶不到四人就会被视作贫困户，而富人可以一人拥有五万名奴隶甚至更多。奴隶制其实是罗马军事治国的必然产物——在罗马共和国时期，罗马人不断远征，收服新的土地，把成千上万的俘虏送回国内。到耶稣受难时，奴隶人口已经超过罗马总人口的四分之一。

换个角度再想想，一个罗马人如果想通过做工维持生计，能要求多少报酬呢？不管他有偿做什么工作，雇主总可以找到免费的奴

---

① "让恺撒的归恺撒，上帝的归上帝"是耶稣教导信众将现世务与宗教信仰分开的名言。——译者注

隶来做。最终结果是，罗马绝大部分人口要么是奴隶，要么是极度贫困的农民，要么是栖身拥挤的贫民窟中无事可做的群氓，国家免费提供娱乐和吃食以防他们惹出什么乱子，但也不过是发些勉强充饥的面包。

在罗马共和国全盛时期，传统的多神教能解释日常所见的种种，因而贵族大多信服。他们遵守多神教的仪式，传播其理念。同时，罗马人在战场上连战连捷，建起了繁荣的城市。富人愈发富裕，很容易认为穷人之所以穷不是没有原因的，而奴隶之所以是奴隶，是因为败者就该有此下场。

可是奴隶和乞丐却不这么想。在他们眼中，从公元元年开始，多神教叙事所解释的世界已经毫无意义。正当此时，基督教出现了，它告诉人们现世只是一场考验，是为了决定人们死后将去往何处、过何种生活。最贫穷、最卑微、最受欺凌的人们会通过考验，死后会永远居住在幸福的天国。而罗马贵族大多是通不过考验的，他们要想进入天国比让骆驼穿过针眼还要困难。在基督教的叙事中，世间一切都有了意义。看吧，这就是叙事的强大力量。

信奉多神教的罗马政权为了扑灭基督教的星星之火，开始举行狮子撕咬基督徒的公共娱乐表演。这种表演可能并不经常举行，但是哪需要太多次呢？人们看到狮子大口吞吃一个束手待毙的人，这样的场面必定口口相传，像星火燎原传遍各处。这其实是一种国家恐怖主义，因为它完全体现了恐怖主义的逻辑：破坏和杀戮只是手段，达成目的真正靠的是由此挑起故事和报道，刺激人的情绪，让人心生恐惧。诸君请看，这也是叙事的力量。

　　角斗士与狮子相搏的场面产生了两种对立的叙事。罗马人通过展现暴力，昭告人们"我们能以最恐怖的方式消灭你们"。而基督徒殉道者表现出视死如归的平静，宣告着"死是基督徒进入永生的大门"。国家可以制造让人恐惧的故事，却无法控制人们从故事中听出什么。殉道者甚至在被狮子吞噬时还高声歌颂耶稣，这让基督教的叙事听起来更有感召力。场面越惨烈，基督徒的临终宣告越让人记忆深刻。罗马政权本打算借此消灭基督教，却反倒助推了基督教发展壮大。可见，一种叙事要战胜另一种，需要的不是刀枪剑戟，而是阐发意义的强大力量。

　　一方面，随着奴隶制和不平等越发严重，罗马治理体系的根基开始动摇。另一方面，基督教的组织不断发展，基督徒们用心经营着这些组织，互相之间充分交流，必要时会召集起来应对共同面临的难题。慢慢地，基督教的组织开始具备一些对内治理功能。趁着罗马多神教的生命力从内部衰败，基督教的羽翼丰满起来。

　　到公元 4 世纪，基督教已经发展成与正式的罗马政权相对的影子政府。在世俗统治中，皇帝统治全国，帝国分为若干行省，各行省有总督，其下有行政官员负责治理各地。所有行省实行同一套正式的成文法，规范人们的个人行为与人际交往，为官员治理社会提供依据。

　　基督教的对内治理也分为若干类似行省的单元，基督徒称之为教区。每个教区由一位主教管理，其中大城市的主教又称大主教。相比于普通主教只管辖住在农村为数不多的分散人口，大主教的权力更大。所有主教都遵照日益完善的成文教会法工作。罗马政权的各项法律源于"十二铜表法"的精神，而基督教的教会法则从《福音书》发展而来。众多主教中，有一人的权力高于所有其他人，不难猜到，他就是罗马城的大主教。后来，他有了一个专门的称谓——最高祭司（pontifex maximus），而这本来是在基督教出现之前对多神教中最高执事的称呼。再后来，罗马的基督教界开始称呼最高宗教领袖为教皇。

所以到了公元 4 世纪，罗马的君士坦丁大帝（Constantine the Great）终于接受了现实，承认在自己治理的广袤帝国上，基督教的管理机制比古罗马留下来的锈迹斑斑的治理机器更有效。公元 320 年，在一次重大战役出征前，君士坦丁大帝宣称见到天上出现了十字架。受此天启，他擎起基督教旗帜走上战场。凯旋后，他发诏宣布基督教合法，并迁都君士坦丁堡，开始了帝国向基督教国家的转型。从此，失去官方支持的多神教叙事开始式微。公元 393 年，罗马皇帝狄奥多西（Theodosius）终于将多神教定为非法，奉基督教为唯一国教[10]。至此，承续希腊文明的罗马叙事与源于黎凡特文明的犹太叙事完全融合。

君士坦丁大帝改信基督教后，不仅把基督教的治理体系作为新的罗马治理体系，自己也成为事实上基督教会的领袖。公元 325 年出现了一次教义论争，威胁到了基督教的团结。于是君士坦丁大帝召集众主教举行大公会议，让他们决定基督徒到底应该如何信仰。这次会议形成了《尼西亚信经》，确立了"三位一体"的教义。罗马的基督徒明确了核心信仰：上帝是唯一的神，圣父、圣子、圣灵本质都是上帝，虽居三个位格而实为一体。

这一时期，帝国其他地方也出现了因不同叙事碰撞而造成的摩擦。罗马的北边生活着若干日耳曼部族，从恺撒时代起，这些日耳曼人就一直同罗马人交战。这些部族不以日耳曼为名，而是各有其名，如哥特、汪达尔、苏维汇等等。每个部族有自己的语言，相邻部族的语言相似却不完全相同，此时还没有出现统一的日耳曼语。

日耳曼本来是罗马人对这些部族的称呼，意指"在北方惹是生非的匪帮"，当时的罗马人看日耳曼人应该就像古代中国人看待匈奴。不过日耳曼人不是草原游牧民族，而是生活在密林深处，在潮湿坚硬、难以耕作的土壤上种田讨生活的民族，要知道那时还没有铁制犁铧。欧亚草原上的游牧民族不断发展游牧生活方式，已经能很好地适应当地自然环境。而欧洲北部的日耳曼部族虽然不事游牧，却也没有定居下来，这些贫困的农民不断迁徙，追逐着更好的自然条件，一路向南。

每到日耳曼人与罗马人相遇的地方，两个互不兼容的叙事就会产生摩擦。日耳曼人没有城市，也不过城市生活。他们的社会领袖是占山为营的战斗头领，围绕山头的堡垒管辖着周边很小的领地，手下都是自己的亲信，凭借彼此效忠的盟誓结成一伙。日耳曼人把盟誓看得很重。

普通百姓住在堡垒周边的村庄里，在头领的威权下从事繁重的农业劳动。日耳曼社会中还有一个重要角色是法官，负责裁判领地之间的争端。法官不是通过任命或选举产生，而是由于多年树立的威信，人们主动倚仗他们裁断。这些部族没有书面文字，因此法官不参考什么成文的法条，做裁断一是依据部族传统，二是尽可能参考过往先例。如果前事如此这般，新的裁断也应该循旧例，所以法官不仅要有丰富的生活经验和过人的记忆力，还要对自己的部族有深入的了解。

法官的职权不能传给儿子，子孙要想得到法官身份必须自己争取。头领也不一定让子孙继承自己的信从，因为结盟关系发生在当初起誓的人之间，一旦作为结盟者一方的头领去世，盟誓就不再作数，所以头领的后嗣需要靠自己树立威信。在当时的日耳曼人眼中，世界就是这样基于人际关系的交往、协商与承诺建立的。

公元 2 世纪左右，日耳曼人加速了南迁，先头部族激烈地冲击罗马的土地。他们之所以全力南进，是因为后方也在被别人推着走，一波新的迁徙大潮正从中亚涌来。罗马人将这批移民称为"塞西亚人"，原意是"非日耳曼的蛮族滋扰者"。

在这场起源于远东的迁徙浪潮中，塞西亚人是最西边的先锋，他们的祖先正是有历史记载以来从未停止滋扰中国的匈奴人。待中国人筑好长城，汉朝形成强大国力之后，匈奴部落就被吓阻在外，不再侵犯。

草原游牧部族的生计可以说一半靠放牧、一半靠掠夺，如果不能劫掠中国，就得再找别的目标。到哪里找呢？欧亚大草原上到处都有游牧部落，如果只在游牧部落中抢掠，其实得不到什么自己原来没有的。因此其中一支嚈哒部族向南、向东进入印度，踏平了贵霜帝国，占领了贵霜人的城市，不久便定居下来成了城市民族。其他的草原游牧部族则一路向西。然而往西要走很远才能有大一些的城市供他们洗劫，因此在途中，打家劫舍的散兵游勇慢慢形成了杂牌部队，行到欧洲，已然形成大队人马，所过之处皆被荡平。毕竟同是游牧人，到城市去抢一笔是共同目标。他们就是罗马人口中的塞西亚人。由于沿途各地都向行伍之中补充人马，军队成分复杂，很难把士兵归结为哪一个民族或语系。其中的领军者“匈人”也由若干部族混杂而成，其主体是像蒙古人和今天的突厥诸民族一样同属阿尔泰语系的民族，很像侵犯中国中原地区的匈奴。其实可以说，西方所称的匈人和中国历史记载的匈奴是同一回事。这些人进犯欧洲，加快了日耳曼人本来的南迁。就这样，修筑长城阻隔了北方草原游牧部族的进犯，远在东方的中国对罗马帝国的衰落起了推波助澜的作用。

其实说罗马帝国“衰落”可能不太适当，因为这恐怕会勾勒出这样一番图景：野蛮人高声呐喊着摧毁城墙，长驱直入，在这座壮美的城市中烧杀奸淫。实际情况并不是这样。罗马不像中国有长城拱卫边境（只有在今天的英国有几英里长的石头墙），它的边防主要靠戍卫军队驻扎在各处，防范日耳曼人进入并占地而居。罗马军队偶尔也会在边境地区与日耳曼部族冲突，但这并不总是发生。大部分情况下，两边就是远远地点个头，或者走近一点互相诘骂，再不就是拿肉换点粮食，或调戏对面的妇女。偶尔也会拳脚相向，过后又把酒言欢。

慢慢地，生活在罗马边境的日耳曼人学会了一点拉丁语，甚至还能跟罗马军队你来我往地斗几句嘴。有时能搞到些罗马的衣裳就再好不过了，那可比自己的穿着好不少。偶尔会有罗马人被日耳曼人俘虏成为奴隶，或者日耳曼人被罗马人捉住做了奴隶。这些奴隶有机会逃回故土时，也会带一些对方的文化回去。

　　有一位名叫乌尔斐拉斯（Ulfilas）的归化哥特人就兼通这两种文化。他从小信仰基督教，长大后成了一名主教。公元350年前后，乌尔斐拉斯自创字母表，将《圣经》翻译成了哥特语。然而，并不是每一个拉丁语和希腊语单词都能在哥特语中找到对应的翻译，因为哥特语词汇产生的背景与基督教发祥圣地有不小的差异。虽然乌尔斐拉斯用哥特语译出的《圣经》与罗马和君士坦丁堡教廷中使用的《圣经》有微妙的差异，但毕竟总算是有了一部哥特语《圣经》。从此，日耳曼部落陆续开始信仰基督教，当然，是他们自己版本的基督教。

　　乌尔斐拉斯没有承认《尼西亚信经》中三位一体的理念，而是采纳了北非主教阿里乌斯（Arius）提出的备受争议的信条，即上帝是唯一的，是信众的圣父；耶稣基督近乎上帝，但与上帝有本质区别，耶稣也是上帝创造的，是上帝所造的万物中最荣光的一个。阿里乌斯信条之所以比《尼西亚信经》更受日耳曼人认可，不排除是因为在他们的文化中如果儿子的地位与父亲相当，会引发对地位的争夺，继而造成混乱。但也可能是因为日耳曼人觉得阿里乌斯信条更好接受。抛开具体教义不谈，越来越多的日耳曼人皈依基督教，逐渐模糊了自身与罗马人之间的差别。不同的宗教理念同属于基督教的星群，分别形成了两颗星。

　　随之而来的是两个族群的融合。罗马人不再把日耳曼人视为跟波斯人一样的重大威胁，而只当他们是没开化的愚民，影响的不过是文明的秩序。罗马人总是招募最骠勇健壮的人参军，结实的日耳曼人就是很好的人选。而对于贫困的日耳曼人来说，加入罗马军队可以保障日有三餐、夜有住处，于是不少日耳曼人纷纷加入而并不觉得背叛了自己的民族，因为他们本来也没有统一的"日耳曼民族"意识。在他们看来，跟罗马打仗是打，跟其他蛮族打仗也是打，两者没什么区别。

按罗马帝国的军事传统，将帅要把战利品拿出来与士兵分享。在边境上，罗马将帅（其中不乏日耳曼人）打退来犯的匪帮（大部分是日耳曼部族）之后，会把缴获的大部分战利品分发给手下（很多也是日耳曼人）。边塞之地远离国都，所以有时罗马政权会委任军事将帅同时承担社会管理职权，维护当地秩序，这些将帅被称为"御前侍从"（comes），后来被冠以"伯爵"（count）头衔。偶尔有日耳曼部落的头领进入罗马，还占了土地掌控了当地社会，罗马也就顺水推舟给他一个行政名分，把他已享有的贡奉改为俸禄，这种地方性君主（duce）后来演变成了"公爵"（duke）。

读者应该不难猜到故事后来的走向，罗马和日耳曼两个社会开始混合在一起，逐渐罗马化的日耳曼人成了逐渐日耳曼化的罗马帝国的臣民。日耳曼人从没想过摧毁罗马，反倒乐得成为罗马人。

罗马是一个非常讲究身份地位的社会，外来人几乎无法爬上更高的社会阶级，但在军队中谋个一官半职则没有那么难，战绩卓著的士兵还有机会被选入禁卫军，成为专门保卫皇帝的精锐部队的一分子。而禁卫军容易拥兵自重，具备推翻在任皇帝和拥立新皇的实力。随着日耳曼人逐渐占据禁卫军的大多数，有时也会把日耳曼族裔扶上皇帝的宝座。

到公元 4 世纪，罗马帝国卷入了一场旷日持久的战争，对手是强大的哥特王阿拉里克（Alaric）。罗马大统帅斯提利科（Stilicho）也毫不逊色，与阿拉里克相持不下，数次力挽狂澜，救罗马于危难之中。然而，大统帅终有一死。在斯提利科死后两年的公元 410 年，阿拉里克攻陷罗马。有些史学家认为这次事件标志了罗马的灭亡。

不过这个时候就说罗马灭亡了可能还为时尚早。阿拉里克的父王曾经与罗马订立友好盟约，当时只有八岁的阿拉里克被送到君士坦丁堡签约。后来，他就在罗马的东都君士坦丁堡长大，习惯了罗马的生活方式，上学也是在罗马，能流利地读写拉丁语和希腊语。所以，阿拉里克绝不是想象中挥舞战斧呐喊冲锋的蛮族形象。

那罗马大统帅斯提利科又是什么人呢？他其实是汪达尔人的后代。汪达尔人是日耳曼的一个部族，来自遥远的北方。斯提利科年轻时加入罗马骑兵团，后来一路晋升，爬上军中高位后迎娶了一位罗马贵族小姐。所以，他本人也完全不是人们想象中面有威仪的纯粹罗马人形象。更有意思的是，阿拉里克和斯提利科年轻时都曾在罗马军队服役，甚至算得上是并肩作战的战友。

阿拉里克死后，匈奴开始进犯罗马周边。威名远播的匈奴王阿提拉率军进攻罗马，最终甚至攻下罗马城，让罗马人无力招架。这能算是罗马的灭亡吗？也不应该。阿提拉在匈奴人进入罗马城之前就去世了。没有了阿提拉的率领，匈奴军队不过是散兵游勇。

不久之后，汪达尔人也洗劫了罗马（从此汪达尔的英文词有了粗暴破坏的意思）。这回算是罗马帝国真正灭亡了吗？恐怕还是不能算。虽然汪达尔人在罗马大肆劫掠三天,但他们信守了对教皇的承诺,不开杀戒,不毁房屋,三天之后就回迦太基老家去了。汪达尔人把国都迦太基城建造成了第二个罗马城,并以与罗马如出一辙的方式统治了自己的北非王国。他们像罗马一样征收税赋,过着罗马人一样的生活,去剧场、竞技场,欣赏歌剧、哑剧,常年开放图书馆,营建公园以供休憩,当然也会泡在浴场里惬意地享受剥好了皮的葡萄,也会追寻声色犬马的欢愉。

所以,其实罗马从未灭亡。它最初是一个充满拉丁文化的世界,随着疆域扩张吸收了很多希腊文明的内容,拉丁与希腊文化交融后又经历了基督化。那些亲身经历过罗马"灭亡"的人,不会意识到罗马正在"灭亡",只会觉得罗马在经历变化:先是日耳曼人从"外族"变成了"内族",之后他们分散到各地,消解了古老帝国原有的组织样式,形成了若干半独立的堡垒和村庄,各有领主。经历这段历史的人甚至不会认为这算是罗马的"衰落",毕竟很多人本就是日耳曼人后裔。祖先追寻了几百年的良田,现在终于能够拥有,这怎么能叫衰落呢?

时间倒回公元 4 世纪初,罗马皇帝戴克里先(Diocletian)规定禁止自由农民离开自己的土地或从事其他职业谋生。这样的律令实质上让欧洲农民成了农奴。农奴并不是奴隶,而是附着在土地上的资产,就像森林、河流、矿藏、猎物一样。谁获得土地,谁就同时获得这片土地上的农奴。农奴制不是日耳曼人带到欧洲大陆上来的,他们只是继承了罗马的旧俗。不过日耳曼人对此欣然接受,因为农奴制非常符合他们理想的世界格局,即领主统治的自给自足的小农社会。而这一切所处的基督教社会背景，又可以追溯回古罗马的政治结构。

在东部，罗马政权自成一体，演化成了拜占庭帝国，但仍自称罗马。东部教廷仍然需要国家政权的庇护，因为国家政权还明确存在。因此，东部基督教成了国家政权统治下的教廷。

而在西部，国家政权消失了，罗马主教成了人民的庇护者，承担起了原来政府的各项责任，时常要从自己的田产中分出粮食来救助饥民，还要雇佣士兵稳定社会秩序。罗马主教担当调停的角色，解决各地人民的实际统治者即领主之间的矛盾，还要与外来的军事势力如伦巴第人等开展和谈[11]。伦巴第人也是南下进犯罗马的最后一支日耳曼部族。

公元 590 年，罗马元老院中一位元老的儿子格里高利一世（Gregory Ⅰ）成为教皇。格里高利教皇宣称自己的地位高于所有其他主教，他不是同侪中的首座，而是整个基督教廷的首领。西欧各地的主教相继认可，逐渐将权威让渡给这个核心人物。公元 604 年格里高利去世时，他的地位已经可与过去的罗马皇帝比肩。至此，希腊、罗马、黎凡特、日耳曼等世界历史叙事的融合终于告成。

达鲁伊斯兰

同一时期，距君士坦丁堡东南约两千英里之遥，远到罗马人既不了解也没兴趣了解的地方，一段与欧洲完全不同却也意义重大的历史叙事正在展开。这里的主角名叫穆罕默德·本·阿卜杜拉（Muhammad ibn Abdullah），他与格里高利教皇恰好生活在同一年代。在公元 610 年的一天，已届中年的穆罕默德进入阿拉伯沙漠中的一处山洞，在那里接收到特别的天启。从山洞出来后，他回到故乡，开始在红海边繁荣的贸易小城麦加布道。在布道中，他不只演讲，还把训词以富有感情的语言和经咒般的旋律吟唱出来，与常人说话的方式截然不同。穆罕默德宣称，自己传播的是真主的训示。

如果读者在今天的大街上看到有人如此举止，可能只会当他胡言乱语。但在穆罕默德所处的文化环境中，人们可不会这么想，因为他的所作所为跟当时的社会背景非常契合。由于耶稣生前是在犹太人中传播革新想法的众多领袖之一，穆罕默德反映的也是在当地流传已久的传统。在伊斯兰教出现以前，各宗教中一直都有神秘的通灵者角色，他们拥有与神对话的超能力，对话中使用的语言是普通人无法理解的。对话时，通灵者会进入一种恍惚状态，口中念念有词，待回过神儿后再向人们传达方才神的话语[12]。

在那个时代，也有不少其他人自我标榜是神的信使，所以穆罕默德在布道中所言的角色很容易被人们理解，毕竟大家都不是头一遭见此情景。但是人们会心存狐疑，搞不清楚这一次是虚是实，传达的是否真是神的训示。直白地讲，谁都可能装作通灵先知。麦加众人发现穆罕默德所说的核心观念宏大得有些离谱，还有点自利的嫌疑。他宣称世上只有一个真主，而他本人是真主唯一的使者。布道十年，穆罕默德也只争取到了很少的追随者。公元 622 年，他率领信众沿红海北上，到达雅斯里布。这里不久后更名"麦地那"（阿拉伯语，意为"城市"），穆罕默德在这里巩固了领袖地位，并把号召人们追随自己变成了一场浩大的运动。

有些史料记载，穆罕默德最早生活在一个荒远的地方，心无城府，胸无点墨，靠放牧为生。但实际上穆罕默德生活的阿拉伯地区是庞大的香料贸易网的中心，到公元 7 世纪时这里已经繁荣了很多年。穆罕默德也不是什么放羊人，而是很成功地经营着他妻子家的贸易业务的商人。阿拉伯商旅驼队穿梭在这个地区所有古老的文明城市之间，各色货物东来西往，从埃及到美索不达米亚，从黎凡特到汉志，从地中海之畔到印度洋之滨，从红海沿岸到波斯湾旁……所以要知道，那是一个城市文明发达、民众眼界开阔、文化影响纷杂的社会。

犹太教与基督教像父子，因为基督教是从犹太教中分出来的。而犹太教与伊斯兰教则像表兄弟，谁也不是从谁那里演化出来的，两者能追溯到同一个根源，即亚伯拉罕的一神论。在精神实质上，这两者之间的相似度大于它们各自与基督教的相似度。犹太教先知并不区分宗教世界和世俗世界，穆罕默德也认同这一理念。犹太各部族把按上帝的规则生活作为民族屹立不倒的根基，穆罕默德的思想体系中也有同样主张，只是把"部族"的概念换成了"社群"——不是泛泛的任意社群，而是确指的某个社群。一个人属于哪个部族是与生俱来的，而伊斯兰社群是一种广义的部族，任何人只要拥护伊斯兰教的核心教义即"万物非主，唯有真主，穆罕默德是真主的使者"，都可以加入。伊斯兰教甚至没有类似基督教洗礼的皈依仪式，入教只需要诵读上述的清真言即可。

所以对阿拉伯穆斯林来说，如果犹太教徒算直系亲戚，那么基督徒就是旁系亲戚。的确，基督教里也有一个伟大先知，只是信徒没把先知的训示解读清楚，又回到了多神教的认识——既然上帝可以有圣子，当然再有些父母、叔伯、姑侄也无妨。但在穆斯林看来，如果真主还分父真主、子真主，跟希腊多神教里宙斯和珀尔修斯父子那一套还有什么区别？不论对穆斯林还是犹太教徒，唯有一神是不容撼动的真理的精髓。

穆斯林最早的宗教体验始于政治。伊斯兰既指一个社会群体，也指这个社群的政府和律法。当年先知穆罕默德率信徒迁往麦地那，就像指挥家找到了演奏团，终于可以施展抱负。要想证明真主确实给出了建设理想社会的训示，唯一的方式就是让真主的使者，即先知管理社会——倘若真主果然通过先知示下，社会必定繁荣发展。这种因果推理清楚而具体，堪比科学实验，而这项"实验"的结果成功地给出了证明：在先知的有生之年，伊斯兰社群扩张到阿拉伯半岛全域，将战乱频仍的阿拉伯各部落整合统一。仅用了三代人的时间，伊斯兰社群及其思想星群就囊括了从地中海边的直布罗陀一直到喜马拉雅山脚下的广阔地区。伊斯兰社群的统治者即哈里发既不是皇帝也不是先知，而是行政官，按先知所受的训示治理社会。不久，哈里发政权从一个变成了两个，进而三个，每个都宣称自己才是唯一。曾经统一的伊斯兰国度渐渐只剩下一个概念，随着单一国家概念的淡化，"达鲁伊斯兰"（Dar-ul-Islam，意为伊斯兰王国）这个提法越来越多，说明伊斯兰世界即便不再是单一国家，也还具有某种统一的共性。

穆罕默德先知去世后，信徒从他一生的言行点滴中提炼了"五功"作为正式教规。这五功包括：念功，即宣告真主是唯一的主，认同穆罕默德是真主的使者；礼功，每日按时做五次礼拜；斋功，每年斋月期间封斋；课功，捐出一部分收入用于慈善事业；朝功，只要经济允许，一生中应至少到麦加朝觐一次（经济困难者可免除此项）。只要能做到五功，就成了伊斯兰社群的一员，这并不难。

但是不久之后，这套以五功为核心的简单教规又多了一个复杂的上层结构。这主要是从"念功"派生而来。如果信徒承认穆罕默德是真主的使者，就要严格按照穆罕默德承自真主的教诲和示范而言行，即使在被其他社会认为是世俗的范畴中也不例外。

穆斯林把宗教的社群也当作一种政治的维系，并据此认为征服邻近民族没有什么道德问题。既然伊斯兰是一个国家，凡是国家都会去征服邻邦：亚述、波斯、罗马、埃及都是如此。穆斯林还觉得伊斯兰跟其他国家不同，征服邻邦只为一个崇高目的：让遵循伊斯兰教规生活的社群繁衍不绝，这样才能保证真主的意志一直贯彻在世间，以榜样感召其他人走上正道。并且，穆斯林既然主导着政府，就必然不允许有人妨碍穆斯林的生活方式，遮掩真主启迪的光辉。在这样强烈的使命感驱使下，伊斯兰社群必然要不断拓展政治疆域。

基督教刚出现时，受众主要是强大的罗马帝国中那些弱小的奴隶和穷人；而伊斯兰教兴起之初，信众是些独立且自治的小群体。基督教靠取代罗马的国家统治体制获得政治权力，而伊斯兰的政治权力则来自对外征服，先是邻邦，再是邻邦的邻邦。两者殊途同归，都发展成了非常强大的宗教。

随着伊斯兰的扩张，穆斯林治下的地区很快从政治上的伊斯兰化转变成了文化上的伊斯兰化。先知穆罕默德说过"宗教无强迫"，生活在伊斯兰国度的人们绝非受到强迫才信奉伊斯兰教，而是因为享受了不少好处，只要皈依伊斯兰教就能获得这些好处，否则就会平白吃亏。当真是要吃亏的，因为不做穆斯林是要交税的。

在北非地区，很多基督徒都是信奉阿里乌斯的日耳曼后裔，而穆斯林的神学中也只尊一神，不讲什么三位一体，认为先知是真主造物而生。这些都同阿里乌斯的主张一致，所以要从基督教阿里乌斯派改信伊斯兰教不是太大的转折。然而君士坦丁堡教廷排斥阿里乌斯信条，只要北非基督徒还受拜占庭帝国的统治，就必须接受《尼西亚信经》。相比之下，在穆斯林统治的地区，基督徒可以按自己的意愿信仰，因为政府觉得除了伊斯兰教都是迷途，并不在意他们具体属于哪一派。非穆斯林确实会被穆斯林统治者征税，可是在拜占庭治下也得缴税。这样看来，北非基督徒没有理由觉得拜占庭帝国的统治好而穆斯林的统治不好。

当地对阿拉伯的文化霸权也并无抵抗之意。几百年间，很多民族都曾横扫北非，这让北非成了众多文化汇聚之地。腓尼基人、罗马人、希腊人留下的遗迹依然可见，与后来的日耳曼、罗马天主教、拜占庭等文化交织在一起。阿拉伯穆斯林来到这里后，很快把这个文化汇聚之地吸收到伊斯兰的世界叙事中，将散落的片段拼成了有意义的整体。阿拉伯语取代了之前五花八门的语言，贸易商人开始学习阿拉伯的生意规矩，北非的服饰、艺术、建筑等也都具有阿拉伯特色。

来到这里的第一个阿拉伯征服者没有住在城里，而是生活在城外的军营中，以免手下人受到异教的浸染。不过，人们总是会向经济繁荣的地方聚集，而富有商业头脑的阿拉伯人正好带来了大量商业机会。于是老城开始向外延伸，到后来，原本在城外的军营被集市包围，海边也出现了很多新的城镇。在穆斯林统治下，北非的城市生活节奏加快了，阿拉伯文化和此前留下的诸多文化融合在一起，形成了全新的文化。

同一时期，在撒哈拉沙漠的南缘、非洲的东西海岸之间，班图语系民族开始接触北非阿拉伯化的穆斯林。穆斯林骑着骆驼穿越撒哈拉沙漠去寻宝淘金，可是骆驼虽能带他们穿过沙漠，却无法进入金矿众多的赤道丛林。为了得到黄金，他们只能同当地人互市。好在他们不缺能拿来换黄金的宝贝，这件东西，至少对生活在炎热南方的人们来说肯定是宝贝，它就是盐。

双方这样的需求让生活在撒哈拉沙漠和热带丛林之间的草原民族作为中间商人发达起来。这一地带兴起了很多热闹的城市，在今天的塞内加尔、马里、毛里塔尼亚等地诞生了几个富庶强大的帝国，首先是加纳，然后是马里，后来是桑海帝国，一个比一个庞大强盛。加纳可能早在公元 400 年就诞生了，但成长为本地区的强国却是在伊斯兰教蓬勃发展的同期。

金盐贸易让非洲各帝国的人们参与到了由穆斯林主导的全球贸易网络中，也让他们接触到了伊斯兰教。慢慢地，大西洋和印度洋之间的整个撒哈拉以南的草原地带都被吸收到了伊斯兰的主体叙事之中。转信伊斯兰教的趋势始于加纳帝国的鼎盛时期，到马里帝国时期蔚然成风。先是平民百姓入教，然后是精英，一些纯粹属于非洲的叙事主线也随之被纳入伊斯兰的体系。但是，非洲的伊斯兰教保留了一些本地原有的显著特征，例如以口耳相传的故事作为历史记忆的载体，以及依母系族谱决定王位的继承等等。

对于参与金盐贸易的非洲人来说，信仰伊斯兰教就是加入一个父系的、自我中心的社群，当时正逢伊斯兰教急速扩张，必然是踌躇满志，觉得赢得了全世界。再后来，伊斯兰教远播东非。在东非海岸，阿拉伯人长期从事奴隶贸易，用来自各地的货物换取奴隶（千年以后，欧洲人在西非又重演了这一幕）。在早期奴隶贸易中，种族因素毫不重要，沿海的部落不会觉得跟内陆部落的亲缘比跟阿拉伯人更近。但沿海的部落如果不尽早改信伊斯兰教，即便眼下能和阿拉伯人做贸易伙伴，保不齐哪天也会被抓去为奴。好在伊斯兰教禁止穆斯林以其他穆斯林为奴，因此在阿拉伯人从事奴隶贸易的地方，当地人应该都有皈依伊斯兰教的动机。

同时，穆斯林部队从阿拉伯向东进军波斯，同样是势如破竹。恰好这时的波斯刚经历一场瘟疫，满目疮痍。阿拉伯侵略者都是强健的沙漠汉子，而波斯迎战的多是勉强从床上爬起来的赢弱病患。更不巧的是，当时统治波斯的萨珊王朝已经腐朽不堪，与拜占庭的战争经年未停。波斯政权为了打仗大肆搜刮民脂民膏，牺牲了无数民众，却没能换来任何领土。哪有人愿意效忠这样的统治者呢？所以当阿拉伯人兵临城下，波斯精英们还在负隅顽抗，老百姓却大开城门，希望新来的穆斯林能减轻苛捐杂税，让他们不再受波斯政权的欺压。

虽然波斯在军事上完全不是阿拉伯人的对手，文化上却难以收服，文化融合在这里就没有在北非时来得顺利。波斯一直有一套强有力的主体叙事，虽然这一时期已显出颓势，但作为中部世界的核心地带，这里仍保持着强烈而独特的身份认同，这种认同能追溯到居鲁士大帝，甚至更早的琐罗亚斯德。

但这里对伊斯兰叙事也并非完全陌生，伊斯兰教的很多理念都能在琐罗亚斯德教中找到影子。例如，基于神的训示构建圣洁的社群，以善的力量与邪恶斗争，现世的作为到了末日会受到审判，良善之人会进入极乐的花园获得永生……这些相通的宗教信条都不难被接受。而让波斯人不屑的是来自西部荒野的这些粗鄙沙漠人带来的文化，波斯人听不得任何人说阿拉伯文化更高级。所以在他们看来，伊斯兰教倒还好，阿拉伯文化是断然不能被接受的。

就像之前日耳曼人改造基督教一样，波斯人也通过发展自己版本的伊斯兰教而在伊斯兰世界中占据了一席之地。他们的什叶派伊斯兰教认为，穆罕默德的神圣使命本应传给真主指定的继任者即他的女婿阿里（Ali），但他死后，阿里的反对者夺权，一位阿拉伯哈里发杀害了阿里的指定继任者即儿子侯赛因（Hussein）。而当时侯赛因已经娶了波斯公主沙赫尔巴努（Shahrbanu）为妻，他们的孩子有侯赛因的阿拉伯血统，也有母亲的波斯血统，因此成了下一顺位的合法继承人。就这样，波斯人建立了本民族与穆罕默德亲从圈子的血缘联系。侯赛因的殉教让他被尊为什叶派的救赎者，可以代有罪之人向真主求取宽恕，所以什叶派将侯赛因殉教之日定为教历中最神圣的日子。什叶派最早源自阿拉伯，但属于与主流相左的少数教派，而在初具雏形的伊斯兰帝国中，波斯也是一个非主流的文化群体，因此这两股血液汇集成了伊斯兰体系中一条不同的脉络。至此，美索不达米亚、黎凡特、北非、希腊、波斯诸文明融合起来，形成一个庞大的新社会星群，自称"达鲁伊斯兰"。

同一时期的中国

公元 7 世纪，达鲁伊斯兰正在形成，欧洲进入封建社会晚期，此时的中国也发生了一些大事。与穆罕默德先知和格里高利教皇几乎完全同一时期，在群雄纷争的中国出现了一位文治武功俱有成就的皇帝——隋文帝。

隋文帝在中国的伟业所产生的不是像达鲁伊斯兰或罗马之后的欧洲那样的格局。当时的中国已经形成自己的社会星群，独特的汉文化主体叙事塑造了它的样貌和意义。宇宙是周而复始的，一个新的历史周期开始，隋文帝就像秦始皇的转世化身，跟几百年前的那位暴君一样，他把战乱中的各个小国统一成一个王朝，功成之时，中华重现。公元 581 年，隋文帝登基称帝，开创隋朝并统治了二十三年。公元 604 年隋文帝驾崩（格里高利教皇卒于同年，六年之后穆罕默德宣称自己是真主的使者），其子隋炀帝即位，他是一个更为残暴又好高骛远的皇帝。到公元 618 年，炀帝被弑身亡，隋朝终结。这一年比穆罕默德迁往麦地那早了四年，而迁往麦地那被穆斯林视作历史的开端。这样看来，中华帝国的重生与伊斯兰的异军突起几乎同时发生。

跟秦始皇一样，隋文帝在社会管理中也推行了条框网格式的治理制度。秦朝律法规定了每个农户必须种植什么作物，而隋文帝颁布的"均田令"则宣布全国土地归皇帝所有，皇帝按自己的意旨分发田产，凡有力耕种者均可受田，按劳动能力决定受田之多寡。田产定期重新分配，以校正实际效果欠佳之处。

秦始皇以牺牲百万民夫的代价修筑了长城，但解决了困扰中原的游牧民族侵略问题。隋朝两代帝王修建京杭大运河也牺牲了百万余人，但也有效解决了另一个对于中国至关重要的问题。在隋朝之前，中国可以说是南北分开的，北方人口更多，南方出产粮食稻米更多。南北方的货物贸易主要靠海运，但海上常有狂风乱流和海盗倭寇，货物损失很大。只有很少的货物贸易能走陆路，因为中国南方泥淖纵横、群山逶迤，畜力难以承担运输。

隋朝两代皇帝靠一条连接南北的内陆水道解决了这个问题，京杭大运河直到今天还在发挥着修建之初的功能。英文"canal"（运河）一词恐怕体现不了这条运河的规模，因为隋朝皇帝的这项工程是真真正正在大地上开凿出一条河道，连通了黄河和长江两条天然大河。大运河形成了一条安全、平稳、没有劫匪之忧又便于管理的水道，漕运船只沿河上下，北方众多的人口终于可以便捷地获得南方盛产的粮食，中国的南北方被前所未有地密切联系起来。南北方融合在一起，中华帝国由此中兴。

隋朝推动的融合还不止于此。隋文帝曾结交过一些佛教僧侣，对他而言很是受用，于是把佛教置于皇权的荫庇下。至于隋文帝有没有皈依佛门，现在很难确切知道，不过也无须考证。与君士坦丁大帝独尊基督教一样，隋文帝拥立佛教有自己的战略考量。到此时，佛教徒之间已经悄无声息地发展出了颇具规模的贸易网络，积累了丰富的贸易经验。而隋文帝的江山社稷就像一个巨大的家庭农庄，只靠农业难以带来真正的繁荣，全社会的发展还是有赖于贸易经商。传统的儒家士大夫向来重农轻商，所以隋朝很愿意借助佛教和寺院促进贸易发展，乐得将佛教吸收进中华文明的星群。

虽然隋朝跟秦朝一样短寿，但在其后的二百年间，很多中国求经者前往印度北部拜谒佛像、寻访经院和寺庙。这些人带回了经文和其他佛教经典，并翻译给中原百姓。在此过程中他们面临一个极大的挑战：佛经原文都以梵文写成，这种文字音、形、义富于变化，基于字母书写，以多音节构词；而中国的汉字是单音节的，音、形、义稳定，以表意文字书写。梵文及由之衍生出来的语言善于表达抽象的高等概念，而无须借助实物指代；汉语则贴近实际，以表达现实世界的要素见长，习惯将抽象概念化作简明、可感知的具体意象。例如，梵语中"宇宙"的概念，在汉文佛经中被模糊表述为山河大地，梵语中的"自我本性"，在汉文佛经中是风、光、原生之地的特征的集合概念。

中国的译经者需要用汉语中已有的概念把佛经转译过来，但这些概念都有本来的意思，那么要怎么表达过往经验中没有的思想呢？这跟乌尔斐拉斯主教将《圣经》译介给哥特人时面临的问题一样。于是译经者们取诸道家先哲阐述道教理念时使用的字词。例如，中国佛教徒用"道"字表达印度佛教中"达摩"的概念，而涅槃的概念也是以道家"无为"的理念来阐释的。

如此，汉传佛教必然吸纳了一些道教元素，反过来也对道教产生了微妙的影响。在这种融合中，源于印度的佛教形成了一个非常有中国特色的宗派，即禅宗。禅宗不求灵魂苦修达到超然的境界，而强调通过冥想之术达成与现世的和谐。禅宗修习者亲近自然，追求避世静修，禅的精神世界中还对某些具体地点非常推崇，将其认作祖庭。这一佛教宗派后来传到了日本，甚至还远播美国加州，在日本也称为"禅"，在英文中拼作"Zen"。佛教徒毕生追求的涅槃，在禅宗里多了祖庭标榜的优越，并产生了稍有不同的概念——"顿悟"。

秦朝至二世即告灭亡，而隋朝也不过两代半的江山。秦始皇不惜靠暴虐和流血打下了大一统的治理基础，才有了汉朝四百多年的持久繁荣，奠定了中华文明兴盛的基础。隋朝皇帝同样如此。而继之而来的是唐朝，近三百年大唐盛世是历史学家公认的中国历史鼎盛时期，盛世一直持续到宋朝中叶。汉朝继承了秦始皇的治理架构，唐朝也沿袭了隋朝的治国体系，且两朝又都不用处理前朝激起的民怨。因而唐朝开国之时，中国的农业生产力达到顶峰，大运河漕运繁忙，发达的贸易网络将中华帝国各处前所未有地紧密联系在了一起。

在北方，唐朝统治者将疆域沿着丝绸之路的狭长地带向西延伸，直到与伊斯兰哈里发国交界的地方。政治强势的北方也将长江流域的各个文化统一进来，形成了融合佛教、道教和儒家思想的独特的中华文明，靠着强大的中央集权把这一文化星群的边界一直推到了南海之滨。到了海边，朝廷无力继续向南，但向东西两边，集若干文化要素之大成的中华文明仍在推进，分别传播到了朝鲜半岛、日本和越南。所以时至今日，我们仍然能在朝鲜半岛、日本和越南文化中看到渗透其中的儒家思想和精神。

最终，中华文明这一文化星群跨越了欧亚北部草原到东太平洋列岛的辽阔空间，在整个区域形成了一个东亚文明的社会星系。当然，其他社会星群仍然自成一派地存在着。直到今天，越南、朝鲜半岛、日本、老挝、柬埔寨等都还保持着自己独特的文化风格。

但不论如何，这些文化都是一个更宏大的文化星系的组成部分。毋庸置疑，越南文化与中国文化之间，肯定比越南与挪威这样的国家之间的文化更相像。如果让人们进行文化分组，不难把越南、中国、朝鲜半岛分在一起，而不会把安哥拉归在其中。越南、中国、朝鲜半岛三者跟日本的相似度也肯定比它们跟古巴的相似度更高。这些不同的社会星群之间虽然存在真切的区别，但凭借交织相连的叙事，又同处一个更大的概念框架之中。

10. 世界历史单子

公元650年—1100年

如果有一个全知全能的外星人在公元800年飞越地球，他应该会注意到地球人以若干基本稳定的文明为核心聚成了若干群体，每个群体都是内部协调、以自我为中心的。如果创造一个词来形容的话，那么它们都是"世界历史单子"。"单子"（Monads）这个词借鉴了德国哲学家戈特弗里德·莱布尼茨（Gottfried Leibniz）的理论，他把从单一视角看到的整个宇宙称为一个"单子"。莱布尼茨认为，宇宙由单子构成，每个单子都曾是一整个宇宙，因此每个单子都包含其他所有的单子。

单子论用于解释物理宇宙可能有些神秘和令人费解，但用它来描述社会宇宙却再恰当不过。每一种世界历史都是以某个主体为核心形成的对世界的描述。公元800年，中国就是这样一个世界历史单子，伊斯兰世界是另一个世界历史单子，印度也是一个，西欧又是另一个，这些处在不同地理环境中的文明都有自己的全球尺度的主体叙事。每个单子都知道还有别的单子存在，不过认为那些单子处在世界的外缘，是其自我世界的外围组成部分。

当然，世界历史单子还远不止上面几个。中美洲地区肯定也组成了单子，南美西北部沿海地区亦然，在亚马逊丛林中很可能也分布着其他历史单子，虽然我们今天已无从考证。全球各地还有很多大大小小的历史单子——北方的俄罗斯、非洲的南部……任何有人居住、有交流区的地方都存在。不过整体来看，当时的东半球居住着八成以上的世界人口，中国、印度、伊斯兰世界、欧洲和美洲是当时最大的几个单子。

中国

公元800年的中国正是一派欣欣向荣的景象。盛唐近三百年间，中国的文化艺术发展到了顶峰。唐朝出现了世界最早的小说，创作了精美的山水画，其间点缀着写意人物，完美展现了道教与佛教的融合。唐朝皇帝敕造的梨园是中国最早的表演和音乐学院，走出了世界上第一个戏剧团。早在汉朝，中国就培养熟读儒家经典的士大夫为官，到了唐朝更进一步，完善了选拔官员的科举体系，考试科目除了儒家经典，还有律法、算术、历史、书画、诗赋——没错，在唐朝的中国，要当上大权在握的官员必须会写诗作赋。

奉唐朝皇帝的旨意，一个和尚发明了世界上第一座机械钟。这座钟高三层，以水车为动力。唐朝人还发明了木版印刷，从此，书籍成了可流通的商品。现存最早的木版印刷书籍是汉译佛教经典《金刚经》，刊印于公元868年。

到此时，道教和佛教已经发生了很多融合，但是两者都没有被对方完全吸收消化掉，而是各自繁荣。道教在民间流传甚广，开始推崇秘术。正是对秘术的追求，让道士们走上了科学探索的道路。为了找到化铁为金的办法，道士们琢磨出了基本的化学知识；为了提高算卦的本领，他们从星象占卜之术走向了早期天文学；为了炼出仙丹，他们遍尝百草，编纂的药典收录了八百多种草药，这里还有一个插曲，道士们本想炼出长生不老的仙丹，却偶然发明了火药。

唐朝晚期，朝廷开始灭佛。因为佛教寺院数百年来都免征税赋，到了公元9世纪，寺院占有全国四成的土地却不向朝廷纳贡。公元843年，唐武宗下旨关闭所有寺院，没收田产，强令近二十五万僧尼还俗，靠劳动为生。汉传佛教本已发展成拥有政治影响力的独立思想体系，从此元气大伤，但仍然有不少佛教元素深刻地嵌入了中国人的审美取向。

到了公元10世纪初，唐朝失天命而亡，随后又出现了割据时代。不久后，宋朝崛起，犹如唐朝的续集。中华文化继续大放异彩，但在风格上出现了一些变化，不再那么偏重文艺，而是转向了技术进步。此前发明的木版印刷被改良成了活字印刷，早先用于制作烟花的火药也开始被用于制作枪炮。这个时期，中国人发明了指南针，也发明了最早的纸牌。宋朝官员还发现了纸张的全新用途——纸币。说到纸币的发明，还真是不会出现在别处，因为这需要中央政权完全掌控经济，而当时世界上只有中国有这种体制。

宋朝治下，经济稳健发展，很多家庭甚至有余力把此前纯为自家使用而生产的东西拿出来卖钱，包括布匹、衣服、熟食等等。家庭手工作坊慢慢发展成了产业化生产，如果哪个家庭能雇人做工而不需要自家的妇孺上阵，就说明这家经济实力不一般。后来，家中妇女不参加家庭劳动成了富庶的象征，因为这让街坊邻居知道此人家中富足，衣食无忧。慢慢地，有钱人家开始出现缠足的做法，用绑带把女孩的脚缠住，让足骨在发育过程中畸形断裂。因为金莲小脚，女性无法从事日常劳动。宋朝精英阶层的男子视这样的畸形小脚为美——这实在是文化力量和物质财富造成的不光彩的一面。

宋朝在大部分时间里都是对外开放的，沿海港口经常停泊着阿拉伯的商船，长城沿线繁荣的边贸集市上也屡有来自波斯和阿富汗的骆驼商队，中国与东南亚、伊斯兰世界、印度乃至非洲都有商品贸易往来。

这样来看，当时的中国认为自己的天下就是全世界，倒是合乎情理。所有这些文化艺术、商业贸易、技术发明都发生在一个非常自洽的世界历史单子中。在当时的中国人看来，当下只是历史轮回的一个环节，历史的进程无人可以撼动，世间万般故事都在同心分层的宇宙中展开。宋朝人仍然认为自己身处"中央之国"，是周边蛮夷艳羡的对象。在像宋朝这样的兴盛时期，普天之下皆为天子领土，社会高度和谐，无数生命的河流在此涓滴汇聚，像蚕丝织就绸缎一般顺滑无隙。

不过开放并非外向，宋朝的中国虽然对世界开放，但仍然是以自我为中心的内向型文明。阿拉伯商船可以驶来中国，但中国商船不会去往阿拉伯的港口，中国人觉得那样会乱了规矩——泱泱中华当有藩邦来朝，怎能主动外访？

印度次大陆

虽然宋朝治下创造力丰沛、生产力发达，但中国却不是当时最富庶的地方。公元800年，最富裕的国家恐怕非印度莫属。中国靠国家主导、自我中心的单一体系繁荣起来，而印度则靠多元共荣发展出了同样发达的生产力与创造力。

印度的土地上先后出现了很多小的王国，但它们没有对整个社会的组织形式产生太大影响。半自治的村庄仍然是各地日常生活的基本单元，种姓制度在各种政治环境中应用。这两大因素塑造了孔雀王朝，也深刻影响着后来诸多小王国的社会生活。孔雀王朝之后几百年的印度社会，如果放在中国叙事中，就是一个战国时代。不过在印度，"战国"的说法无从谈起，政治分裂不代表文化孱弱。公元纪年开始后的几百年间，印度在文化艺术、经济贸易、社会发展、知识进步等方面都非常繁荣。

孔雀王朝退出历史舞台大概五百年后，在同一区域上又崛起了一个疆域辽阔的王朝。巧合的是，虽然两个王朝之间没有什么联系，但开国帝王的名字都叫旃陀罗笈多（Chandragupta）。所以这个王朝以此为名，叫笈多王朝。

孔雀王朝信奉佛教，笈多王朝则推崇印度教，但两个王朝都没有钦定国教，因为那不是印度人的风格。同孔雀王朝的做法类似，笈多王朝也只是为印度教各派的发展创造有利的环境。笈多王朝统治的几百年间，印度北部的毗湿奴崇拜发展起来，而南部是崇拜湿婆，此外各地还有许许多多其他的偶像崇拜，反映了不同社会群体的融合。庙宇寺院遍布各地，由笈多王朝支持供养。这其中虽然也可能有政治考虑，但毋庸置疑国王和群臣都是虔诚的信徒。

不管是哪个王朝统治，印度教徒始终非常看重朝圣。信徒会不远千里前往圣地，例如到恒河沐浴以荡涤灵魂。如果去不了恒河那么远，也会找一个近处的圣地，因为可供朝圣的地方很多。朝圣者和本地人一样，会向庙宇供奉丰厚的贡品以表达虔诚。在当时的印度，公路水路发达，人们能够大规模密集流动，财富也就在全印度流动起来，在此过程中必然会在若干地点汇聚，特别是庙宇周边的集市。这里的繁荣跟北非的军营附近以及欧亚大草原上的佛教寺院周边是同样的道理。

随着时间的推移，印度人对多元的追求越来越盛，种姓之下又分出了亚种姓，这是以职业为基础的更详细的人群分类，无穷无尽，任何一个职业都可以形成一个亚种姓，金银匠、打铁匠、陶泥匠、织布工都有自己的亚种姓。这套体系并非政府规定，也不是哪个权威人物创造或掌控的，而是在文化中自然产生的，犹如无数拼图碎片嵌合在一起。亚种姓在印度社会扮演的角色堪比行业公会在其他社会中的作用，其体系下有一套复杂的生产和交换机制，保证了最低的摩擦成本。

在笈多王朝统治下，印度进入了历史上的"古典时代"，尤其是冶金技术和医药知识取得了长足进展。印度医生学会了靠烧灼给伤口消毒，进而开展手术，以及从矿物、金属和蔬菜中提炼药物，使草药疗法发展为治病与保健并举的医学。印度的数学家发明了小数计数，也开始研究三角几何学。这一时期，印度还修建了很多金碧辉煌的寺庙与宫殿，产出了伟大的戏剧，被誉为"印度莎士比亚"的迦梨陀娑（Kalidasa）就生活在这个时代。此外，吠陀史诗《罗摩衍那》和《摩诃婆罗多》在口头流传了几百年之后终于形成了书面记载。《摩诃婆罗多》的《薄伽梵歌》记录了克利须那神[1]与阿朱那公主的对话，在印度教中具有非常重要的精神地位。

笈多王朝后期，《摩奴法典》被当作治国的律法。相传摩奴是古印度的大圣人，甚至还有人认为他是整个世界的造物主。虽然关于摩奴的身份地位说法不一，人们却一致认同他传达的精神。在今天看来，摩奴应该是一个严格的保守派，他的法典确立了印度教徒生活中的各项规则，规定了能吃什么食物，与谁同吃，穿什么服装，女性是否能享有某些权利（摩奴认为不能），不同种姓是否可以通婚（摩奴认为不可以）甚至是否可以同桌进餐（摩奴也规定不可以）。在

---

① 克利须那为"Krishna"的音译，也有意译为"黑天神"的。——译者注

此之前，这些要求和禁令可能只是教徒间口口相授的传统，现在却被明文载入法典，将种姓制度彻底固化了下来。法典还为妻子殉节（suttee）奠定法义基础，主张如果丈夫亡故，妻子要自焚殉夫。这里我们又一次看到，太快的文化繁荣和财富暴涨有时也会造下孽端。

后来，笈多王朝渐渐失势，大片疆土脱离了统治。到了穆罕默德在阿拉伯出生的年份，笈多王朝已经不复存在，印度又回到了多国割据的状态。前面已经说过，政治分裂不代表文化孱弱。在广袤的印度次大陆上，诸多富庶繁荣、充满文化活力的社会仍然沿着自己的轨迹发展着。

然而，随着印度教叙事在这片土地上逐渐兴起，佛教慢慢衰落。佛教徒虽然对种姓的区分不以为然，但种姓观念在这里太深入人心，轻易无法破除。两个等级最高的种姓即婆罗门和刹帝利往往拥有土地并在村庄里掌握权势，他们自然会遏制有损自己既得利益的思想体系的发展。不过，印度教与佛教之间没有发生过严重的争端，理论上两者是可以共存的。跟中国一样，印度历史传统上也没有唯我独尊的神。在当时的社会环境下，人们可以选择礼佛、敬湿婆或者崇拜许许多多其他不那么显赫的神，没有谁会觉得谁属于异教，因为在这样一个崇尚多元的世界中根本没有异教的概念。

然而在这种社会环境下，佛教的单一自洽反成了劣势。佛教要保持本真，就很难在其叙事中吸纳印度教五花八门的教派。相比之下，印度教兼容并包、开放灵活，与其说是一门宗教，倒不如说是劝人有所信仰的号召。在印度教徒看来，信佛之人完全可以按自己的方式对神加以崇拜，如果愿意，也尽可以借鉴邻居的信仰仪轨。后来，印度教还将佛陀包容进来，将其视为人们崇拜的众神之一的化身。有人认为佛陀跟备受爱戴的克利须那神一样，都应该是毗湿奴的化身，于是佛陀崇拜不再是佛教独有的特征。如此一来，印度教既不是战胜了佛教，也不是驱逐了佛教，只能说是消纳了佛教。这可谓很印度式的融合了。

佛教在印度南部仍然延续了一段时间，信徒们将其称为"上座部佛教"①，其原意是"长者教义"，信徒们以此表明其与北方修正派的大乘佛教不同，仍然坚守佛陀本初的训诲。他们相信佛陀的本意是达到涅槃要靠个人的修行，没有人能在修行路上代替他人。信徒要么自己修成正果，要么干脆放弃，这种信念成了上座部佛教徒信仰行为的基础。上座部佛教从印度次大陆的南端漂洋过海传到了斯里兰卡，并在那里扎下根来。

公元 10 世纪，中国正处在唐宋之交，而印度则由遍布南亚次大陆的村庄网络构成，村庄之间有错综复杂的贸易联系，贸易网的节点上有富庶的城市，境内有众多藩王和数以千万计从事农业、手工业、宗教、商业、金融、艺术等各行各业的人口。这片土地不但传奇般富庶，而且财富尽显无遗。任由谁从这里经过，阜盛之势都显而易见。于是像蜜蜂追花儿一样，这里聚集了大批商人。

很多人通过西北部的高山关隘来到印度，却少有人反向出关。因为古老的吠陀经中说，向北跨过印度河会让教徒不再纯粹，这种

---

① 也称为南传佛教。——译者注

说法在后吠陀时代也流传下来。但这并没有太限制经济发展，毕竟印度幅员辽阔又多元复杂，内部贸易足以支撑经济繁荣。

也有商人从海上来到印度南部。这里是一片茂密的热带丛林，周边有世界上最适宜通航的水道。商人们在这里没向西深入太远，因此没能将印度的思想体系传到阿拉伯，更不用说对罗马产生重大影响。造成这种情况的原因不是距离太远，实际上印度北部距离黄河流域比印度南部距离阿拉伯地区更远，但并没影响佛教的传播。地中海和中部世界乃至北方草原地区都抵住了印度叙事的影响而没有与之融合，不是因为当时这些叙事彼此对立。穆斯林商人还是会从阿拉伯和波斯远道而来，在这里虽然没与印度教徒和佛教徒们融为一体，却能和平交往。阿拉伯商人把马匹卖给印度人，换回香料和黄金，两者各得其所，满意而归。

而印度影响的潮流一直向东涌动，在这个方向上，穆斯林、印度教徒、佛教徒都把自己的思想传往了东南亚各个半岛和八万三千多个岛屿。在那里，发源于印度的文化浪潮与来自中国的浪潮相遇，产生了交叠碰撞。

印度人不在乎政治的分裂，因为他们能从印度教这个包罗万象的思想体系中寻得团结。同中国人一样，他们也生活在自己的抽象世界模式的中心，将疆土之外视作自身世界模式的边缘。他们愿意与来自其他自然地理带的人贸易，津津乐道于不用远行就能获得丝绸等异域商品，对他乡客和舶来货都乐得接纳。但印度人对这些西域商人的好奇也仅止于此，并没有想过跟着他们回老家看看。印度人不用去别人的老家，待在自己的老家就能好好地生活呢。

伊斯兰世界

　　这一时期，从小亚细亚半岛到喜马拉雅山脉，我称之为"中部世界"的广大地区已经成了自成体系、自给自足的伊斯兰世界。伊斯兰在扩张过程中已经不局限于一个宗教或宗教国家，而是发展成了完整的文明。最初的哈里发国被若干世俗国家取代，它们虽然名义上还从属于哈里发国，但这已经只存在于穆斯林想象的概念中。不过，伊斯兰文化还在各国之间流动，社会意义上的统一体"达鲁伊斯兰"依然存在。

　　在穆斯林统治的所有地方，人们开始青睐符合先知倡导的服饰，建筑样式也出现了显著的伊斯兰特色。例如，一座位于西班牙科尔多瓦的清真寺与另一座中亚地区的清真寺可能在细节上有所差别，但必定展现相同的美学风格。在整个伊斯兰世界，仅存的一点具象派艺术要素也演化成了抽象的花卉或几何纹样，而没有像在印度教、佛教、基督教或者希腊神话流行的地区那样，出现随处可见的人身神像或圣人形象。

　　伊斯兰教与印度教类似，给多个民族提出了一个共同的理念框架，其中当然也包括非穆斯林构成的民族。在早期的伊斯兰政府中常有基督徒或犹太人担任要职，还有很多波斯学者虽然自认是虔诚的穆斯林，却仍按琐罗亚斯德教的风俗与故土的魂灵对话。虽然如此，这些人还是生活在同一个世界历史单子中。

与其他单子一样，达鲁伊斯兰也在不断地自我演变，且在自我演变中成为一种外向型文明。我称它所处的地区为"中部世界"不是没有原因的，伊斯兰单子与同一时期所有主要的世界历史单子均相毗邻：伊斯兰文明在北部草原上一路延伸至中国的北方边塞，与印度北部和南部均有接壤，沿着东南亚地区又接上了中国的南部沿海，向西则在地中海东岸与希腊-罗马世界相接，继而横贯北非，与非洲南部伊斯兰化的诸王国相交，从那里，又向北走向方兴未艾的罗马天主教世界。

伊斯兰单子的特殊区位强化了一个重要因素，那就是穆斯林的商业观。伊斯兰教从阿拉伯向外扩张时，打头阵的是军队士兵，紧随其后的就是大批商人。阿拉伯人在伊斯兰教出现以前就已经有了刻在骨子里的商业精神，穆罕默德本人就曾是商人，还娶了一位经商的妻子，所以他深谙金钱、信用、债务之理。在此背景下，伊斯兰教能到达的地方，商业也随之繁荣。

独特的地理位置与贸易需求让翻译成了伊斯兰学者绕不开的技能，穆斯林从中国学来了印刷术和造纸术，之后马上开始刊印书籍。他们把古往今来各文明中伟大思想家的著作翻译为阿拉伯语和波斯语，恢宏的图书馆中汗牛充栋。西方历史学家一度不太认可伊斯兰文化在这一时期的知识成就，认为这些成就本身并不是突破，只是穆斯林把其他文明中的开创性成就翻译了出来。但是，如果我们把日益密切的交往联系当作历史的一条主线，翻译的作用就不可小觑。正是由于穆斯林学者的这种热情以及所处的独特地理位置，他们成了最早对古代中国、印度、希腊、波斯等地各思想家的思想做直接比较研究的群体。有了这种特殊条件，他们开始发出疑问：世上有这么多思想，怎么会都是真理？

凭借能接触众多思想体系的便利，穆斯林哲学家热衷于编纂百科全书。他们的初衷很简单——把每个人关于某个课题所掌握的所有知识都收录在一本书中，就能做对比研究了。穆斯林哲学家伊本·西拿（Ibn Sina）就是其中的代表，他编纂的《医典》是一本权威教材，不仅在伊斯兰世界通用，在欧洲各大医学院也一直用到17世纪。

出于同样的初衷，穆斯林思想家开始融汇人类关于哲学的伟大探索。他们认为，既然真主是唯一的，世界必然也归于一个本真。在希腊哲学中，他们找到了让人为之着迷的相似主张：柏拉图认为，纯粹由思想理念世界构成的世界才是真正的世界，现实世界不过是思想世界的映像。新柏拉图派哲学家普罗提诺（Plotinus）基于此发展出了"太一"（the One）说：如果所有的椅子都是一个"椅子概念"的映像，所有的圆圈都是"圆圈概念"的映像……那么世间万物都是一个唯一概念的映像，他把这个最高的本真称为"太一"。这个"太一"在穆斯林听来，简直太像真主安拉了（不过在我听来更像万物组成的最大星群）。

后来，穆斯林发现了亚里士多德的逻辑论，更是如获至宝，甚至觉得能拿他的逻辑论来证明宗教信仰是公理。除了提出逻辑论，亚里士多德还做了大量将物质世界分门别类的工作，便于更好地加以研究和解释。穆斯林也循着亚里士多德的足迹，开始了对自然哲学的研究，这在后来被称为"科学"。

　　这一时期的中国人关注实用知识和技术创新，例如指南针、钟表、木牛流马等。而穆斯林哲学家更倾心于探索物质世界背后的运转原理，例如，不同金属可以熔炼为合金，这要怎么解释？阿拉伯人把对物质变化的探究叫作"al-kimiya"，它的词根"kráma"来自希腊语，意为"合金"。后来，西方世界将这种科学探索称为"al-chemy"（炼金术）。今天，这门学科被叫作"chemistry"（化学）。

　　对于抽象和本质原理的探索跟数学的精神高度一致，因为数学是抽象和本质原理最纯粹的体现。伊斯兰思想家将印度的数学纳入自己的体系，包括数字、数位运算，以及把 0 也作为数字的创新。在此基础上，伊斯兰数学家创造了一个新符号表示"未知的具体量"，与今天使用的未知数"x"相当。其实人们早就会从若干已知量推断出未知量的大概数值，而伊斯兰世界的数学家在思索，能不能有一个系统的办法，将若干可能值锁定为一个必然值。"必然"用阿拉伯语写为"jabr"。波斯数学家阿尔·花剌子模（Al-Khwarizmi，意为"来自花剌子模的人"）创造了一套实现这种计算方式的系统，称为"al-jabr"，也就是今天英语中的"代数学"一词"algebra"。阿尔·花剌子模建立的这种通过一系列演算步骤求出唯一解的计算思想，被称为"al-khwarizms"，也就是今天英语中的"算法"一词"algorithms"。例如，大数的乘除法都属于算法，计算机软件程序也是算法。其实英文中很多以"al"开头的词，例如"alcohol"（酒精），都蕴含着已被人们遗忘的某个古代穆斯林学者的知识探索痕迹。你看，万事万物都能追溯、联系起来。

　　穆斯林对其他民族的成就和思想充满了好奇心和探索欲，伊斯兰文明本身也跟中华文明和印度文明一样在自我演化的轨迹上发展，也是一个世界历史单子。穆斯林在看待自身以外的世界时，仍然基于伊斯兰自己的世界模式。在伊斯兰世界观中，外部世界的各民族只是还没有找到正道的人，如同孩子终有一天要长大成人，这些人也迟早会找到正道。穆斯林学者深入研究希腊思想，并非为了与之同化，而是在探索如何将希腊哲学为己所用，为伊斯兰世界模式自圆其说。他们不会在自己的世界模式上做任何一点妥协，因为他们不觉得这是哪一种模式，而认为这就是世界的本真，所有的穆斯林都是这样认为的。

希腊与印度的思想能吸引穆斯林学者，也仅仅是因为它们能补充支撑穆斯林这个世界历史单子的核心社会追求——建立恒常不变的伊斯兰教法体系。伊斯兰教法是让信仰真主的社群能按真主之意图生活和发展的保证，穆斯林对它的认知大抵相当于后来欧洲知识分子对科学的认知，即认为它是客观存在的，既不能被发明，也不是被谁发现，而是像星宿一样恒存。穆斯林相信，待宗教专家们能够揭示教法的所有细节之时，人类终将靠遵守教法中的规则而不落一人地共同进入天国，达成永生。因此，厘清教法庞大的框架就成了伊斯兰文明的核心社会追求，就像后来科学成为欧洲社会的核心追求一样。

欧洲

就在伊斯兰教持续扩张、达鲁伊斯兰不断巩固之时，西欧也形成了一个新的世界。在格里高利教皇身后的几百年里，这里的政治生活固化成了封建庄园制。庄园就像微缩版的王国，居民的各项需求基本能自给自足。每个庄园由一个封建领主统治，领主负责制定律法和裁决各项日常事务。而更大的社会体制仅仅通过小领主向大领主宣誓效忠来维系，这其实仍然是日耳曼人游牧时期的旧体制。那时候，日耳曼人还在觊觎着罗马的土地，而得到了垂涎已久的土地之后，日耳曼人便把这套体制作为正统。

在格里高利教皇时代，基督徒对教廷的认识就已经不仅局限于宗教建筑、教义典籍和共同信仰了。东方的智者一直把教廷描绘成一个神秘的整体，是耶稣基督在世间的化身。只有成为教廷的信众才可能进入天堂，否则肯定没有机会。于是，教廷就有了判断一个人属不属于信众的权威，还可以将任何人驱逐出信众队伍，让其只能下地狱，永世不得超脱。圣徒可以救赎有罪之人，但谁是圣徒、谁是罪人也由教廷判定。

然而，即便虔诚的基督徒也无法保证死后一定能进入天堂。在基督教的思想星群中，仅有信仰还不够，还要修行。这里说的修行，不是像现在的美国童子军一样去给社会做好事，而是要参加教廷规定的仪式和活动，例如弥撒、忏悔、补赎等。只有教廷有权规定应该举行什么仪式活动以及具体如何举行。教徒要想修得永福，必须没有任何罪恶在身。但人在世俗世界中生活，很难一丁点错事都不做。而教廷有权力定期给人们洗掉罪孽，并在人死前给灵魂以最后的净化。上述种种加在一起，就使教廷形成了巨大的权力。

基督教廷并非国家政权，但在西欧地区它代替了国家。作为一种思想星群，教廷的凝聚力让它有了堪比任何政府的统治力。教廷在罗马制订并颁布自己的教会法，向教徒征收"什一税"，有时还征收正式的税。教廷拥有土地且土地面积不断扩大，还垄断了任命神职人员的权力，而只有神职人员才能洗掉教徒身上的罪孽。在格里高利时代之后的几百年中，基督教神职人员开始穿戴跟普通百姓不同的服饰，在人群中非常显眼。他们还奉行特殊的生活准则，如不能结婚生子等。但不管怎样，他们拥有其他人无法企及的特殊权力：能打开通往天堂的大门。

罗马教廷的势力不断扩张，深入西欧各个角落，最后每个村庄都有了教堂和牧师。从此，每个地方都有主教，每个人都尊罗马教皇为精神世界的最高权威——这实在是一件大事，因为精神世界塑造了欧洲普通基督教徒生活的很大一部分，尤其是公元 8 世纪末之后，西欧几乎人人都是基督徒，仅有的例外是为数很少、四海为家的犹太人和来自遥远北方未开化的异教徒。基督教廷作为一种统摄机构，让西欧有了文化上的统一，弥补了政治上的分裂。

在这个新的世界历史单子中，修道院扮演着重要角色。基督教诞生不久，非洲出现了最早的修道院，后来传到欧洲并在西欧普及。修道院与教廷不是对手而是伙伴，在世道艰难的时候，欧洲四分五裂、诸侯割据，在诸侯的领地之外缺少保障公众安全的权威机构。在此背景下，到修道院里做个修士或修女，守贞清修，拒绝暴力，还能以从事脑力思考为业，这成了欧洲每个基督徒都可以选择的生活方式。

到了公元 800 年，基督教统领的欧洲发生了世俗世界与精神世界的正式融合。在当年的圣诞节，教皇给日耳曼人最显赫的国王查理曼（Charlemagne）加冕，宣布他为神圣罗马帝国皇帝。神圣罗马帝国存续了几百年，只是到了后期变成了有名无实的概念，有点类似穆斯林的哈里发国了。在当时，它象征着一个统一欧洲的出现，截然不同于东方的诸多世界历史单子，像达鲁伊斯兰、印度、中国、亚洲北部草原的游牧世界、季风气候区的海上文明等等。西欧人后来自称"基督王国"。

如果说达鲁伊斯兰是典型的外向型文明，那么基督王国则完全相反。这一世界历史单子中的大部分人终生生活在距离出生地几英里的地方，极少有人出门旅行，大部分人没有心思了解外边的世界是什么样子的，甚至都不知道还有外边的世界。伊斯兰教出现后不久，西欧陷入被动防御态势，更加剧了其自我封闭。在西边，欧洲的基督徒面临着穆斯林军队从非洲而来的攻势；在东边又要抵御来自欧亚草原的新侵略者，有阿瓦尔人、马扎尔人、佩切涅格人等等，一拨接着一拨；在北边，骁勇强势的斯堪的纳维亚人也正在壮大。

史学界习惯将这一时期称为"黑暗时代"。但如果从全球来看，并不存在什么黑暗时代，任何时候都有一些地方被阳光照耀，另一些地方不见天日。在西哥特国王阿拉里克、匈奴王阿提拉、汪达尔人和西哥特人侵略过后的几百年间，西欧无疑比以前更加贫困了。这个时期，即使是欧洲最富有的领主，生活也比不上公元元年前后一个中等富裕的罗马家庭。技术水平倒退了，社会支柱垮塌了，公共设施倾颓了。会读书写字的人越来越少，著书立说的人更是凤毛麟角。

此时的欧洲只剩下非常有限的长途贸易，其中一个原因是基督王国对金钱的怀疑。金钱能让相距遥远、互不相识的人们产生互动，但在黑暗时代的欧洲，有着日耳曼部族历史根脉的基督徒天然地不信任陌生人，他们更愿意在熟人间交易，因为有誓言和名誉来保障交易的顺利。人们虽然也会到集市上买卖，但从公元 5 世纪往后，欧洲贸易越来越向以物易物的方向发展。在诚信的易物交易中，交换的物品应该是价值等同的，如果让一方变得更富而另一方更穷，则说明有人耍滑使诈。因此，如果谁能通过交易致富，就会招致别人的怀疑。而本分的财富积累只能靠拥有土地，或是作为家臣为领主打仗获得奖赏。在这种价值观下，人们轻视商业贸易，而崇尚土地生产。

欧洲的落伍其实从一个侧面说明了当时的世界交往联系是多么紧密。伊斯兰世界推崇的精神和价值恰恰是日耳曼基督徒所摒弃的，这对两者产生了迥然不同的影响。在穆斯林的认知中，真主的使者也曾是商人，经商怎么会是坏事呢？因此，穆斯林所到之处，贸易繁荣发展，各类硬通货如潮水般涌进伊斯兰世界。

这其中尤以白银的富集最为显著。白银这种金属，既因不易获得而价值不菲，又不至于太过稀少，因此具有独特的作用，从被人们用于铸币起，就一直是绝佳的货币。相比之下，铜的储量太多，不通过交易也有办法获得。而黄金又太少，没有哪个社会的黄金足以支撑经济活动中海量的小额交易。要是买衣服、剪头发、下馆子这样的小事都要用黄金支付，恐怕没有多少人能负担得起这些基本生活所需了。这样比较下来，白银既储量可观便于大量流通，又相对稀少可作为复杂社会体系中的交易通货，必然流向那些需要通货驱动经济活动的地方，而流出经济活动不活跃的地方。这不是白银在挑地方，而是使用银子的人做出的选择。在公元 9 世纪，手里有银子的人会往银子能买到东西的地方去，不然拿着它有何用呢？从交易中得到银子的人会再往他们要买东西的地方去，不然换来银子又做什么用呢？

在伊斯兰教出现后的头几百年，伊斯兰世界中的经济交换比其他地区都频繁。因此很多白银流出了欧洲，涌向了"中部世界"，并开始了自我加强的循环——硬通货减少会导致交换活动减少，交换活动减少又造成更多的硬通货流失。物质条件的变化让伊斯兰世界能更好地发展自己的生活方式，也让与之紧邻的基督王国的生活方式越来越固化。于是伊斯兰世界在长途贸易中风生水起，而基督王国则故步自封。那时的西欧人，全部的社会关系只包括本村村民、当地牧师和教堂信众，可能还有邻近的修道院人员，再就是"翡翠城"即遥远的罗马——在欧洲这个世界历史单子中，那里生活着舞台中央的主角：教皇。

美洲

一直到这时，我们都还不知道在地球的另一端发生过什么。或者说即使略知一二，也语焉不详。在公元 800 年，一般认为世界约90％的人口生活在非洲和欧亚大陆的温带地区、赤道以北的地方，另有约 6% 生活在撒哈拉以南的非洲，主要分布在非洲大陆的周缘。据估计，当时南北美洲约只占世界人口的 3%，当然这只是很粗略的估计，争议很大，当时那里的文字记载现在都已佚失不存了。但是，西半球占世界陆地面积的三分之一左右，那里也曾有过很多辉煌的文明，所以在此也用一点篇幅讲讲我们对古代美洲浮光掠影的了解。

在这个时期的美洲居民当中，可能有人是从北欧斯堪的纳维亚半岛远迁到这里，也可能有人横跨太平洋从波利尼西亚渡海而来，还可能有人是从西非进入加勒比海地区——这些都只是可能而已。此时美洲大陆的大部分居民是上古时期狩猎采集者的后代，他们的祖先在上一个冰期从西伯利亚迁徙而来。

美洲大陆的城市文明出现得比东半球晚，这可能是因为城市的形成首先需要一定的人口规模，而早期美洲人口居住得过于分散。最早的迁入者是为狩猎大型动物而来，而北美洲遍地可见大型猎物。或许正是因为这片大陆上可供狩猎、采集的资源太丰富，只要部落别太稠密就足以让每个人都吃饱，所以人们享受在此生活的自由和刺激，完全没有动力去从事繁重而枯燥的农耕。当然，原因还可能是人类到达这一大陆的时间就很晚。

南北美洲的地理条件与东半球的大洲十分类似，也是在赤道南北各有一个温带气候区，温带两侧是草原地带。东半球的草原地带是欧亚大陆北方草原以及非洲南部的大平原，在西半球则是北美大平原和阿根廷的潘帕斯草原。东半球横跨赤道的是中非大面积的热带雨林，在西半球跨越赤道的则有面积更为广阔的亚马逊雨林。

尽管地理条件大体相当，人类文明在这两个半球却有着迥异的发展轨迹。美洲虽然也有壮阔的大河，但早期主要的城市文明却并非诞生于大河流域，密西西比河没有成为美洲的尼罗河，俄亥俄河与密苏里河也没有两河流域的文明气象。更有意思的是，堪比埃及和美索不达米亚文明的几个美洲文明都不在温带，而出现在热带的秘鲁高山之坡和中美洲的丛林沼泽当中。

与地球另一边的故事类似，为了建设大型工程，这里也要把很多之前没有联系的人组织在一起劳作，从而出现了科层体制，建设了壮观的金字塔，产生了精美的艺术，并在数学、天文等领域多有建树。这里的大规模集体工程不是兴修水利，用珍贵的水资源灌溉农田，恰恰相反，人们要合力应对的问题是水量过大以及平整的土地太少。玛雅人自力更生，开凿水渠以排干沼泽，在湿地表面铺上干土形成耕地。在南美，发达的农耕聚落在陡峭的山坡上开垦梯田，利用雨水和山坡上流下的水灌溉田地。

欧亚大陆上的早期城市文明都依赖灌溉而生存，而影响美洲早期城市文明的则是降雨的多寡。技术能调控不规律的洪泛，却难对雨旱失调有所作为。人们可以借助工具贮存和调节河水，却不能利用工具决定下雨还是放晴，更难以去应对无常的气候。这可能就是美洲一个又一个高级文明崛起之后又突然陨灭的根本原因。

奥尔梅克文明就是如此。约在公元前 1500 年，奥尔梅克人在墨西哥湾沿岸定居下来，后世认为他们是中美洲地区的文明之母，因为中美洲后来出现的大部分文化都发现了奥尔梅克文明中的艺术标志与纹样。公元前 900 年，位于今天圣洛伦索附近的奥尔梅克都城中生活着上千人。但突然不知什么原因，这座都城被废弃，奥尔梅克人又在今天的拉文塔兴建了新的都城。到公元前 400 年左右，新都城又倾覆了，奥尔梅克人从此不知所踪。

在今天墨西哥境内的瓦哈卡，萨巴特克人定都阿尔班山，统治了广阔的疆域，国家繁荣了五百多年后却弃城而走。为什么呢？我们无从知晓。玛雅文明曾在今天的危地马拉一带发展繁盛，到公元 2 世纪突然溃散，向北迁徙。公元 6 世纪，玛雅人又建成了环绕大金字塔的乌斯马尔和蒂卡尔等大城市，但到了公元 8 世纪，不知何故又一次放弃现成的伟大城市，继续向北迁往尤卡坦半岛。在那里，玛雅人建起了奇琴伊察，即哥伦布发现新大陆之前美洲最宏伟的城市之一，但到了 12 世纪奇琴伊察也沦为废墟。16 世纪西班牙人来到墨西哥中部时，阿兹特克人的文明方兴未艾，所以很难说如果不是遭遇外来文明，他们的城市是否也会被废弃。

最震撼的例子莫过于墨西哥中部的特奥蒂瓦坎。这是美洲最大的古城，约兴建于公元前 100 年。到公元 400 年，城中已经有二十万居民，应该是当时世界第五大城市。围绕着特奥蒂瓦坎形成了庞大的贸易网络，西至太平洋沿岸，东到墨西哥湾，南达中美洲腹地。它当初是不是跟波斯一样的帝国？我们无从知晓。当时这里有没有古代中国那样的邮驿和民政管理系统？也不知道。它的统治者是部落首领，还是国王，抑或神职牧师？还是不知道。这座城是谁建立的？城中居民说什么语言？他们外貌长相如何？所有这一切都是未知的。

从对特奥蒂瓦坎很有限的了解中，我们知道它的名字其实不叫特奥蒂瓦坎，这个词意为"上帝之城"，是阿兹特克人在几百年后偶然发现其遗址时对这座城市的称呼。跟中美洲很多其他古代大城市一样，特奥蒂瓦坎曾经辉煌又归于沉寂。在公元 600 年至 650 年的某一时间，也就是伊斯兰教创立、隋朝重新统一中国、格里高利教皇发展基督王国的同一时代，特奥蒂瓦坎的内城毁于大火。没有人知道是谁以及为什么要放火烧城。可能是干旱引起了饥荒，然后出现了暴动、侵略、战争……至少这是目前为人们所接受的解释。这之后，城中百姓在废墟周边的贫民窟和郊外继续生活了一段时间，最终也离开了这里。

中美洲的城市兴衰更替，文化却奇迹般地连绵未绝。奥尔梅克人曾玩过一个皮球游戏，输者会被砍头，两千年后的玛雅人在几百英里外的尤卡坦半岛也玩过类似的游戏。奥尔梅克的艺术形象中常出现长羽毛的蛇，而一千五百年后的托尔特克人也崇拜羽蛇神。奥尔梅克人的图腾是美洲豹，之后很多中美洲文化中都出现了美洲豹的形象。只是因为他们的生活环境中有很多美洲豹吗？很难说这是一个让人信服的解释。因为当时的环境中还有各种各样别的动物，为什么单单美洲豹成了当地人的崇拜对象呢？

不管最初是什么原因，美洲豹被选作图腾并一直延了下来。其实叙事也是如此，内核一旦形成，新的内容都会围绕它展开；一旦有了框架，人们的判断与价值观都会受此塑造。例如，有了"美"的概念，人们就都会追求"别人认为的"美，而回避"别人认为的"丑，其实美与丑只是人们的认知，并非客观存在。文化的框架于是有了一种筛选作用，能让某种叙事对其既有形象不断进行营造和巩固。中美洲古文化的连绵不绝揭示了整个中美洲是靠人们的互访互动联系在一起的，必然曾是同一个交流区，也即一个人与思想的巨大星群。

在东半球，草原游牧民族与城市文明之间的摩擦碰撞推动了一些重要历史进展。而在美洲，这样的情节却没有上演。美洲也有草原，但这里的狩猎采集部落没有发展成能挑战强大城市力量的游牧文明，相反，他们在狩猎采集的道路上越走越远。原因很简单：北美没有适合驯化的动物，没有牛、羊这些能成群放牧的牲畜。虽然在广阔的大草原上有无数北美野牛，但野牛生性狂躁，难以驯化。这样体重可达两吨、狂野暴躁又长着硬角的动物，如果无法驯化，自然也没人敢从它们身上挤奶。美洲土著倒是想出了将野牛驱赶下悬崖，再围剿宰杀吃肉的办法，但这不算放牧，而是打猎。

此外，美洲也没有东半球那样可用于载人驮物的牲畜。这里没有马，是个很大的缺憾，也没有驴、骆驼、骡子等等。安第斯山脉中生活着羊驼，虽然也属骆驼科，但是腿太细，没法驮载重物。

车轮在东半球是一种意义重大的发明，装有车轮的车子可以承载重物，还能驾驭大牲畜来拉车。车轮成了日常生活中的重要元素后，人们就开始探索圆形物体的其他用途。而在美洲，没有拉车牲畜和畜力车，也就没人关心什么样的车轮更好。倒不是说古代美洲人没发明过圆形的东西，圆形的日历和孩童玩具等也是有的，但他们没尝试过把圆形物体用作实用的机械部件。

在任何一个社会集体中，人们之间的口耳相传都可以让信息和思想传遍全社会。然而，自从连接东西半球的大陆桥消失之后，两边就成了两个独立的社会集体。在数千乃至上万年间，文化的涟漪效应能在两者的内部传播，却不能跨入地球的另一边。毫无疑问，美洲也曾产生过不少伟大的世界历史单子，互相之间肯定也有各种影响，但是东西两个半球却对彼此一无所知。不过，从这时起再过上几百年，这种情况将被改变。而在这几百年间，东半球发生了重大变化，欧亚大陆的文化重心从地中海以东转向了西方。个中原因十分复杂，而其影响如滚滚洪流，翻天覆地。

第三部分

世界沙盘的倾斜

到了公元 1000 年，从地中海沿岸到中国的东海之滨，东亚各文明都已走过文化繁荣、经济富庶、技术发展的几百年。而欧洲却仍如一潭死水般贫困落后，几百年来毫无探索外界的欲望。到此时，平衡突然发生了转向，欧亚大陆上荡漾的涟漪交叠贯通，终于连起整个大陆上不同的世界，让它们成了同一场大剧的不同舞台。这一时期，游牧骑兵冲出欧亚北方草原，两种庞大的世界历史叙事相互冲撞，瘟疫肆虐，留下了大片生命凋零的土地。乱局之中，思想、发明、技术和商品都慢慢从东亚向西欧倾斜。在那里，一个强大的新叙事瓦解了基督王国的领主体制，科学由此兴起，航海家纷纷投身海洋，向东方寻求慕名已久的珍奇货品。而此时的东方形成了一种相反的叙事，志在复兴过去的辉煌。在此叙事下，出现了俄国的沙皇统治、伊斯兰王朝的枪炮扩张，以及中国的明王朝。此时的东半球已经是一个联系起来的整体，却对美洲大陆的存在浑然不觉，不知道那里曾有过强大的王朝，当下也有新帝国在崛起。许多激流涌动，终于造就了洪流迸发的历史时刻。

11. 走出北方

公元850年—1200年

公元 800 年前后的几个世纪中，欧洲在基督教封建领主制度的些微温暖中泰然自若。人人都认识自己的邻居，很少有陌生人闯入。生活无奇可书又无比稳定，十年过去，一代人过去，一切还是照旧。但这一时期却是地中海以东诸多世界的光明时代，那里熙熙攘攘，欣欣向荣。在东方，几百年来思想、发明、成就、技术都在不断积累发展。

然而，转折在这个时候出现了。

就像沙盘突然倾向西边，思想、发明、灵感、技术以及商品货物都开始从东向西涌动，从中国、印度和伊斯兰世界流向西欧。这是怎么回事？是什么撬动了世界这个大沙盘？

回答这个问题可不简单，历史从来不是由简单的问答写成的。不过如果像下面这样看历史，倒是值得玩味。假如站在中国人的视角看世界，你会发现此时正是动荡年代，历代中国人举全国之力防御的北方游牧民族到底还是南下侵入中原。换到印度人的视角，不难注意到就在这一时期，伊斯兰军队越过阿富汗进入南亚，拉开了两大历史叙事激烈斗争的序幕，这场斗争直到今天也没有完结。再换个视角，把欧洲放到世界历史的中央，你会看到在这个时期，欧洲的基督教军队与占据黎凡特海滨的突厥穆斯林爆发了冲突，对后世产生了深远的影响。

乍看上去，这些好像是互不关联的历史进程，虽然刚好在同一时间发生，但彼此隔得太远，联系不上。中国、印度、小亚细亚、巴勒斯坦、法国……相距不可谓不遥远。

但我们不妨把视野放宽些。它们并不是在不同的世界里上演的不同故事，形成这样的印象恐怕是因为我们把历史片面地理解成了城市文明的发展进程。不过，只要没忘记草原游牧民族也是人类历史整体的一部分，就会发现所有这些故事其实都发生在世界同一个地区，即欧亚大陆中部的大草原周边，每一个故事中都有草原游牧民族的身影。显然，这片草原上必然发生过什么。这里发生的故事是什么呢？

虽然听起来有点天方夜谭，不过整个故事的缘起要追溯到北欧，信仰多神教的斯堪的纳维亚人生活的地方。斯堪的纳维亚人和已经渗透到罗马各地的日耳曼人有遥远的亲缘，因为日耳曼人最后一批到达欧洲，所以住在了苦寒的北方。既然晚到，只能得到最难耕种的土地，因此斯堪的纳维亚人只好尽己所能，狩猎、捕鱼、耕种无不尝试。

正当基督王国在南方逐渐成形之时，欧洲的气候出现了小小的波动，气温有一两摄氏度的升降。这种微小的波动在南方几乎察觉不到，但住在北方的人们本就在极限上生存，温度的一点变化都会造成巨大的影响，要突破人的极限了。气温下降后庄稼收成减少，鉴于老一代人已经把稍好点的田地占完了，刚长大的年轻人只好结成匪帮，建造船只，到更广阔的天地靠劫掠陌生人过活，抢得多的人甚至还在家乡受到厚待。气温稍稍上升也会造成问题，冰雪消融淹没田地，因此年轻人又会想着出去劫掠。公元 8 到 11 世纪，北欧的气候像拉风箱一样上下波动，时而利于人口增长，时而扼制人口规模，于是一船又一船的人选择出海去打家劫舍，反正总比待在老家好过活。几百年间，大约二十万人闯出这片土地，大部分是几十人一伙出海，有些去了西欧，有些向南前往黑海，每有所获就返回北欧。

劫掠西欧的北欧海盗被称作"维京人"，这个词是古斯堪的纳维亚语中"峡湾"的意思，意指这些人来自北方有很多峡湾的地方。他们登陆英国和法国，溯河而上，攻入城堡，洗劫修道院。英格兰人称他们为"丹麦人"，法兰克人称他们为"诺曼人"（意为北方的人）。后来，诺曼人在法国沿海地区定居下来，这个地方就是大名鼎鼎的诺曼底。有些丹麦人在不列颠群岛上扎下根来，跟住在那里的盎格鲁-撒克逊人混居。1066 年，诺曼人又入侵英国，成为统治盎格鲁-撒克逊的贵族。时间久了，两个民族不断融合，形成了今天的英国。另一支维京人与法兰克人融合，形成了后来的法国。还有部分维京人一路向南进入地中海地区，在意大利南部和北非沿岸建起王国。

这些维京人逐渐皈依了基督教，他们的价值观、传说故事、思想认识等都与当地受日耳曼文化影响、以基督为信仰的罗马-希腊文化融合在一起。这个过程中，维京文化中的一些内容自然也经历了改造。例如，北方来的民族有崇拜某些树木的传统，在隆冬时节将其打扮起来，象征生命的顽强生长。基督教吸收了这个传统，于是有了圣诞树的习俗。斯堪的纳维亚人还相信人形邪恶精灵的存在，但在基督教的改造之下，精灵变得小巧可爱，也不再那么邪恶了。北欧文化中，精灵的头领为了警告冒犯他们的人会遭到残酷惩罚，有时会把煤炭放进长袜里，挂到炉火边。这个精灵头领后来演变成了一个胖乎乎、憨态可掬的老头，虽然偶尔也会恶搞一下，在长袜里放一块炭，但绝大多数时候是在圣诞日给好人（好孩子）发礼物的存在。欧洲人一直相信这些传统都来自最北方，直到今天，圣诞老人也还是住在北极（应该是跟超人在北极的孤独堡垒相隔不远啦）。

这时的欧洲，在经历日耳曼文化和基督教的希腊-罗马文明的基础上又揉入了维京元素，成为后来我们所说的"西方"最早的"酵母"。

罗斯人与突厥人

与此同时，这个故事的另一半在北欧斯堪的纳维亚半岛的另一端展开了。前面说的海盗是从北欧向西，而下面说的这一股势力则往东来了。东进的北欧人一般自称"罗斯人"，他们来到第聂伯河、伏尔加河等大河的源头，顺流南下前往黑海。遇到急流和瀑布时，他们会背起划艇徒步到下一段能航行的河道再继续前进。沿途，这些勇猛的斗士要经过斯拉夫部族居住的森林。斯拉夫人住在规模很小的自治村庄里，靠小农耕种维持生计。罗斯人到来后洗劫了村庄，把能看到的食品货物一扫而空，然后继续前进。这个路数跟劫掠西欧的维京人如出一辙。

　　跟别的强匪一样，罗斯人总结出了一条心得：光靠抢东西来满足具体所需是很低效的。洗劫一座城堡只能得到这个城堡里有的东西，如果就等着牙刷用，很难恰好抢到一支牙刷。所以正确的策略应是把所有能卖钱的东西都先抢到手，然后用卖得的钱到其他市场上买自己想要的东西。如此，海盗和强匪逐渐变成了商人。

　　金银是最好的战利品，因为金银本身就是货币。去往西欧的维京人在修道院和教堂中找到了大量的金银——这里很多圣物和宗教用品都可以熔掉变回贵金属。但是东边的斯拉夫村民可没有这些贵金属，这些农户有的只是自家的庄稼和手工做的物件。于是，罗斯人便抓捕农民，把他们贩卖到南方做奴隶，用人换钱。其实英文中的"奴隶"（slave）一词，就来自"斯拉夫"民族的名称"Slav"，这从一个侧面说明了公元9世纪以后这种勾当的规模有多大。有些奴隶被卖到拜占庭，但大部分还是被卖给了来自伊斯兰世界的商人，斯拉夫奴隶在他们手上大多沦为家中的奴仆和性工具。

　　从东欧的大河顺流而下的这支罗斯人基本都是男人，所以不难推测，他们也会把一些抓来的斯拉夫女人留给自己。这样就有不少罗斯小孩是斯拉夫妇女所生，成长过程中会跟妈妈的文化产生亲近，说斯拉夫语。几代以后，罗斯人就变成了在异乡说斯拉夫语的贵族群体，而跟北欧的远亲没什么联系了。这些说斯拉夫语的贵族形成了现代俄罗斯的主体民族"俄罗斯人"，他们不再是小农户，而成了装备精良的战斗民族。

俄罗斯人心心念念要征服君士坦丁堡，但这听起来有点像蚍蜉撼大树。君士坦丁堡是当时世界上防卫最森严的城市，周边有护城河和城墙，充足的金银财富又能买到各种武器，就连一些俄罗斯人也开始给拜占庭人充当精英部队，即"瓦兰吉卫队"。正是有了这层联系，很多俄罗斯精英逐渐皈依基督教，加入希腊的东正教，他们的随从不知出于强迫还是自愿，也跟着入教。一个名叫西里尔（Cyril）的拜占庭牧师为俄罗斯人发明了文字，让这些原本的异教徒以《圣经》为入门读物，开始识文断字。这跟当年哥特人在欧洲的做法颇为相像。

俄罗斯人后来成了活跃的商人民族，喜欢用现金交易。当时最常见的现金是白银，而白银流通量最大的地方是达鲁伊斯兰。俄罗斯人的疆土沿着黑海和里海与伊斯兰贸易区相接，白银就从伊斯兰世界流进了俄罗斯贸易网，进而到达北欧斯堪的纳维亚半岛，再从那里流进欧洲大陆北部的经济循环。这种流通意义重大，我们后文再说。

同时，俄罗斯人还向黑海北岸的大草原挺进，在这里他们遭遇了可萨人并将他们一举消灭。可萨是个突厥部族，其精英信奉犹太教。他们曾经掌控着北方森林中大量的货物贸易，这些现在都落到了俄罗斯人手上。俄罗斯人继续东进，不久又与中亚草原上的其他游牧民族冲突起来，这回他们没能轻松取胜。俄罗斯人确实骁勇，但这里的游牧民族一样彪悍。两者交手时僵持不下，俄罗斯人的大举挺进变成了缓慢推进，不过终究还是在向前。同时俄罗斯人也在后方巩固着统治，治下的封地发展成了正式的大公国，最终形成了统一、强大、富庶的罗斯公国，以基辅为都城。

　　在这之前的几百年，一波又一波的游牧部落从中亚向西进发，通过乌拉尔山和黑海之间的关隘进入欧洲。阿瓦尔人、马扎尔人、塞西亚人、匈人都是这样过来的，先于所有这些部族的印欧人（虽然我们说不清具体是何民族）也曾这样西进。但现在，罗斯公国堵上了这个通道，不仅使草原民族不再能向西迁徙，还把关口一路向东推移，驱逐着中亚的草原游牧民族。游牧民族自然要抵抗，不过他们发现再往其他方向去抢掠他族似乎比抵抗更容易，也便将计就计地去了。罗斯的崛起挤压了中亚草原的地域空间，由此激起的涟漪一直传出了数千英里之远。

　　到 10 世纪，中亚地区的缠斗导致一个名为契丹的游牧部族开始进犯中国的边境，并在边境上建立了自己的王国。这让宋朝朝廷大为紧张，此时内部统治尚需巩固，却还要调动军力拱卫东北边境。随后，情况变得更加复杂，起源于西伯利亚内陆的女真也在契丹王国的旁侧建立了自己的王国，并开始侵扰中原。女真把势力扩张到了黄河流域，甚至还宣称已承天命，继承中华大统，成了汉唐中国的合法后继。宋朝朝廷对此坚决不予承认，试图御敌却告失利，几番妥协退让，直到最后失去了整个北方，退居长江流域重新立国，另立新都，改国号为南宋。南宋虽然继续繁荣了一段时间，但是失掉了中华文明发祥的祖地，离开了黄河流域这个文明根脉，虽然当时并不觉知，但祸患已经埋下。

毗邻欧亚草原的达鲁伊斯兰此时已经分裂成了若干独立的伊斯兰国家，只是对一个有名无实的"统一的"哈里发国效忠。这些国家的统治者要不断应对越过边境劫掠村庄的突厥游牧部落，在战斗中俘虏突厥男孩，把他们抓回国做奴隶。与对待卑贱的斯拉夫奴隶不同，他们让这些俘虏习武，长大后给精英做保镖或者到前线去对战游牧侵略者。奴隶的主人不知哪里来的底气，认为这些男孩会如孝敬父亲一样对他们忠心耿耿。可是事与愿违，突厥奴隶兵同罗马禁卫军一样，只想颠覆主人夺权。

颠覆成功后，他们面临跟之前的主人一样的困境。越来越多的游牧侵略者从草原来犯，虽然和侵略者同属突厥人，但作为统治者，他们必须抵御外敌，否则就会自身难保。有意思的是，他们竟然也采用了老办法，在战争中俘虏男孩，把他们训练成英勇的奴隶兵。这样下去的结果不难猜到：奴隶兵又一次推翻主人而掌握了权力。久而久之，突厥人逐渐从内外两侧打入了穆斯林内部。

突厥人进入伊斯兰世界后也改信伊斯兰教，这跟日耳曼人在西方皈依罗马天主教异曲同工。然而，新入教的突厥穆斯林偏爱金戈铁马的伊斯兰教，面对那些有如希腊哲学的精深教义，他们不禁困眈连连。这些人习于征战，伊斯兰教对他们来说就是书本上的金科玉律，由一众学究阐释，再由一位将帅执行。

公元 1000 年左右，突厥人已成为伊斯兰世界中军事政治方面的佼佼者；阿拉伯人仍然掌握着伊斯兰世界的教条、神学、律法和教育；波斯文化还滋养着大部分哲人、学者、作家以及科学家和治国之才。突厥人、阿拉伯人、波斯人三股力量交错在一起，形成了不同于此前阿拉伯哈里发国的伊斯兰世界新格局。历史的更迭中，曾经让穆斯林知识分子走上科学前沿的那种探究世界的好奇心逐渐退却，兴起的是神学、玄学、诗歌，还有战争。

这一时期走上台前的突厥统治者中有一位是阿富汗的苏丹马哈茂德（Mahmud），他曾率军十七次攻入印度，洗劫庙宇，抢掠财宝运回自己的国都加兹尼。马哈茂德扬言要到印度抢来战利品供奉真主，声称他的所作所为是仿效穆罕默德先知及其信众，是在毁灭异教的偶像。自马哈茂德东征印度之后，突厥统治者们同其阿富汗部落的盟友一起把劫掠印度当成了常规动作。后来，有些侵略者在德里和恒河沿岸建立了政治中心，继而在印度建立了由苏丹统治的国家。它时而扩张，时而萎缩，治下疆域最大时甚至比今天的德国、法国和英格兰加在一起还大。但在这里，突厥人终究只是靠征战取胜的少数穆斯林，而他们要统治的却是数量庞大得多的本地印度教徒。从那时起，这片土地上就产生了两种叙事。也许是因为核心教义彼此排斥，这两种叙事虽然同在一个地理空间，却全然没有融合。

之后，欧亚草原上冲出了一批新的侵略者：塞尔柱突厥。这个同样好战的民族没有选择东进，而是向西征服了今天的伊朗全境，又横扫了小亚细亚半岛。在1071年的曼齐刻尔特战役中，塞尔柱人大胜拜占庭军队，又从那里继续往南，征讨基督教信仰中的圣地，即地中海东岸那一条狭长的丰饶地带。这次征讨引发了历史上著名的十字军东征。

　　中国的宋朝由盛转衰，伊斯兰世界被突厥化，阿富汗向印度北部扩张，欧洲十字军东征——这些分别是中国、伊斯兰、印度、欧洲各自世界历史叙事中的重要事件。而从全景视角看，这一切又像是交织在一起的一出大戏，始于欧洲北部，传到亚洲的大草原，在草原周边各地区影响了诸多城市文明，最终推动了世界沙盘的倾斜，文化重心就此从欧亚大陆的东部转向了西部。随后的五百年里，在这片辽阔的大地上，历史顺此宏大趋势铺展开来。

12. 崛起的欧洲

公元800 年—1300 年

在世界这个大沙盘即将发生倾斜之前，欧洲就像一块碎布拼花的垫子，若干封建庄园被罗马天主教的叙事编织在一起。那时候，绝大部分欧洲人都是农民，且农民中的绝大部分是农奴。他们生产的粮食除了自己糊口，只能勉强供养领主和教堂的神职人员，几乎不剩什么时间和精力生产任何余粮，更没有多余的手工业产品。

到了公元9 世纪，情况逐渐有了起色。农民一直在尝试对劳动工具和劳动方法做小的改革，积少成多终于发生了质的革命。用于深耕的重犁出现了，这让人们可以耕种北方森林中的湿润土壤。那里的壤质土比南方的砂质土难耕，但如果能犁松，它的肥力是更高的。农民还在犁铧侧面安装了犁镜，犁地的同时能把土翻在一边，一下就把两项重体力劳动都完成了。此外，欧洲农民还发明了鞶头，便于牵着马耕地而不必用耕牛。因为马的步伐更快，耕起地来效率更高。

过去，农民每年会留出一半的土地休耕以恢复肥力，后来发现每两年休耕一年也没问题，于是开始每年耕作三分之二的土地，而不再仅仅是一半。这样算下来，不用投入额外的精力和资本，一下子就多了两成多的耕地！

耕地面积变大了，单位时间内能犁的地也更多了，这会带来什么结果呢？人们能吃得更饱，也有了更多闲暇时间。农民可以制造更多的家用手工品——布帛、衣服、餐具、瓶罐，不一而足。富余的产品可以在特定的时间拿到当地的十字路口，跟其他庄园的农民互通有无。

路口市场繁荣起来后，有些成了定期集市，几百年过去，有些甚至发展成了永久的贸易中心，在周边形成了市镇。其中一些市镇开始举办季节性集市，吸引大量想做贸易的人参加，起先大部分是当地人，慢慢地也有不少客商从远处来赶集。各地商人在这里共同相处一周甚至更久，非常便于互相达成买卖。在这样的集市上，某个商人载来一车麻布，用其中一部分换了盐，又用盐换了几把刀剑和几袋大麦，这个过程中并不必每次交易都去挪动相应的实物货品，既然买卖者都在同一个地方，大家只需要记住约定即可。集市结束后，商人们就忙着到各处对账，算出结果再把最终应该到手的货物提走即可。这样，来时带着一车布的商人走时带的可能是一车粮食，而过程中他可能经历了布换鞋，鞋换帽，以及外人无从得知的其他东西。

　　此类集市创造了这样一个空间：商人可以什么实物货品都不带，只带来承诺，比如现在出手一车肥料，要换六个月后的十车大麦。在契约买卖中，一方允诺在将来某个时间点向另一方支付以约定的价格购买的现在还不存在的货品，这使得双方都能基于一个可预期的未来经济条件做交易。这种交易形式能大大提高交易量，因为商业更多关乎未来，而不仅关乎当下。

　　到了 11 世纪，维京人的四处抢掠平息了下来，欧洲社会开始接纳维京人。由于多年劫掠修道院，熔铸金银财宝，维京人让很多金银作为通货回到了经济循环中。同时，与他们同一族源的俄罗斯人也把白银从伊斯兰世界回流到欧洲。如此一来，硬通货像润滑剂一样让贸易的车轮转得更快了，贸易又带动了生产力的提升，欧洲经济发展逐渐加速。

　　早先全欧洲还生活在封建庄园的时代，大家日子都过得艰难，但至少每个人都有地方住，有活儿干，参与到某个社会星群中，从而能让生活有意义。现在不需要那么多人同样能生产出满足全社会需求的粮食，有些人就成了剩余劳动力，无事可做。一些封建领主也发现，在农忙季节雇临时劳工更加划算，农忙季一过就可以让他们离开，这样就不需要全年扶养这些农民。

　　随着欧洲社会生产力的提升，无家可归的人也在增多。到处都是流浪汉，有的抢劫路人，有的到别人地盘上打猎，小说里的侠盗罗宾汉和他的快乐伙伴们就是这样。然而，真实情况是毫无快乐可言的。大批穷人在街面上游荡，在树丛里过夜，有时候一觉过去再也醒不过来也没人知道。即便是那些有吃有住的人，也常会受到社会疾苦的波及。

　　在这样的情况下，中世纪欧洲的天主教社会星群中产生了一个新的宗教职业"托钵修士"。他们是隶属于修道会的信徒，但不能住在修道院中，只能睡在大街上。他们是信仰笃定的行脚僧，依靠教会的慈善救济过活。这种机制吸纳了很多流浪在外的乞丐，同时也让整个社会更彻底地融入天主教叙事当中。如果说罗马教廷是天主教欧洲的心肺，修道院是主要的动静脉，那么托钵修士们就是毛细血管，把教义带到草根民众当中。

基督王国

　　公元 1000 年，生活在波罗的海与大西洋之间的欧洲人形成了一种统一的自我认知，人们越来越多地使用"基督王国"这个词。其含义并非所有基督徒的集合，因为世界上还有很多基督徒不属于基督王国，例如波斯社会中的聂斯托利派基督徒、埃及的科普特派基督徒等。

　　甚至从严格意义上讲，拜占庭基督徒也不应该算基督王国的一部分。西方的基督徒开始觉得东方的基督徒有那么一点不一样——他们当然也是基督徒，但就是有哪里跟自己不太一样。围绕着如何做弥撒、是否用圣像画做崇拜、在重要的圣餐礼上念什么祝词、受领程序如何等等，他们之间出现了不少分歧。而最突出的差别在于，拜占庭教廷用希腊语做弥撒，而西欧教廷使用拉丁语。

这些具体的差别终于积累成了本质的争议。公元 1054 年，罗马主教和君士坦丁堡主教（分别称教皇和牧首）宣布互相将对方驱逐出教，两派的争端达到顶峰。这次争端暴露了一个关键问题：不能让两个宗教领袖同时掌握逐人出教的权力，或此或彼只能一人揽此大权。基督教廷于是发生了分裂，自此，虽然两派信众仍然承认彼此都属于基督教，但都觉得对方不再纯粹。越是认为对方不纯粹，越让西欧基督徒笃信自己是一种特别的集体联系。

到此时，街上随时随处有托钵修士、乞丐、小贩、商人来来往往，人们常能听到远方的奇闻轶事，出远门不再是一种离谱的想法。而远行朝圣恰好既符合主流叙事，又是一种能旅行的方式，如同去教堂礼拜一样正当，还显得更加虔诚。外面有些修道院里供奉着有重要宗教意义的器物，去朝圣的人们可以亲眼见到甚至亲手触摸，比如圣徒的斗篷，殉道者的一缕头发，耶稣受难十字架的一小块遗存等等。

当然，最值得去的朝圣之地是耶稣基督亲自走过的圣地。对西欧基督徒来说，前往圣地的旅程充满艰难险阻，没几个月的时间恐怕到不了。但真正到了圣地朝圣的人们又会发现什么呢？圣地遗迹都被不信基督的人占据，如此异端令人难以忍受。于是，分别在欧洲和中部世界流传已久的两条故事线在这里交汇了。在走出中亚的突厥穆斯林新占据的土地上，出现了越来越多前来朝圣的西欧基督徒。突厥人对基督教并不算有敌意，只是不屑一顾，觉得这些欧洲基督徒不过是些抱残守缺、信仰过时的人。他们只是还没找到正道，总有一天会如梦初醒加入穆斯林。但在他们醒悟之前，既然个个兜里都装着银子，何不趁机捞上一笔？这么一来，基督徒去朝圣不但要付高额的费用，排老长的队伍，还要忍受别人的白眼，甚至会遭到赤裸裸的欺凌。更让人咽不下这口气的是，欺负自己的是那些只配下地狱的异教徒，还竟然自命高人一等！于是，朝圣者们就把很多充满仇恨的骇人故事带回了家乡。

朝圣者们的家乡是一个变化不息的地方。欧洲素有长子继承的传统，贵族的全部土地都应由其长子继承。如此一来，越来越多不是长子的贵族年轻后裔手中没有土地，壮志难酬。而对于这个阶层的男子来说，只有做庄园主和参加战争才是配得上身份的荣耀事业。过去欧洲四面交困、战事不断时，贵族的非长子后裔都能参战并从中获得成就感。在那个时代，欧洲文化中出现了一种特别的战士：身穿铠甲的骑士。而到了此时，外敌侵略少了，和平的日子多了，欧洲的众多骑士虽全副武装却无仗可打。与此同时，封建庄园像大鱼吃小鱼一样互相兼并，形成了规模更大的公爵领地和诸侯王国。

总之，此时欧洲的基督王国中有衣衫褴褛沿街行乞的狂热信徒、一心盼战的失地骑士、野心膨胀的大公和诸侯、庞大富庶又强权在握的教会……这些因素混杂在一口大锅中，即将沸腾。万事俱备，只差找到需要用钱成就的伟业了。

公元 1095 年的一天，欧洲基督教各派别的领袖齐聚一堂。教皇乌尔班二世（Urban II）访问了欧洲最重要的几所修道院所在的克莱蒙（在今天的法国），在那里向最杰出的神职人员和基督王国军事精英中最高贵的法兰克骑士们发表了激昂的演说，称君士坦丁堡的皇帝亚历克西斯（Alexis）来信求援，异教徒正在攻打拜占庭帝国，突厥人长驱直入，一旦他们攻下君士坦丁堡，下一个目标就是罗马，因此必须有人起来抗争。教皇呼吁基督王国的骑士们组成为十字架而战的十字军，发动东征把圣城耶路撒冷从异教徒手中夺回来。

　　教皇在克莱蒙发表演说之时，有号召力的修士们，如"隐修者彼得"（Peter the Hermit）和他的部将"穷汉沃尔特"（Walter the Penniless）也在周边城镇的教堂弥撒中传播同样的说法。于是整个基督王国都围绕着一个划时代的目标振奋地团结起来：为收复圣地而战！

　　最早参战的是托钵修士们。穷汉沃尔特和隐修者彼得率领着由乞丐和无业游民等组成的杂牌军出征小亚细亚，塞尔柱士兵见此滑稽情景，不费吹灰之力就打了胜仗。然而就在当年，欧洲骑士军团跟着杀了过来。他们相当于当时战场上的重型坦克，士兵身穿铠甲，挥舞着刀剑奋勇向前，敌人不但很难把他们斩落马下，甚至不能近身抵御。骑士军团摧毁了沿海的城市，最终夺下耶路撒冷，在地中海东岸建起了四个十字军王国。

　　从那以后，前往东方的欧洲人有了落脚之地。在基督徒统治的城市中，他们有安全感，也能找到对基督徒友好的客栈，在客栈里总能碰到跟自己的老乡或朋友的朋友认识的人。

　　到东方远行的人不管是朝圣者、十字军还是探险家，都发现这里的巴扎集市上琳琅满目的商品带回去能卖个好价钱，特别是异域风情的布帛和香料。当然这里说的还是广义的"香料",不仅包括调味品,还有防腐剂啦秘药啦各色货品。香料在欧洲非常少见,所以人们像追逐黄金般收罗、囤积香料。比如,公元 9 世纪的著名学者尊者比德(the Venerable Bede)就在遗嘱中写明了自己拥有的胡椒如何分给继承人。糖在当时也非常珍贵,罗马人甚至把它当作药剂而不是烹饪用品。而说到衣料布帛,贵族女子可能有一两件丝绸衣服,而普通大众只能梦寐以求。欧洲骑士们也特别青睐棉质布料,如果读者试过在铠甲里面穿亚麻,就一定能理解为什么了(我当然也没穿过,但想象一下不难感同身受)。

十字军王国建立起来以后,黎凡特地区成了方兴未艾的欧洲市场体系的东缘。十字军东征在不断推进,西方商人与穆斯林商人之间形成了既有商业联系又得彼此提防的紧张关系。因为有很多欧洲基督徒从陆路前往圣地,巴尔干半岛上的城市凭借地理优势得到了发展;还有不少人选择坐船前往,因此意大利沿海的城市也富裕起来。商人、朝圣者、十字军纷纷来到黎凡特地区,与其他欧洲民族擦肩相逢。他们发现这些人虽然跟自己有所不同,却有着同样的世界历史叙事,从而加强了共同的身份认同。

前往圣地的船只多从威尼斯、热那亚和比萨三地出海,而这三个城市刚好地处众多东方巴扎集市和大量西方商人中间的位置,所以很快成为东西方之间日益发达的贸易要冲,发展成了地中海上强大的力量。几个城市都想争先,因此竞相发展海军技术,军力越来越强。

朝圣者、商人以及十字军中的多数人选择途经威尼斯，跟随他们到来的还有各种货币。威尼斯的金银匠发现，用金银跟往来的旅人换取他们带来的货币，再把货币卖给要到旅人来处的人从而换回金银，这门买卖有利可图。

这种货币兑换业务需要计算某种货币相对其他货币的价值，例如公爵甲的若干枚铸币相当于公爵乙的若干枚铸币，二人的铸币分别价值多少两黄金等等。要是让门外汉去做这些兑换计算，恐怕会赔个倾家荡产，但是威尼斯的金银匠们日常处理很多此类交易形成了经验，干脆在自己的作坊前摆起桌台专做这个生意。意大利语的"桌台"一词写作"banque"（英文为 bench），所以金银匠被称为"banquer"（桌台旁的人），即现代英语中的"banker"（银行家）。

时间久了这些手艺匠又发现，只靠提供安全寄存金银珠宝的场所也可以赚钱，等财宝主人云游回来时再把财宝取走。这些银行家按数收入金银珠宝，签署票据给寄存人以兹证明。之后，比如寄存人去了圣地朝圣，返回时可以拿着签字票据换回寄存的金银。当然，得扣除一笔服务费。

有时候寄存了金银的人在旅途中碰上了难事，就会转签票据给其他人作为一种付款方式。讲信誉的银行家只要见到有自家签名的票据，不论来者是谁都会兑付。之所以这么做，是因为不承认自己签署票据的银行恐怕是做不长远的。理论上，一家银行的票据在兑付之前不限制可以转手的次数。口碑良好的银行出具的票据可以无限次流通，效用等同于相应数量的金银。这张票据流转下去，可能再也不用回来兑付，而本身成了一种新的货币：纸币①。从此，西欧基督王国构建起来的共同想象世界中又多了一个新的要素。

银行家们后来又发现，当金银的主人不在时，可以把他们的金银短期借出，只要能在寄存人回来之前还上就不会有什么影响，还可以凭短期让渡金银使用而赚取一点费用。生意好的银行家在金库中长期存放着大量的金银等着寄存人回来取出，几乎不用来回倒腾实物金银。向外放贷也可以用签署票据的形式，承诺见索即付等量黄金。这样只要借贷人按期偿还，存在库中的金银并不用真的出入。寄存人甚至不会知道自己的黄金被"在纸面上"借出去过（严格来讲，这个时候还不能说"纸面"，而是"牛皮纸面"或"羊皮纸面"）。就这样，在十字军时代的意大利，一种新的生意出现了。

在这个领域最突出的一项成就应该归于"比萨的列奥纳多"（Leonardo of Pisa），今天人们更耳熟能详的是他的诨号——斐波那契（Fibonacci）。他年轻的时候就是数学家，在地中海沿岸周游时接触了伊斯兰世界做生意的一般方式。公元 1202 年，他发表了介绍阿拉伯数学（其实鼻祖是印度数学）的《计算之书》。该书一开篇就抛出了重磅信息："印度数字有九个，分别是 9、8、7、6、5、4、3、2、1。通过这九个数字以及符号 0，可以表示任何数字。"银行家们很快发现，用伊斯兰世界的算式计算 3976 乘以 124，要比罗马数字的 MMMMCMLXXVI 乘以 CXXIV 简洁得多。于是，达鲁伊斯兰使用的阿拉伯数字和运算方法，包括数位计数、小数、大数乘除

---

① 英文中的"纸币"一词"banknote"本意即"银行票据"。——译者注

法、代数运算等很快就在欧洲传播开来。同时传开的还有东方做生意的方式，例如复式记账法、信用凭证交易（而非现金交易）等等，这些都需要复杂的会计。从此，欧洲的商业与以往彻底不同了。

前往圣地的朝圣者现在面临一个棘手的问题：要带哪种货币出门呢？离家稍远一点，本地的铸币就不能用了。金银虽然各处通用，但也正因为在哪里都有用，也成了绿林土匪紧盯的目标。朝圣者倒是可以结伙而行，雇些保镖保护金银细软。但谁又能保证一旦离开他们熟悉的环境，这些保镖不会刀尖朝内，先杀了雇主再卷走钱财？

为了解决这个问题，教会创立了一个新机制——骑士团，这成为封建天主教社会星群的一个新要素。骑士团成员可免于缴税，如果为捍卫宗教而犯了暴力的罪愆，可以自动免罪。同时他们也遵守修道院的清规，安贫守贞，过着清心寡欲的生活。骑士团中的"医院骑士团"和"条顿骑士团"，专门从事医疗服务；还有一个"圣殿骑士团"，专门保护朝圣者在来往圣地途中的人身和财产安全。因为这些人都是基督教修士，所以基督徒们大可放心不会被他们谋财害命。

后来，圣殿骑士团开始提供专门押运钱财的服务。到了圣地的基督徒如果需要家里寄钱来，或者赚了钱想寄回家去，都会找到圣殿骑士。他们完全信任圣殿骑士，因为骑士的诚信有教会保证。圣殿骑士要双向转运的金钱一般都很多，以至于他们发现根本不需要将其搬过来再运回去。有人要求把钱送到远处某地时，圣殿骑士只需要给驻当地的机构发一个票据，约定最终在累计收入中拨付相应的金额即可。这样路上也不怕有强匪劫道，因为传递的不是实物，只是信息。这种操作让圣殿骑士们很早就明白了一件在当时的欧洲很少有人能想清楚的事——金钱不是实物，只是信息，归根结底要看的是会计账目。看穿了这条秘密之后，圣殿骑士慢慢成了世界上最早的一批跨国银行家。

第一次十字军东征让基督徒们夺下了耶路撒冷，第二次十字军东征让基督教在黎凡特地区站稳了脚跟，而第三次东征则留下了很多传奇。一段激烈的对决在两个以慷慨大度、彬彬有礼著称的领袖人物之间上演，他们就是埃及苏丹萨拉丁（Saladin）和英格兰的"狮心王理查"（Richard the Lion-hearted）。决战双方都是绝对的绅士，但结果可不是平分秋色。决战后签署的条约规定将耶路撒冷割让给穆斯林，从此耶路撒冷再也没能回到基督徒的手中。这标志着十字军东征第一阶段的结束。

痛失耶路撒冷在欧洲引起了要发动第四次东征的躁动。但这次东征变得没那么纯粹，商业杂念让十字军的宗教理想主义打了折扣。十字军东征起码在名义上是要拯救东正教基督徒，但此时西欧的骑士们开始觉得自己跟说希腊语的东正教基督徒之间并没有很近的亲缘，没必要舍身相救。

拜占庭的国都君士坦丁堡一直以来都是世界上最难攻破的城池，它三面环水，一面有多重高墙。但是再易守难攻的防御也防不住第四次东征的十字军，因为他们本来就不是敌人，而是来施以援手的教友。那么打开城门欢迎他们总该不会错吧？

　　然而，第四次东征的十字军压根没再往圣地去。公元 1204 年，东征军在君士坦丁堡大开杀戒，扫荡全城，洗劫教堂，把能搜到的金银财宝悉数抢走，推翻了拜占庭皇帝，宣布君士坦丁堡为（短命的）拉丁帝国的国都。这次事件标志着在东方拜占庭说希腊语的基督教和在西方继承了罗马帝国衣钵的基督王国彻底决裂。

13. 游牧民族最后的吼声

1215 年—1400 年

在第四次东征的十字军洗劫君士坦丁堡的同时，一股新的力量正在伊斯兰世界的另外一端形成。早在中国出现夏朝和西方巴比伦王国陷落之前很久，这片土地上就开始了一段纠葛，现在终于达到高潮，新的力量势不可当地冲出了中亚。这段纠葛就是欧亚大陆北方的草原游牧民族与南部农耕文明之间的摩擦碰撞。对峙局势发展至此，一触即发。

13 世纪，以蒙古人为首的草原游牧文明实力达到巅峰。虽然他们的强盛只维持了不过百年，但就在这短短的时间里，给世界造成了深远的影响，推动了世界沙盘的完全倾斜。

其实在蒙古人崛起之前，他们不过是世界众多民族中寂寂无闻的一员，有很多散落、自治的部落，住毡包，骑矮马，放牧庞大的羊群，部落之间还常有争端……无非是中亚草原上典型且传统的游牧民族。

公元1162年，一个名叫铁木真的男孩降生了。铁木真早年丧父，后步步为营坐上了部落头领的位置。有一次，敌将绑架了他的妻子，这可酿下了恶果。铁木真踏破敌营，将所有兵士收入麾下，把敌将的妻妾纳为己有，自己的部落由此壮大起来。此后，铁木真与其他部落或交或攻，不久便统一了蒙古各部，成了蒙古汗国的头领。就在欧洲的蛮军大肆劫掠君士坦丁堡的时期，铁木真做了一件预示了后来历史的事：他改号成吉思汗，意为"宇宙的统领"。

从此，成吉思汗将目光投向了外部。蒙古人起兵攻打并占据了中国北方的女真王朝，控制着阿富汗和伊朗的伊斯兰王国，焚毁了素有"城市之母"美誉的大夏国都大夏城，在赫拉特和尼沙布尔大肆屠城，不分男女老幼格杀勿论。蒙古大军向西席卷了中亚，所到之处突厥部落的王国和盟邦被悉数摧毁。接着跨过伏尔加河，攻入罗斯国都基辅，并将其一举荡平。罗斯公国从此陨灭，俄罗斯人也成了蒙古人的臣属。

成吉思汗花了长达二十年的时间统一蒙古各部，又花了二十年时间扩张成比罗马全盛时版图还要庞大的帝国。公元1227年，成吉思汗去世，他的子孙继承了他征服世界的宏伟家业，消灭了不久前刚逼北宋南迁的金国。蒙古人在北方入侵高丽，在南方将越南收为藩属。成吉思汗的一个孙子灭掉了南宋，让绵延了两千年的中华帝国溘然中断。在西南边，他的另一个孙子火烧巴格达，而这里是伊斯兰世界的名义领袖执政的地方，至此伊斯兰哈里发国也覆灭了。

如此狂风骤雨般征服四方的消息刚刚传到欧洲时，不少基督徒喜闻乐见，满心以为终于有强大的势力来帮助自己，认为是神秘的"约翰长老"终于来了。在基督教传说中，约翰长老统治着一个富庶的王国，可能是在非洲腹地，或是印度次大陆深处，也可能是在别的某个很遥远很隐蔽的地方。现在，他终于出现了。

不曾想到，传说里都是骗人的。蒙古人剿灭俄罗斯人后，欧洲人如梦方醒，知道这些人根本不是基督教友，满怀的欣喜变为了恐惧。此前，教皇曾派使节谒见成吉思汗谋求联合，但现在只能让信使去告饶求和。在匈牙利和波兰，国王开始操练军队，并从当时最厉害的两个骑士团即圣殿骑士团和条顿骑士团中招募士兵，可是等到全军出击招架蒙古大军时却惨遭全歼。眼看蒙古人就要踏平欧洲，一路打到大西洋。毋庸置疑，倘若他们当真如此，定会马到成功。

但是蒙古人没有继续向前，欧洲靠着侥幸才劫后余生。公元1241年，蒙古大军的铁蹄刚来到欧洲的门口，成吉思汗的继任者即他的儿子窝阔台可汗去世。蒙古统帅们随即暂停了征伐欧洲，班师回朝加入争夺汗位的斗争。即位人选过了两年才确定下来，但到这时，蒙古人有了别的战线，往那些地方劫掠城镇和人民更加易如反掌，于是又一次搁置了征服欧洲的计划，后来再也没有成行。蒙古人火烧巴格达之后继续西进，却在公元1260年遭到了马穆鲁克骑兵的抵抗。

　　马穆鲁克在阿拉伯语中意为"奴隶"，这之前几百年间，达鲁伊斯兰各地不时会出现一些由奴隶成立的国家，马穆鲁克就是其一。跟其他出身奴隶的统治者一样，埃及马穆鲁克人也是从战俘男童中培养起来的士兵。他们统治埃及不是靠血亲维系家族王朝，而是靠不断俘虏或购买男童奴隶并加以军事训练，从而充实军力来治国。公元 1260 年，马穆鲁克人在艾因·贾鲁遭遇蒙古军，成功御敌于外。艾因·贾鲁之战成了一个分水岭，此后蒙古帝国再也没能向西挺进。为什么会这样呢？基于当时的技术，蒙古帝国到此处肯定已经达到治国能力的临界点，它已经是当时世界历史上国土连续最大的国家，直到后来苏联成立才打破了这个纪录。

　　如此庞大的蒙古帝国虽然只维持了短短五十年左右，但在此期间东起太平洋，西到地中海，北至波罗的海，南达中国南海的整片大陆都属于同一个国家，这对于整个欧亚大陆的市场产生了深远的影响。人们发现，蒙古人虽然是残暴的战斗民族，但成吉思汗和他的后继者们管理起被征服的土地来竟出人意料得很有一套。比如说，他们积极清除影响货物与信息流通速度和效率的各种障碍，以便游牧民族自由迁徙到丰美的草场、四方朝贡从藩属各地便捷地运送到国都、统治者能更快速地在帝国全境传令调兵……这样做的目的有很多，而产生的结果非常重要。蒙古统治者还修葺路网，新建道路、驿站和邮递系统，打破妨碍长途贸易的经济障碍和行政壁垒，支持发展信贷。从此，千百年来各自为营的多个地区贸易网整合成了一个跨越东半球大部分土地的统一而繁荣的流通网络。

蒙古浩劫与欧洲

　　巴尔干半岛以西的欧洲没有遭受过蒙古人的直接攻击，对他们来说，蒙古扩张带来的最严重后果就是瘟疫。瘟疫的源头非常遥远，可能远在喜马拉雅山脚下。世界任何地方的致死性寄生虫及其宿主都会经历这样一个过程：寄生虫在宿主身上无拘无束地生长繁殖，杀死一个宿主后再转移到另一个宿主身上。但是如果把整个宿主物种都消灭掉，寄生虫自己也就到了穷途末路。因此它们演化出了与高级生物宿主共存的本领，寄生虫的危害性逐渐减弱，宿主物种则进化出相应的生理耐受能力。在喜马拉雅山脚下，有一种后来让人闻之色变的寄生虫就是这样与当地人达成了共存。因为不再有很多人死于这种寄生虫，所以当地人都不太在意。这种寄生虫不但感染人类，还会传染这个地区随处凿洞的鼠类。丝绸之路以北的广袤森林地带生活着大量同样的鼠类，但它们从未接触过这种细菌，因为栖息环境相隔太远。虽然跳蚤能携带这种寄生虫，但跳蚤寿命短，蹦不了多远就死掉了。

　　然而，蒙古帝国的"太平盛世"来临了。有了蒙古人建设的交通路网，就有了从喜马拉雅山脚下快马加鞭往西伯利亚森林去的邮差信使。蒙古信使日行百十英里是家常便饭，这样一来，携带寄生虫的跳蚤只要藏在马背挂包上就能在短短的"蚤生之年"去到千里之外的地方。搭上快马的带虫跳蚤来到了北方大森林，发现这里生活着大群大群的凿洞鼠类，都是从未沾染过这种寄生虫的好宿主。于是疫病蔓延开来，从鼠传人发展成人传人。这种病菌就是耶尔森氏鼠疫杆菌，从此由它引发了鼠疫大流行。

瘟疫沿着丝绸之路向西传播，本来有可能在经过人烟稀少的地段时逐渐消失，谁料中途出现了一个令人扼腕的转折。公元1345年，蒙古人围困了黑海边的卡法城，城中人民坚决不投降，双方僵持不下。蒙古人于是祭出了最后一招，他们把帐下得了骇人怪病而死的将士的尸体攒在一起，用抛射器投掷到卡法城内。即便如此，卡法人还是没有屈服，蒙古人只得悻悻离开。

卡法城内的生活似乎回到了正轨，商人装货上船，远航意大利继续做生意，但这些商船上难免藏有老鼠。在西西里岛的一个城镇停泊卸货时，老鼠纷纷逃窜上岸，身上携带着感染了鼠疫病菌的跳蚤。鼠疫病菌来到欧洲，就又到了一大片有易感宿主的土地，而这一次的易感宿主不是别的动物，恰恰是人。于是，被称为"黑死病"的鼠疫像海啸般席卷了欧洲，时而大流行，时而暂时消退，每十年左右就卷土重来一次。短短几十年，黑死病就造成了欧洲至少三分之一人口的死亡。在14世纪，面临着这场恐怖瘟疫，人们无疑会觉得世界末日已经到来。

其实瘟疫在历史上并不罕见，不少疾病和瘟疫都改变了历史的进程，而且并非每次都是鼠疫。《圣经》中记录的瘟疫可能是伤寒，罗马衰落也有部分原因可能是疟疾流行，曾在查士丁尼时代的拜占庭肆虐的或许是天花，而穆斯林在公元7世纪能所向披靡地扩张可能是因为某种至今不清楚的疫病已经替他们扫平了道路……不过，欧洲黑死病是截至当时历史上破坏性最强、后果最严重的瘟疫，其背后的原因竟然是蒙古人让欧亚大陆的交通联系变得空前发达。但在当时，应该没有哪个欧洲人能把蒙古的扩张和黑死病联系起来。

黑死病夺去了很多人的生命，但活下来的人却因此改善了生活。因为瘟疫不像战争，它使人口减少但不摧毁已有的设施，道路、房屋、水渠等等并不受破坏。事实上，人口的锐减也引起了一些社会变化。黑死病流行之前，封建庄园主越来越多地使用临时雇工而少用庄园农奴，借此节约开支。读者应该能想到，瘟疫之后全欧洲三分之一（甚至更多）的人口死去，庄园主面临着劳动力短缺，佃农的议价能力前所未有地提高了。劳动工资上涨，农民也开始外出寻找更好的机会。这样的人口流动从罗马帝国的戴克里先皇帝时代起就一直是非法的，但现在庄园主们再也无力阻挡。

黑死病大流行时到处都有人死去，这让女性也有机会担当起一些权力角色，但没有持续太久，父权社会的传统就恢复了。黑死病一过，不少女性继承了亡夫的田产，还有人一并继承了其夫在外的商业经营，自己掌握手艺的妇女（当时封建庄园很多手工生产由妇女承担）也能把自己的产品拿到市场上售卖。女性开始接受此前闻所未闻的新思潮，有人甚至大胆主张不婚对女性更好，因为不结婚才能真正掌控自己的命运。在此之前，没成家的妇女根本没有"自己的命运"，男性主宰着社会，把持着经济活动，那些有点想法而不愿结婚的女性往往沦为了乞丐、妓女，或者早早死去。

瘟疫结束后的欧洲是世界上格局最不稳定的社会。黑死病流行期间，严密自治、城墙高筑的城镇成了一种新的社会单元。城镇本在贸易中产生，现在则有了政治权力的含义。至此，欧洲的士兵、朝圣者、生意人等已经向地中海东岸各地区的市场流动有二百多年了。拜蒙古帝国所赐，这些市场的商品空前丰富，有些来自波斯、阿富汗和欧亚北方草原，有些来自更远的印度、东南亚"香料群岛"和中国。只要是商人、士兵和迁徙者大量流动的地方，商品、思想以及发明创造就会大量涌现。在这个意义上，蒙古人其实完成了十字军未竟的事业。地中海东岸的诸多文化星群之间自古就交往频密，形成了庞大的交流网络，现在，欧洲也加入这个网络中来了。

14. 欧洲与十字军东渐

1100 年—1500 年

笔者用"十字军东征"指公元 1095 年至 1272 年十字军的每一次军事远征（共九次），但其实这些远征是一个更大的历史进程的一部分，因此我们可以把九次十字军东征整体合称为"十字军东渐"①，这其实是两大世界历史单子在五百多年间沿着数千英里交界线邂逅交往的过程。这条交界线西起西班牙中部，经小亚细亚半岛转向红海和印度洋。在欧洲人看来，蒙古人的异军突起只是这整个

---

① 作者在原文中使用"short crusades"表示通常说的"十字军东征"，使用"long crusades"表示历次十字军东征的总和及与其相关的非军事影响，以"东征"和"东渐"分别翻译或可传达原意。——译者注

历史进程中的一个事件，甚至算不上非常重要的事件，因为蒙古人的铁蹄并没有踏入欧洲深处。欧亚大陆这个沙盘的倾斜，以及文化强势地由东转西，都是在十字军东渐期间发生的。

九次十字军东征可以简要概括成萨拉森人和法兰克人之间的对决，但"十字军东渐"则要复杂得多。军事战争当然是它的一部分，但其中相当多的战斗是为了争夺东征期间发现的资源和贸易路线，还有不少是统治各地的不同突厥部落之间以及其他穆斯林势力之间为了控制某座城镇而发生的战斗，这又往往是为了抢占与欧洲基督徒社会开展贸易的先机。因为这个时候，从欧洲迁来的基督徒不是在内斗，就是在专心地跟穆斯林做生意。

虽然欧洲人浑然不觉，蒙古的崛起还是在十字军东渐中起到了关键作用。因为蒙古人重挫了中国，击垮了罗斯，摧毁了达鲁伊斯兰，只是没有伤及基督王国。随着十字军东渐的推进，在第一次十字军东征就开始蓬勃发展的欧洲相对于东方，特别是近邻——伊斯兰世界，占据了越来越明显的优势。

发明创造

十字军东渐期间，两大文明的交界区发生了大量双向交流，成百上千的重要思想、发明、创造、技术等源源不断地流入西欧。之前我们讲过银行业的兴起、商业规矩的形成、印度数学的应用等，没提到的还有很多：火药、武器、造纸、印刷出版、医药、化学仪

器、蒸馏技术、机械钟表、齿轮机械、指南针、观象星盘、航海六
分仪、斜桅与船舵、斜挂三角帆……这些技术都是由东方传到西方
的。但在同一时期，从西方传到东方的发明创造和思想却寥寥
无几。

很多发明传到欧洲后立刻得到发展。例如火药早在唐朝的中国
就已经发明，却主要被用于制造焰火爆竹。唐朝根本用不着枪炮，
因为朝廷的政治和经济体制已经能够一统天下，即便要对战游牧民
族，需要的也是马匹而不是枪炮。后来火药传到了欧洲，就催生了
武器技术。为什么到了这里才如此呢？因为欧洲不是一个统一的帝
国，而包含很多独立自治、势均力敌又彼此争斗不休的国家（在公
元 1000 年前后，这样的国家有五百个左右）。如果哪个国家靠某种
武器占了一点上风，其他国家就会纷纷用上同样的技术，追平它的
优势。

"追平"很重要。因为随着一次次东征的结束，不少十字军士
兵从圣地返乡，其中很多人除了打打杀杀再无一技之长。当时的欧
洲缺少能让这些人派上用场的工作，因此一些东征回来的人组成了
自由连队，作为独立武装在乡里到处晃荡，没事找事，自我标榜为
"自由长矛兵"①。游手好闲久了，他们就会制造出许多麻烦。

于是，统治者们想出了一种解决办法：雇佣这些人去邻国打
仗。这样就能让自由长矛兵不在本地闯祸，而到别人的地盘上折
腾。面对蜂拥而来的自由连队，邻国统治者也雇佣他们到别的地方

---

① "free lances"，是现代英语"freelance"（自由职业）一词的来源。——译者注

去打别的仗。当时的欧洲有很多小国家，因此战事不断。这一时期在西欧历史上被称为"百年战争"。

频繁的战争推动了军事科技的快速发展。欧洲有不少石头城堡，而攻打石头城堡最能显现出火炮的威力，在城堡的映衬下，火炮越大就显得越威猛。欧洲战场上都是全副铠甲的骑士，虽然刀剑不入，却挡不住炮弹。火炮的使用让骑士成了旧时代的浪漫符号，就像今天美国西部小说中的牛仔形象。

军事科技也在一定程度上推动了社会平等，因为任何人只要有手指头就能触发引爆装置。新的武器让非近身战斗成了常态，这样一来，人头数远比肌肉块更重要。既然人头数成了胜负的关键，那么谁能召集最多的士兵、给他们配备最精良的武器并有效组织好，谁就是最厉害的军事统帅。战斗不再是武士间的单兵对决，而是军队间的对抗。行伍之中以服从军令为荣，将帅之才也以管理本领为重。

而且，既然金钱可以决定战争的胜负，最善于挣钱的人必将成为新的精英。城镇当中不断涌现的成功商人自然在此之列。另外，在这样的背景下，大批手工匠人开始埋头研究如何造出更好的枪，再把自己的发明卖给哪个大公或者国王。在市场力量开始无孔不入的社会里，谁能造出更好的枪，谁就能赚到大笔的钱。

另一个意义重大、堪比枪支的发明是钟表。一个中国和尚发明的三层机械计时器应该算是世界上第一座机械钟。这座钟体量巨大，有一幢小楼高，由水流推动轮轴再驱动转轮，整座装置每隔一定时间就鸣响一次。但中国人其实不大用得上钟表，他们对计时并无太大的兴趣，不需要关心具体时间是 3∶16 还是 3∶42，生活在农耕社会中的中国人更关心的是距离下一次春分还有多少天。三层机械计时器的报时功能对记载历法并无助益，所以只被视作讨巧的玩物而已。

机械钟表的概念后来传到了伊斯兰社会，但在那里也没什么发展，可能因为伊斯兰的社会星群中以祷告时间为时间的根本标度，而经典中又明确指出祷告时间要依太阳方位确定。如此一来，钟表反而会干扰他们在日常生活中的时间概念，并可能会左右祷告的时间，因此必然不受欢迎。

后来，机械钟表传到了欧洲。这里的手艺匠人对改进钟表乐此不疲，他们找到了不用水流也能驱动钟表的方法：使用钟摆或弹簧发条。于是钟表成了能手动使其运转的装置，不再需要依靠自然界的力量驱动，就能量度时间这个无法通过感官确知的量。这之前的计时器（例如日晷）都是靠自然现象计时，辨别时间最终要以太阳方位来推断。在这样的计时体系下，"一天"没有绝对的长度——冬天短，夏天长，而且时间是不能脱离空间的，不同的两地日落不在同时，时间对每个人是各不相同的。而机械钟表将时间体现成了难以言喻、超于物外的某种流逝，不分地点，恒速向前。此外，欧洲的钟表匠们还在探索怎样把钟表造得更小，小到能安装到教堂钟楼上，让周边的人能随时看到时间。这个想法实现了之后，一个地区的所有人都生活在相同的时间标度中，人们就能以钟表时间为准联络起来。

而在穆斯林手艺匠人那里，中国钟表引人入胜的并不是它的计时功能，而是驱动钟表的机关。用好齿轮就能将自然之力为人所用，这倒是新奇。于是伊斯兰世界的工匠们开始琢磨利用自然力量驱动机关还能做些什么。他们发明了复杂的风车用以磨面和提水，这种风力驱动装置传到了穆斯林统治的西班牙，再从那里传到了天主教的欧洲。穆斯林对风车的钻研改良还产生了许多看似不起眼但实际意义重大的发明创造，例如曲轴、凸轮轴、横拉杆、飞轮等等，这些也随风车一道传入了欧洲。

在伊斯兰世界，这些机械装置并没有导致具体的重大社会变革。这可能是因为人们没什么动力把钟表装置应用到工业生产中。在众多小作坊里，生产已经十分发达，机械辅助人工生产产生的收益可能还不足以吸引人们去投资置办它。因此，能工巧匠们大多只是将钟表改造成富裕精英喜欢的奇巧玩具，比如其中一种有五个机械小人组成乐队表演，还有一种配有听令就能出来倒茶的机械女仆，还有一种是能冲洗脸盆的，很奇怪当时为什么没有更进一步发明冲水马桶。而机械装置的思维传到欧洲后引起了很大的轰动，我们后文还要详说。

这一时期影响最深远的技术进步发生在书籍方面。在十字军东渐之前，欧洲大部分书都印在牛皮纸上。牛皮纸是将牛皮拉长、刮薄制成，加工难度大、成本高，这也造成欧洲刊印的书籍数量非常有限。而中国人很早以前就发明了造纸术，相传穆斯林在公元9世纪的一次胜仗中顺便学到了造纸术，推动了达鲁伊斯兰各地的书籍出版。但欧洲在公元12世纪造纸术传入以前，一直处于几乎无书可看的局面。

　　此时的中国，不仅发明了印刷术，还有了活字印刷。但是活字印刷在中国产生的影响有限，因为中文不是字母文字，要用活字系统排印出一部书需要制作几千个活字印模，还不如手工誊抄来得省力。活字印刷在伊斯兰世界也没引起人们太大的兴趣，因为虽然阿拉伯文是字母文字，但拼写起来十分复杂：有些字母可以与其他连写而另一些不可以，连写的时候还会有字形变化，而且如何变化取决于字母在词头、词尾还是中间，最终还是要因词而异。

　　相比之下，欧洲使用的拉丁文只有二十六个不变的独立字母（大写字母是后来才有的）。因此，活字印刷在欧洲可以大大简化誊抄书籍的工作。只需要准备好一套二十六个字母的铅字，印刷商就可以组合出拉丁文的任何一个单词。

　　到这里，就只剩下一项工作即用印模在纸上印刷出图样。公元1440 年左右，日耳曼金匠约翰内斯·谷登堡（Johannes Gutenberg）改良了制作葡萄酒的榨汁器（榨汁器是由制作橄榄油的榨油器改良而来，榨油器又脱胎于阿基米德在公元前 3 世纪发明的螺旋提水器），研究出了能实现这项工作的装置。谷登堡有了全套印模之后，就可以开始印书了。但是刚出版了两本书，他那寡廉鲜耻的所谓"商业伙伴"雅各·门兹（Jacob Mentz）就攫取了这套发明的成果并大肆牟利，而谷登堡最后双目失明，郁郁而终。不过，谷登堡出版的两本书都有非凡的意义，它们分别是《圣咏集》和《圣经》。

　　下面，我们再说说航海。中国人掌握了很多航海技术，这些技术传到东南亚后得到了进一步发展。中国和澳大利亚之间两百多万平方英里的区域，分布着两万五千多个岛屿。在距离不远的两岛之间渡海本不困难，但要应对多变的洋流和风向，马来人想出了给船头和船尾的桅帆装上转向扣的办法，让两个帆的方向都可以调节，从而可以利用任何方向上的风力。靠着双桅帆转向的组合，马来人就不用担心风朝哪边吹，只要操纵好顺风转向，曲折前进总能驶往任何想去的方向。

马来人的船帆远远看去像三角形，受此视觉错位的启发，附近地区的水手研究出了斜挂三角帆，取得了和马来人早期在桅帆上使用转向扣同样的航行效果。马来东边的波利尼西亚人发明了一种三角帆，西边的印度人、阿拉伯人、波斯人则造出了另一种。

中国人还发明了指南针，这个发明从中国传到了东南亚的水手中，继而传给了频繁往来印度洋和红海的穆斯林和印度商人。穆斯林学者撰文分析了指南针工作的原理，写出了制造手册。之后，指南针从红海经地中海一直传播到了西欧大西洋沿岸。

虽然欧洲人了解这些航海设备的功用，但没有多少人愿意购买。因为在地中海上航行并不困难，只要能看到日落就知道哪边是西，即使风向不对还可以靠人力划桨。腓尼基人、希腊人、罗马人都是靠着船桨和方形横帆开拓海疆的。当年维京人抵达冰岛和格陵兰也是用同样的方法，无非多借助了日光石[13]。但是，在风暴频发的大西洋上，欧洲水手们只能近岸航行，保证自己随时能看见陆地，否则就会找不到北。到了 14 世纪，他们用上了指南针，从此迎来了巨大的变革。

在中国的航海发明传到欧洲的过程中，伊斯兰世界起了至关重要的作用。伊斯兰商人特别关注方向识别，因为教义要求每天要有五次停下手上的一切，朝麦加方向做祷告。这给行走在沙漠和海洋中的长途贸易商人带来了很大的挑战，每天需要五次辨别麦加究竟在哪个方向。行旅人不能仅靠太阳方位和星象去推算，因为这不是简单的找北问题。如果从麦加出发向南走，那么麦加在北方；如果向西，麦加就在东边。但如果走的是曲折路线，就不好辨别了。观象星盘能告诉行旅人当下位置与此前到过位置的相对关系，这样不管走出多远，途中转向多少次，总是可以知道自己在地球上的具体位置。可一旦到了海上，星盘的作用就很有限，于是频繁往来季风气候地带的商人更依赖指南针。穆斯林非常重视星盘、指南针等其他一切跟地图有关的技术发明，这是非常合情合理的，毕竟这是一个热衷地理的文明。

同样道理，航海领域的各项发明深深地吸引了欧洲西海岸的人们。他们向西望去，是没人探索过的大洋；向南眺望，也是自古有去无回的海域。这个时候的欧洲，很多跃跃欲试的老水手都想出海远行，不过空有一身胆量还不足以让他们走向近在眼前的大洋，还得有更好的工具。十字军东渐让达鲁伊斯兰和基督王国的交往更加频密，西欧人也终于找到了好用的工具。

大学

公元 8 世纪，穆斯林曾在西班牙南部建立过一个哈里发国，并宣称是唯一的哈里发国，因为哈里发国本应只有一个。自那以后王朝起落更迭，到公元 1100 年时西班牙哈里发国仍然存在，国都科尔多瓦在规模、财富、活力、文化水平、知识成就等方面都稳居当时世界的前三位。科尔多瓦的图书馆中藏有各种文化的书籍。当时的穆斯林学者都以翻译为核心技能，因此附近的托雷多成了世界翻译之都，穆斯林学者们在这里把穆斯林到访之处的各类经典大量地译成阿拉伯文，其中包括古希腊的著作。同样在托雷多，学者们还将阿拉伯文的译本再翻译成拉丁文。虽然基督徒与穆斯林之间征战不断，但有些基督徒还是会到托雷多这样的地方来购物或观光，所以就有人从这里带回希腊著作的阿拉伯文译本的拉丁语转译本。

而在欧洲，修道院一直是学者们一心向往的地方，修士一般都能识文断字，工作内容也包括誊写书籍。当地虽然有日常交流的方言，但修士们仍坚持用拉丁语交流，他们相信拉丁语是上帝使用的语言，希望用拉丁语做的祈祷能让上帝听到。他们研究西塞罗（Cicero）的演讲，不是为了学习内容，而是为了学习拉丁文，因为这些演讲是最好的拉丁文语法范本。

每从西班牙回来的人手上得到阿拉伯文文献的拉丁文译本，修士们就把它收藏进图书馆。有学识的人听说图书馆里有了什么藏书，便会不辞辛苦地行远路来修道院阅读。有些人索性在修道院周围住下来，以便潜心读书。对同一本书的内容感兴趣的人们会慕名而来，不仅为了阅读，也为了来听听饱学之士的高见。如此一来，在藏书丰富的修道院周围形成了阅读、学习和学术讨论的群体。

这个过程很像伊斯兰社会中宗教学校的产生过程。在那里，钻研重要宗教经典的人逐渐成为学术泰斗，进而有其他人慕名前来学习，这些人饱学成名之后又会吸引更多的人前来。伊斯兰的宗教学校有一项创举是世界知识界独有的，那就是学位。德高望重的学者对学生进行测试，认为其学问达到一定层次，就会颁发文凭，证明他们具有就宗教问题发表观点的权威。

这种文凭在伊斯兰世界非常重要。伊斯兰教法是伊斯兰世界法度的大厦，被视为社会的基石。这座大厦的结构骨架由经文搭建，其上的每一块砖瓦都来自法特瓦（fatwa），即有资质的学者做出的判例。每个法特瓦都会成为教法的一部分，后来的学者就新问题提出意见时要以此为参考。新的法特瓦必须与过往的法特瓦相符合，判例一旦做出并被学者共同认可，未来的所有判决意见就必须与之相符合。因此，学者提出并认可法特瓦要有十足的把握，因为它将构成整个文明的基础。

但是判决由什么人来做呢？伊斯兰世界中没有正式的权威机制，没有主教、教皇，也没有谁能规定哪个人有做判决的权威。在这样的背景下，"大学"出现了。每个"大学"中都有一众专家学究，有很多求知若渴的学人，有固定的课程安排及学习内容，目的是让学生能阅读及评述经典，传承本文化的知识传统。要进入这个课程，学生首先要上预科课程，包括阅读、写作、传统阿拉伯文文法、历史以及圣训考据，即专门考证被称为穆罕默德言论的内容哪些是真实的，哪些是杜撰的。

基督教的欧洲没有发展像伊斯兰一样的教法，但是"大学"作为一种思想星群即使到了异国他乡也能成立。于是，"大学"的概念在欧洲落地生根，其基本构成要素都是从伊斯兰教法借鉴而来的。在十字军东渐时代，欧洲学者们认为有四个学科值得学习：神学、哲学、医药以及（教会的）法律。跟伊斯兰世界一样，负笈求知的学生在进入任何一门学科学习之前必须证明自己具有学习的能力，否则将是浪费大学问家的时间。欧洲的预科包括七门课程：文法、逻辑、修辞、算术、几何、音乐、天文。完成了这七门预科学业的学生会得到一张证书，拉丁文称为"baccalaureate"，意为"开始做事者"，这代表他们可以开始学业了。如今"baccalaureate"这个称谓仍然离我们不远，英文词中现代大学的学士学位"bachelor"即由此而来。

欧洲最早的大学出现在意大利的那不勒斯和博洛尼亚以及法国巴黎，不久后又出现在英国牛津。后来，一众牛津学者离校出走，在剑桥成立了自己的大学。再过不久，欧洲各地纷纷出现了大学。

在大学中教授课程的人叫作"schoolmen"，拉丁原文是"scholastics"。最早的教授几乎都是修士，其中最杰出的一位托马斯·阿奎纳（Thomas Aquinas）生于成吉思汗行将去世的时代，卒于蒙古人占领中国改朝换代之际。在西方，当时正是第八次十字军东征刚刚成气候之时。随着希腊、阿拉伯、波斯等思想渗透到西欧的大学中，哲学备受推崇——此时的哲学指的还是对宗教教义的深入思考。穆斯林哲学家们已经在这个方向上开了个头，他们认定经典所言皆为公理，笃信真主创造万物且智慧理性，伊斯兰古典时代（哈里发国时期）的穆斯林思想家都以此为基础不懈探究宗教教义、自然现象和亚里士多德逻辑论三者之间的关系。所有大学教士研究的几乎都是同样的课题，只是把实际观察到的不同现象匹配到不同的先哲论断上去。

　　同一时期，欧洲基督徒也在钻研自己的历史，寄希望于找到能引以为豪的辉煌过往，为此，他们开始关注基督教出现之前几百年的历史。在蓬勃兴起的大学中，教士学者们把古希腊文献作为正统的学习对象，这并不是因为他们觉得宙斯比耶稣地位更高，他们眼中人生的终极目标仍是争取死后进入天堂。不过，他们也看到了古希腊文化中对当下仍有启迪意义的内容。

　　希腊-罗马叙事中的一些元素一直没有从天主教的概念体系中消失。在古罗马和古希腊文化中，世界由截然分开的人、神两界构成，天主教也接受这种二分法，但认为只有神的世界才有意义，即只有死后的归宿才是意义所在。

　　在希腊-罗马叙事回归现实视野后，欧洲学者们也开始关注二分世界中的另一半，开始脱离"救赎"的想法思索自然世界本身。教士们在吸收从达鲁斯兰传来的学识的同时，开始了这个方向的研究。他们最初的主张只是说上帝是理性的，人们能以理性去探索、理解上帝造物之谜，理性的推导不违背任何戒律。他们此时还没有意识到，这实际上打开了探索世俗课题的大门。

　　巴黎大学的一名教士大阿尔伯特（Albertus Magnus）自从在穆斯林那里学到了炼金术后就沉迷此道，并通过实验铺就了炼金术发展为化学科学的道路。他采用的方法是做实验，记录现象和结果，再做更多实验（在不断尝试的过程中，他还写了一部颇有影响的关于如何改进火药制造的专著）。

　　与大阿尔伯特同时代的罗杰·培根（Roger Bacon）也是一位

教士，同样在大学里教课，同样喜欢魔术和炼金术中的奇妙变化。他曾问过一个前无古人的问题：如何判断一个信息真实与否？这真是个常问常新的好问题。传统经验是这样说的：先去查经书，凡是与经书相抵触的就是假的。如果过得了经书这一关，再拿亚里士多德的标尺衡量一下逻辑上是否成立。如果这关通不过，也不是真的。而培根却大胆指出，合理的不一定总是真实的。他提出判断命题真伪的三步法：假设-实验-持续观察，以此构建了一种不用求问上帝就能获得关于世界的真实知识的方法。培根的主张并不是否定上帝，只是没有提到上帝。然而，能忽略上帝而进行思考，这是迈出了革命性的一步。就这样，培根不声不响地论证了希腊-罗马叙事的一个核心特征，即世间一切并非都与神有关，神界之外还有其他。

大阿尔伯特最杰出的学生就是托马斯·阿奎纳，他因为用亚里士多德的逻辑证明了上帝的存在而成就了不朽之名。往回推几百年，如果跟一个欧洲基督徒说，上帝的存在竟然需要证明，他们会哑然失笑，觉得有辱神明。阿奎纳、培根、大阿尔伯特和那个时代的人民大众一样，都笃信一切始于上帝，上帝居万物之上。他们并非怀疑上帝，只是提出了一种问答问题的逻辑，从物质世界的问题引出物质世界的答案，无须求诸经书。当时，他们觉得在天主教的框架中做这样的探索没有什么问题，只是给这个思想星群增添了一些星星，让整个图景更加丰满了。

不过，问问题的视角决定了答案的方向。古埃及人把人画成抽象的图形，并不是说他们没有清楚地看过人的真正外貌，而是他们不关注真实外貌如何表现，因为脑子里已经有了固定的印象。拜占庭艺术家用复杂的马赛克拼贴创作耶稣圣像，使用黄金形成平面闪耀的效果，并不是因为他们不知道怎样体现立体景深，而是他们根本不追求景深，要重点表达的是灵魂层面的精神世界。同样，在唐代的中国，山水画家追求的也不是足以乱真的写实绘画效果，而是要通过美术激发人们对安详、宁静、和谐的涅槃境界的追求。

在 15 世纪的意大利乃至整个欧洲，受到大学里教士们的启迪，艺术家们开始探索另一个问题。教士们解释了上帝以外的某些存在，艺术家们很好奇到底有些什么存在。为了弄清楚这个问题，他们开始探究如何以客观的方式复现物质世界的真实：怎样用颜料表现景深和光影效果，才能让画上的帘帐有跟现实一样的质感，让人体画的结构比例与真人一致，表现出肌肉紧绷时的饱满等等。在这个过程中出现了一批名作，如米开朗琪罗（Michelangelo）的雕像作品《摩西像》。这曾让教皇感到不安，他觉得雕像太过逼真，可能有损上帝的威严。

列奥纳多·达·芬奇（Leonardo da Vinci）则开始解剖尸体，研究人体内部结构如何决定了人的体型身材。达·芬奇的工作多是反映资助他研究之人的现实需求，其中最突出的是战争需求，因此他通过研究物理发明了更好的攻城机械等。达·芬奇的课题没有被当作异端，因为他没有主张另外的崇拜，只是展现出上帝以外的其他可供思考的现实。他的工作揭示了客观世界的存在，而了解客观世界的办法是去接触真实的物质。想要造出更好的攻城机械？那就算算在给定的火药量下炮弹能打出多远。想要清楚地观察骨折的情况？那就剖开体表组织看看体内的构造和器官分布。达·芬奇的好奇探索精神让他专注于分析观察，这是现代科学的基本特征。

　　起初，教堂中的神父们没有完全理解达·芬奇这类人的所作所为将带来什么影响，没意识到人们谈论上帝以外的事物会最终得出结论说存在一个上帝以外的世界，也没想过与《圣经》无关的讨论将点燃一种熄灭已久的叙事的星火。人们重拾古地中海文明的思维，又想起了凡人和神界共同构成的自然世界。当年正是这种世界观构成了整个希腊文明星群的意义基础。神父们此时还毫无察觉，想不到就在教堂之内，正孕育着对封建天主教社会的巨大威胁。

　　达·芬奇这样的早期科学家之所以能构成威胁，是因为人们一旦深钻客观现象，就会注意到有些细节按传统说法是无法自圆其说的。例如，夜空中的繁星为什么会出现不规律的移动。从古至今，每个文明都以宗教般的热情研究星象天文，一个社会对于星辰天象的认知能反映出赋予这个社会意义的叙事。

　　封建时期欧洲使用的星图是由公元 2 世纪的数学家"亚历山大的托勒密"（Ptolemy of Alexandria）依据古希腊哲学家柏拉图的学说绘制的。柏拉图认为天上的繁星点点是诸多天体排列在地球周围一个看不见的水晶穹顶上。穹顶在转动，所以星星也会随季节变化而移动，当它们回到原位时，整一年就过去了。

　　这听起来很有道理，不过存在一个问题：并非所有星星都严格按直线移动。柏拉图的解释是，假想每个不规则运动的星星都附属于某个看不见的小轮盘，这些小轮盘又都在绕地球转动的大水晶穹顶之上。穹顶转动的同时，每个小轮盘也在绕自己的轴转动。从人的视角观察，这些星星就好像在做不规则运动。但如果对星象有深入了解，把这些看不见的"天球"想象出来，就会发现没有不规则的例外，所有天体运动都符合精密的数学规律，都组成完美的圆形。必定是这样，因为上帝不会创造不完美的宇宙。

柏拉图的学说让托勒密和其他早期天文学者不仅能预测星体的运动轨迹，还能绘出相应的无形"天球"，解释天体运动规律。但这个学说的问题在于它不能解释人类观察到的所有天体的所有运动。偶尔有不符合规律的情况，学者们就得补上一些天球，并且解释一番：部分天体处在小轮盘上，小轮盘附属于大一些的轮盘，大轮盘又附着在更大的天球上。每次发现例外，就要加上一层轮盘。所以到了此时，托勒密对夜空星象的解释已经发展成了非常复杂的轮盘和天球体系。人们对此不会质疑，因为这套体系几乎是完美的。只是，还总差那么一点。

笃信封建天主教叙事的欧洲人毫不怀疑数学之美是上帝的关键特质之一，这甚至成了教士们的一种信仰。人类可能难以靠感官体会到上帝造物的隐秘规律，但是靠理性思考能够领悟。在纷繁复杂的外物当中追寻自然的规律，这是在接近上帝的思想，是肯定没错的。只是，这种追寻很快衍生出了出人意料的重大影响。

"欧洲"的概念

最早的十字军来自法兰西，所以黎凡特地区的穆斯林把所有十字军士兵都称为"法兰克"，而十字军也同样以一个词统称全部敌人，即"萨拉森人"。穆斯林觉得以一个词笼统称呼入侵者是对他们的一种轻蔑，而在欧洲人看来，反正都是些蟊贼，何苦还要区分贼甲和贼乙？何况以笼统称呼指代敌人有另外的意义——帮助人们形成"一个外敌"的认识。

在封建时代的欧洲，每个地区各自为政，没人把自己看作"欧洲人"。这就好像你我都生活在银河系中，但不会说自己是"银河系人"。但十字军东渐让欧洲基督徒们开始意识到他们具有某种共同身份，即某个社会整体的一分子。随着越来越多的基督徒前往圣地，途中遇到来自五湖四海、背景各异的人，他们发现一个共同点：大家都往一处去，都是自己人！但说到"自己人"，就得至少有另外一方是"他者"。"自己"与"他者"越是截然分明，欧洲人内部的身份认同就越强。他们不用参加十字军的圣战，就能在其中感到主人翁的自豪，正像一支球队获胜后，根本没上场比赛的球迷也会欢呼雀跃。他们中只有很少的人真正去了东方打仗，但每个人都知道东方前线有战事。因此，十字军东渐促进了"欧洲"概念的形成，不同民族的欧洲人都认识到自己不属于"他者"，于是对整体社会的认同感更强烈了。至此，一个新的社会星群形成了。

既然欧洲人通过强调"他者"或"异端"形成了身份认同，就要铲除一切异端的痕迹才会踏实。因此不难理解在穆斯林收复黎凡特之后，十字军运动没有停止，而是转向欧洲内部兴风作浪。公元1231年，天主教廷成立了一个新的司法机构"宗教裁判所"，开始在基督王国内排查异教的蛛丝马迹。很快，宗教裁判所就在法国发现了两个有损宗教纯洁性的运动：阿尔比派运动和瓦勒度派运动。这两个宗教复兴运动主张基督徒的生活应该以安贫乐道、自知自省为要义，这让那些惯于奢华享乐的主教们坐不住了。法兰西皇帝仗着有宗教裁判所撑腰，对这两个教派发起了十字军剿灭，结果瓦勒度派遭受重创，阿尔比派则彻底灭亡。

　　这以后，宗教裁判所又提出巫术是对宗教的玷污。在接下来的几百年里，宗教裁判所抓捕了几万名女巫，把她们绑在木桩上活活烧死，其中大多是上了年纪又未婚或者丧夫的妇女。宗教裁判所逼迫被抓的女巫检举其他女巫，这样灭巫行动就永远不愁女巫会被杀绝了。应该被剿灭的对象一定不能越来越少，因为新生的社会星群需要以剿灭女巫为自己张目。在欧洲北部，条顿骑士团对波罗的海周边的异教部族也开展了十字军行动，誓将异教徒从欧洲清除，并成立自己的新王国"普鲁士国"。

　　欧洲社会中还有另一类"异端"：犹太人。他们自罗马时代起就形成了散落在整个欧洲的若干小社群。很久以前，在基督教的合法地位得到提升和巩固的同时，犹太人的地位遭到了贬低。他们被施以种种限制，包括禁止拥有土地，这就把他们拦在了后来形成的封建经济体制之外。很多犹太人为了谋生，只好当起游商小贩。

　　到了十字军时代，基督王国的政治领袖们又利用起犹太人来实现另一个目的。天主教教义禁止信徒之间做有息借贷，犹太教也对信徒有类似的规约，但这不妨碍两教信徒都可以向教外之人借贷。在当时的欧洲，几乎每个人都是基督徒，找不到什么教外之人能借进借出。这就给犹太人创造了一个做借贷生意的独特空间，因为他们在外碰到的每个人都可能成为生意上的顾客。

英格兰国王把这种情形利用得更加充分，主动培育起犹太人的借贷生意。因为经济发展需要信贷，而犹太人出面搞借贷能省去基督徒的尴尬。国王需要钱时，就从犹太放贷人那里或缴或罚地攫取。为了满足国王的要求，犹太人必须按期收回还款。实际上，英格兰国王是把犹太放贷人当作一种间接征税的工具，同时还把征税所必然招致的仇恨转嫁到了犹太人这个特征鲜明的少数异族群体身上。

欧洲愈演愈烈的异端清理潮流很快把犹太人置于危险境地。公元 1290 年，社会上开始流传一种民粹主义谣言，说犹太人在逾越节上要吃基督徒的小孩。后来，所有犹太人都被驱逐出了英格兰，其中不少移居到西班牙和法国，却在那里遭受了更多迫害。

直到 15 世纪末，西欧人还是按十字军时代的二元世界观认识世界：一边是基督王国，另一边是"异端"。对基督王国的任何一个国王来说，最伟大的事业就是将异端驱逐出去。但是东方战场的实际情形却不容乐观，萨拉森人不但夺回了耶路撒冷，还重占了整个黎凡特地区。公元 1453 年，在奥斯曼土耳其人的率领下，萨拉森人竟然占领了君士坦丁堡。是可忍，孰不可忍？

此时的基督王国太需要打一场胜仗了，也终于赢下了一场。不过这次的决定性胜利不是发生在东方战场，而是在欧洲的伊比利亚半岛。西班牙的几任基督教国王在过去几百年间一直在发动十字军战争打击半岛上的穆斯林势力，终于在著名的斐迪南（Ferdinand）国王和伊莎贝拉（Isabella）女王的率领下，取得了一场全胜。

斐迪南国王年轻时是阿拉贡的王子，可以说是全欧洲的"钻石王老五"。皇室曾给他安排了好几个公主作为政治联姻对象，但他全不同意。而卡斯提尔的伊莎贝拉公主也是备受各个皇室追捧的一枝花，她的家族也给她安排过多个王子，正当华年的公主也悉数回绝。两人为了摆脱长辈的安排，双双选择私奔——没错，是他们俩一起私奔了。本来好好的自由恋爱，却成了家族的丑事。

不过，两人的结合成了当时最成功的一桩政治联姻。两人在婚后不久便各自继承王位，卡斯提尔和阿拉贡从此结合成一股强大势力。大权在握的"双王"并肩领导了"收复失地运动"，这是十字军运动在西班牙的叫法。他们夺下了科尔多瓦、塞维利亚，最终在公元1492年收回了摩尔穆斯林在欧洲最后的领地——格拉纳达。

斐迪南和伊莎贝拉从此自封天主教君王，听起来像基督王国中仅次于教皇的领袖，这也算是实至名归，他们不但取得了十字军东渐时代最重要的胜利，还领导基督王国将清理异端的运动推向了高潮。"双王"与多明我会在当地共同设立了一个宗教裁判所的分支，这个西班牙宗教裁判所首先要清除的是伪装成基督徒的穆斯林。不过大部分穆斯林都已经逃到了非洲，因此西班牙宗教裁判所开始针对在欧洲异族特征最明显的人群：犹太人。

西班牙宗教裁判所先宣布犹太人要戴上特殊的绶带以便公众识别，随后，强迫犹太人皈依天主教。很多犹太人就范了，他们被称为"改宗者"。但是西班牙宗教裁判所的目标是巩固西班牙天主教社会的团结与身份认同，西班牙要当天主教宗教大业的先锋，就需要一个长久存在的异端，因为这样才能把人们号召、调动起来。因此，仅靠改信宗教就能洗清犹太人的异端身份，是不被接受的。宗教裁判所把"犹太"作为一个与宗教信仰和民族成分无关的概念提出，在这个新说法中，"犹太"成了一种无法通过改信宗教而洗脱的先天本质，就像人的身高不能靠自己说矮就当真会变矮。如果犹太人和基督徒结婚，那么犹太血统会被稀释，孩子只算半个犹太人；这个孩子再和基督徒结婚生下的后代犹太血统就更少，相应的比例都能算得出来。西班牙宗教裁判所还定下指标，规定"犹太血统"达到多少比例的人是犹太人。最积极主张这种基于血统出身搞种族歧视的人是公元 1482 年被任命为西班牙宗教裁判所大法官的托尔克马达（Torquemada），不过讽刺的是，他自己祖上就有犹太改宗者，只是恰好相隔够远，让他勉强不算犹太人，但他反而去迫害别人。

15. 复兴叙事

1300 年—1600 年

　　蒙古人虽然摧毁了大量城市，屠戮了大量人口，却没能抹去那些被征服民族的主体叙事而取而代之。相反，在蒙古帝国巅峰时代之后不过五十年，蒙古民族就淡出了历史舞台，不再是世界上一个强势的文化要素。在蒙古人征服过的土地上，人们开始重寻被中断的历史。蒙古人的控制稍一减弱，蒙古入侵以前的诸多主体叙事不仅重新出现，还变得更加强大和丰富了。

　　蒙古人允许被征服民族按其本身的意愿和方式信仰和崇拜，史学界往往对蒙古人的这种宗教宽容赞赏有加。历史上，蒙古统治者甚至还召集各宗教中德高望重的领袖到朝廷上阐述本教信仰，意图拥立其中一种。

　　但是，"宗教宽容"的说法也许并不准确。我认为，蒙古人之所以积极了解其他民族的宗教，可能也是因为在大举扩张以后，自己本来的宗教已经不再适合统治辽阔的疆土。在对外征伐以前，蒙古人信仰泛灵论宗教，这在亚洲北部的草原游牧文明中非常普遍。这类信仰认为自然界的万物都寄寓着精神灵魂，整个自然界在某种意义上都是有生命的，其宗教习俗更注重健康，而不关注道义。泛灵论宗教认为霉运是人与周遭世界的关系出了问题而招致的，通过某些精神仪式能帮助人们重建与自然世界的和谐联系。在北美的狩猎采集部落中应该也有过相似的信仰，这种认识世界的方式在游牧民族的社会星群中应该很受欢迎，因为这很符合他们日常与自然打交道的经验。相比之下，城市居民日常接触的主要是其他居民，因此其信仰需要解决的问题是人口稠密地区的人际互动和摩擦。

　　不管蒙古人曾经的信仰如何，这套信仰体系没能流传开来。当蒙古人不再单是草原游牧民族，而成为庞大城市文明体系的主宰后，原有的信仰体系不再有被广泛认可的意义。随着蒙古帝国由盛转衰，各地各民族相对于侵略者加强了内部团结，更巩固了自我身份认同。

罗斯的重生

　　征服了罗斯的蒙古人自称"金帐汗"，但被当地人叫作"鞑靼"。鞑靼人对当地人采取怀柔共处的政策，只要能按时纳贡便相安无事。并且，鞑靼人不亲自去征租收贡，而是把这项任务交给罗斯当地的买办，自己对被统治的臣民既无作为，也没有作为的意愿。因此，蒙古的文化元素没有渗透到罗斯的文化中，反而是早期从拜占庭那里借鉴来的叙事逐渐得到了传播。

蒙古人初到罗斯时，这个社会星群正逐渐担当起斯拉夫人领头羊的角色，将希腊东正教认作本民族宗教。当时，他们仍自认是辉煌的拜占庭帝国流落在乡野的小兄弟。在鞑靼人的统治下，斯拉夫人与东正教的联系更加紧密。蒙古人视罗斯的政治领袖为威胁并加以打击钳制，但对东正教会则很温和，认为教会有益无害，有助于麻痹被征服的民众，不知不觉间助推了东正教在罗斯的发展。由此，当地民众在未形成一国国民的概念之前，先形成了东正教徒的身份认同。

同时，替蒙古人收租的罗斯买办开始中饱私囊，开始是一点点蚕食，后来甚至悉数鲸吞。蒙古朝廷要求陈述原委时，他们推三阻四，于是两者爆发了斗争。但14世纪的鞑靼人已不再是13世纪勇猛的蒙古大军，因此罗斯公国的民众成功摆脱了他们的统治。此时，公国贵族们已经积蓄了雄厚的财力，建起了繁荣的城市。莫斯科成为日渐强大的俄罗斯帝国的国都，宗教热情为民族主义推波助澜，使俄罗斯帝国不断壮大。

俄罗斯帝国民众把国都莫斯科称为"第三罗马"。第一罗马是意大利的罗马，第二罗马是希腊东正教的中心君士坦丁堡，现在莫斯科成了第三罗马。公元1453年穆斯林攻陷君士坦丁堡标志着第二罗马的灭亡，因此俄罗斯帝国民众认为，他们的都城是世界上最伟大、硕果仅存的罗马，他们的国家是唯一的基督教帝国。到此时，民众的新老身份认同聚合在一起，俄罗斯帝国开始了马不停蹄的扩张，疆土从欧陆之侧一直扩张到了太平洋之滨。

中国：前程原在历史中

在东方的中国，蒙古人来犯之前已经有了完善的主体叙事，中国人的身份认同已经发展成熟了两千多年。现在，在这个庞大的文明中，复兴成了核心要务。这里虽然曾遭蒙古的征服，中国人却没有蒙古化。恰恰相反，是蒙古人在努力适应中国历史的传统格局。他们将国号定为了汉名——元，也宣称自己承受天命。所以，反倒是蒙古人在努力自我汉化。

但这番努力的效果却不理想。蒙古人的政策必然偏重游牧，这与中国这个深度农耕文明的社会星群格格不入。蒙古人虽恢复了科举制度，借以选拔官员充实中国的传统治理体系，但心底却不信任被征服的民族，通过操纵科举让蒙古人和外族的谋士尽可能及第，而让中原汉人多数落榜。再比如，源于草原的蒙古文化不提倡洗澡，不难想象高度文明、很讲卫生的中原人对此多么难以忍受。蒙古人还恢复了原来的税收制度，但收税的人大多穿蒙古袍、说蒙古话，所以缴税并不会让人觉得有利于维护社会秩序，反而不时刺激着人们的神经，唏嘘于中华竟沦落在蛮族手中。

不消一代人的时间，对蒙古人星火燎原般的仇恨就动摇了元朝的统治根基。诸多起义队伍中最厉害的一支叫"红巾军"。这是一个秘密帮会，领袖朱元璋本是一个大字不识的放牛郎，出身农民家庭，自幼父母双亡，贫苦流离，住在收留他的寺庙后院。

朱元璋执掌红巾军后，邀来儒家学者帮衬，占领了南京城。以南京为大本营，朱元璋率军攻打元大都。公元 1368 年，红巾军起义赶走了中原最后的蒙古人，给元朝统治画上了句号。中国又回到了汉人手中，汉人皇帝朱元璋重新君临天下，定国号为明，开启了又一个真正的中华帝国时代。

中国的皇帝登基后，一般都会再定一个年号，后世对皇帝的记述也以年号指代。明朝开国皇帝朱元璋自封年号"洪武"，意为武功洪大、军威彰显。

洪武皇帝执政后，决意复兴儒家中华，形成集权的官僚统治，重建礼教有序的农耕社会。重视家庭的理念得到提倡，乡村重现和谐民风，社会各方面再次融合成了一个庞大的统一体。天下的秩序终于得以恢复，即世界的中心重回中国，皇帝稳坐中国的中心，皇帝是皇天之子[14]。

但洪武皇帝毕竟是农民出身的草民，这难免引出了一个问题：他真的是皇天之子、百姓之父吗？他的礼制真能带来天下安定的治世吗？中国历史上，从社会底层走上九五之尊的先例只有一个，即同是农民出身的汉朝开国皇帝刘邦。新皇帝要立稳身份，就不能出丝毫差错，必须把所有礼制悉数做对。如此一来，没什么文化的洪武皇帝就需要学士来辅佐，于是这些学士在朝中掌握了前所未有的大权。学士的权威来自对经典的掌握和对经验的运用，而不是对未知的探索。这些人权倾朝野，让经典之学成了谋求复兴的中国社会中的重要元素。

洪武皇帝虽然毕生依赖学士的辅佐，却非常憎恶有学识的精英，时常怀疑学士们在背后嘲笑他，所以明里擢升他们的官职，暗地里却削弱他们的权力。在此形势下，如果朝中有哪个官员非常得势，同僚都会嘱咐他小心前途，写好遗嘱。朱皇帝对自己身边的亲信也是如此，当年跟他一起打天下、扶他进金銮殿的都是些同样出身的底层人，他当皇帝后却时不时地判当年的穷兄弟杀头之罪。最初跟朱元璋共同起事的六十多人，到他驾崩时只有八人还在朝为官。

洪武皇帝也有好的一面。出身贫微的他同情农民，大幅减税，不过这也造成了后来国帑亏空。那么，国家管理和治安的成本以及更重要的军饷开支要怎么负担呢？既然年号"洪武"，总不能只养一支贫弱的军队吧？

朝中的文官帮他出了一招。他们遍览典籍得出结论，完美的儒家社会是不需要常备军的，出现危机时全民皆兵，危机解除后解甲归田，皇上授田于军丁，让其屯田自足。军丁也不用亲自耕田，雇佣佃农劳作即可。这些人平日屯田，战时参军，而不用全职当兵为业。这样一来，洪武皇帝就有了一支百万大军。这支军队受的却是农民的统领。这样的制度下产生了世袭"军户"，在欧洲语言中称作"mandarins"①。中国人就是这样求诸历史，从过往中撷取星辰

---

① 在现代英语中，这个词意为汉语普通话。——译者注

让当下的星群更加完满。

　　不过除佃农和军户以外，明朝还需要其他职业，比如开凿河渠的劳工。这些人的劳动所得怎么给付呢？学士们又想出了对策，他们认为百姓应该服务于朝廷，以利国为己任而不图个人回报，这才符合儒家的主张。因此，皇帝从百姓当中广征徭役，给他们大谈儒家的忠孝仁义，让他们以此为荣。整个明朝的社会星群就这样越来越自洽了。

　　洪武皇帝还通过组织里甲自治，节缩了不少行政治理成本。根据儒家思想，里甲制度下的良民有责任互相监督，遇有行为不端者要向朝廷举报。但是百姓为啥要心甘情愿地为皇帝做这些呢？别忘了，洪武皇帝非常残暴，在提出道德规约的同时还会以恐惧手段让人就范。用今天的话来说，他应该是个偏执狂，处处心怀猜忌，不惜一切代价去揣灭想象中的阴谋。有一次，他觉得作为百官之首的丞相要谋反，不但下旨将其赐死，还要株连灭族。仅此一案，不仅丞相一人被参谋反，前后还株连近四万人。这样的惨案在洪武年间还有多起。所以想象一下，这么一位皇帝要求百姓检举坏人，谁敢不战战兢兢地照做呢？

　　中国社会历史上有多种势力，但到了这时，中央集权再也不容撼动。洪武皇帝没有把洪大的武功用于对外扩张，而是用在了巩固内部秩序上。一旦有民间起义作乱，朝廷力量会立刻将其扑灭。明朝中国就此成为一个律法森严的专制社会。

　　其实，明朝的做法也是在重寻古代中国的社会追求，因此不难得到民众的支持。明朝接过曾遭重创的天下，亟须稳定社会。洪武皇帝誓要重建昔日中华，很多人愿意追随他，希望看到国家稳定有序，未来可期。但是洪武皇帝为实现这一目的不惜使用残暴手段，想着让百姓吃饱饭却反而让社会更加贫困了。后来的皇帝变本加厉地注重王朝的稳定统一，以此巩固社会秩序的根本。受过创伤的中华社会需要回到正轨，而"回到正轨"正是"回到过去的秩序"。因此，"复兴"这一叙事产生了重大的意义和号召力。

朱元璋死后，社会出现了短暂的动荡，但不久他的一个儿子登上皇位。新皇帝并不是太子，这违背了儒家社会的规矩，但他号称以大义为重即位掌权，年号"永乐"，意为永世安乐。明王朝渡过了第一次危机，重回发展轨道，复兴大业也继续推进。

永乐皇帝坐上父亲打下的江山君临天下，但还是总有"篡位"之嫌。要主宰复兴大业，必须向天下证明他的正统性，证明他同历代帝王一样承继了天命。于是，永乐皇帝首先下旨迁都，将前朝蒙古人的国都立为新都，定名北京。在北京城的正中心，他建起了当时世界上最精美的宫殿群——紫禁城。紫禁城占地七十二公顷，宫殿群为高墙所围合，内中布置着各种有象征意义和神话色彩的兽像，其中遍布面朝北方的青铜狮子，那是蒙古敌军可能来犯的方向，在重要的位置上还有龙的雕塑，象征帝王之气。普通老百姓是禁止进入紫禁城的，偶有外国显要人物受邀进入，得双膝双手伏地叩见皇帝。如此礼数营造的氛围让人觉得皇帝是泱泱中华大国里近乎神的存在。

15 世纪初，永乐皇帝为彰显中华复兴之势，组建了一支巨大的船队。他下令建造六十二艘当时最大的木船，辅以两百艘左右的小船，其中大船长百英尺有余，差不多相当于美国一个小街区的长度。船队搭载两万八千人，几乎形成了一座海上城市，统帅郑和身材魁梧，是穆斯林出身的宦官。公元 1405 年至 1433 年，永乐皇帝令这支船队七下西洋，经东南亚诸半岛和群岛，到达南亚港口，再往更远处航行。船队到访过波斯湾的霍尔木兹，停靠过也门，也曾派信使远赴麦加，甚至远航到非洲东海岸的肯尼亚。每到一处，郑和就拿出明朝的物产给当地统治者，并换回给明朝皇帝的异域珍奇，有长颈鹿、孔雀羽毛、麝香、犀牛角等等。从中国的视角看，外邦统治者接受了明朝皇帝的馈赠，就是认可成为大明的藩属。显然，其他国家对这种礼物交换不会如此理解。但是，自诩天朝上国的明王朝并不关心外人怎么想。

郑和率领的船队没有开展正式的贸易、征服和陆上探险。船队所到之处其实中国人早有了解，而下西洋的任务就是扬中华国威，让外夷叹服[15]。这个目的确实也达到了。亲眼见过这支壮观船队的人无不慨叹蒙古人统治中华的时代像昨夜旧梦一样一去不复返了，真正的中华帝国重登历史舞台。

到第七次航行归来之时，永乐皇帝已经去世，新皇帝不仅叫停了航船远征，还下旨拆毁船队。显然，既然四方藩邦都知道了中华居中，自己在侧，就没必要再下西洋。明朝从此开始把更多的财力物力用于浩大的内政工程。

除了兴建紫禁城，最大的工程都是修缮复建。毕竟，"复兴"是当时统领一切的主题。明朝新建的工程不多，但重建的却不少。秦始皇时代建造的夯土长城被坚固的砖石长城替代，后来有传言说这是唯一在太空中可见的人工建筑。今天人们所游览的长城，也多是明长城。

明朝还疏浚了年久失修的京杭大运河，增建了先进的船闸和其他技术设施。今天的京杭大运河仍然承担着中国南北水运的部分功能，但这条运河已经不是隋朝的老样子，而是明朝重修的水道。

自明初以来，历任皇帝都决意由朝廷统筹搞好经济。他们派遣官员到各地统收盛产之物，再按朝廷安排转销到需要的地方。这样复杂的经济流通机制需要严密有序的治国体制做支撑，而中国历朝历代均擅长此道。过去一千五百多年虽有朝代更迭，但官僚治国体制一直在发展，只是不同朝代运转的好坏、作用的大小不尽相同罢了。明朝的任务是让这套官僚治国体制再次运转良好，那就需要选拔最优秀的人来担任官员。

为此，朝廷兴办了千余所官学以培养未来的官员，每个府、州、县中至少一所。要想取得官位，必须通过朝廷组织的科举考试。自汉朝以降的每个朝代，甚至包括蒙古人统治的元朝，都采取科举考试的办法分辨良莠，擢拔人才。但是在元朝，科举成绩很大程度上取决于考生的政治关系和民族出身。明朝终结了这一乱象，推行所教即所考，各处官学教授的统一课程由文官设计、制订，并由皇帝钦批。

明朝的官学课程脱胎自成熟于宋朝又在元朝一度中断的理学。理学的核心是儒家的四书五经，包括孔孟著述和《易经》等，也包括两千年来后人的阐释解读，这套庞大的思想体系被后世称作"宋明理学"。宋明理学主张人性本善，但要靠教化培养道德，就好像有音乐天赋的人也需要后天训练才能成为音乐家。因此，教化良善之风在中国社会蔚然兴起。

后来很多思想家进一步充实了理学学说，巩固了一系列礼法规矩[16]。在理学兴盛的明朝，父亲责打儿子致死可能仅仅罚些银两，但儿子若敢在父亲脸上打一拳，恐怕罪可致死。

要想在科举考试中出人头地，必须熟习四书五经并对后人评注烂熟于心。科举考试不鼓励自己的创见，而通过严苛的评判标准来确保答卷内容的正确。离经叛道者会遭到鞭笞，情节严重者甚至会被处死。科举之难让很多心向往之的童生数十年寒窗，直到中年才参加考试。最终考取功名者也不会被委任在家乡或者有裙带关系的地方做官，这样规定的目的是在治理制度中规避亲信关系和乡党情谊。

通过这样的科举制度选拔的官员本领雷同、眼界相似，都追求同样的和谐社会，其中的人们各在其位，各司其职，而宋明理学正好为社会中每个角色都规定好了框架，官僚体制的井然有序与民间社会的和谐稳定就这样统一在了一起。

在明朝不断巩固统治的同时，一个稳定的、以理学为根基的社会终于形成，不同的社会阶层有不同的地位。其中最受轻视的就是商人，因为理学认为商人不事生产只靠倒卖获利；而受尊重的是手艺匠人，他们的手艺即使再微不足道，也创造了有用的产品；更受尊重的是农民，不过这是指有田产的军户，民以食为天，又有谁能大得过种粮食的农民呢？其实还真有，比粮食和农民更受尊崇的是饱学的官员们，他们享受最高的社会地位，因为他们是连接百姓生活与国运天命的纽带。

　　朝廷及其统治力量代表了天命，而朝廷的最高权威无疑掌控在皇帝及其家族手中。实际的统治力量分为两拨：信奉理学的文官集团和为数众多的宦官群体[17]。宦官是负责照管皇帝及其庞大后宫的官员，只有他们能近距离接触后宫妃嫔和皇帝的私人生活，所以宦官得到的信任是朝中文官难以企及的。宦官们不但贴身服侍皇帝和朝廷最核心的要员，还承担收税、监理大型工程甚至指挥军队等重任，世界上还没有哪个成规模的文明社会有类似明朝宦官的专权势力。

　　到 16 世纪中后期，"复兴"叙事在中国初现成效。农业连年丰收，百姓丰衣足食，人口总量增长了近两倍半。来自四面八方的商人云集中原，争相采购中国的茶叶和其他精美绝伦的中国商品，包括精美的漆器、玉器、丝绸服装、铜器、铁器等等。到这个时候，中国的陶瓷工艺已经相当发达。瓷器是一类轻薄又结实的陶器，匠人们在其外层施以青花釉彩，做得如珠宝般光彩照人。新的行业不断产生，新的城市纷纷涌现，旧城市也蓬勃发展。令人叹为观止的长城和大运河、庞大的文官体系、日益扩张的茶园和陶瓷作坊……这一派派景象构建起了人们想象中的中华帝国。

　　但是，诸般繁华的背后也有灰暗的一面。明朝的宫廷政治暴虐，统治者常采取残酷的手段，上层阶级生活在处处是隐忧的恐惧不安中。军户人家都希望尽快摆脱政治，回归田产，从此吟诗作画，挥毫泼墨，再续盛唐遗风。

　　明朝人高超的手工技艺让外国人钦羡不已，但明朝几百年却没有什么拿得出手的科技发明。不过人们没觉得这是什么问题，毕竟这毫不影响当时社会的繁荣。从朝廷到民间，人们更关心如何守成，而不关心创新。这样看来，《永乐大典》的编纂就不是一种偶然。这部宏大的书典共有一万一千零九十五册。你没有看错，是一万多册，不是一万多页。

在这样的环境里，创新得不到重视。既然是闻所未闻的事情就干脆别让它发生，稳定的社会才是理想的社会。因循守旧备受欢迎，扰动现状惨遭唾弃，人们的最高追求就是社会和谐。社会只要达到了和谐，就不用再求变，这就是最大的成功——谁不愿意壮年永驻呢？重回过去的巅峰成了当下最大的任务，于是中国社会不仅自成一统地向内看，而且在往回看。

中部世界：宿命的接续

到这个时期，中部世界的历史叙事还剩下最后一次冲出亚洲草原的故事未讲。游牧民族这最后一次威力爆发，就是帖木儿（Timur）率领的西征。帖木儿是突厥族裔，自称母亲一支是成吉思汗的后代。跟当年的蒙古人一样，帖木儿也在很短的时间内迅速建立起庞大的帝国。他甚至更胜一筹，击败了蒙古人从未打败过的马穆鲁克人，踏破了蒙古人未曾到达过的德里。帖木儿效仿古时阿富汗和中亚河中地区的突厥祖先，以劫掠南亚所获的财富珠宝美化帝国的城市，让传奇般辉煌的撒马尔罕和布哈拉更加熠熠生辉。他还曾计划进军明朝，但还没等到跨上马背挥军向东的那天就溘然长逝。同蒙古西进时的欧洲一样，明朝躲过了一劫。

但与成吉思汗不同的是，帖木儿的民族在他出生之前就皈依了伊斯兰教，所以帖木儿是穆斯林。他每征战一处，必先杀得敌人尸骨成堆，再跟当地的穆斯林学者和诗人坐而论道，探讨人生奥义。有一次他遇到了杰出的突尼斯历史学家、社会学奠基人之一——伊本·赫勒敦（Ibn Khaldun），被其雄辩打动，故没有继续进攻埃及便班师回朝。此时的世界，已经在发生某种莫可名状的基础性变化。

帖木儿去世后帝国很快解体，他的几代后人仍然统治了其中一部分疆土，地跨今天的伊朗和阿富汗。解体后产生的诸多帖木儿王国又由穆斯林国王统治，而且治理得不错。他们尊崇穆斯林学者、文人和艺术家，所以这一时期涌现了不少伟大的波斯语诗人，书籍装帧艺术也逐渐发展成熟。这一时期的君主没有洗劫、屠城等野蛮行为，成吉思汗和帖木儿时代草原征服者那种抑制不住的破坏冲动已经成为过去，达鲁伊斯兰正在回归，昔日文明重新兴起。

到这个时候，伊斯兰世界的自信更强了，虽然在军事上屡有败绩，穆斯林却没有改信伊斯兰教出现之前蒙古草原人信奉的天神腾格里。相反，征服了伊斯兰腹地的伊儿汗皈依了伊斯兰教，并被穆斯林文明的主体叙事同化，甚至还成了伊斯兰教神秘主义——苏非派的信徒。现在，蒙古时代显然已经终结，穆斯林终于可以重振七百多年前穆罕默德在麦地那开启的崇高事业了。

自此，与中国明朝一样，"复兴"也成了伊斯兰文明的首要追求，伊斯兰社会星群也开始了重建自我认同之路。位居印度和地中海之间的这片土地，在蒙古人撤退后于残垣断壁上崛起了三个幅员辽阔的帝国，被后世历史学家称为"三大火药帝国"。这是因为这三个帝国把火药用在了冷兵器战争中——敌人用刀剑战斧，他们直接上火枪大炮。

其中最先成立的是奥斯曼帝国，它后来入侵了欧洲。奥斯曼帝国由草原游牧突厥民族建立，当年为避蒙古战乱一路迁徙，最终到达相对安全的小亚细亚半岛。他们在那里安定下来，重操祖业靠游牧和掠夺为生，游牧以供温饱，掠夺以助享乐。这些人一路抢掠到拜占庭帝国的地盘，直奔国都君士坦丁堡，一边攻城略地，一边扎下根来。到了 14 世纪中期，他们发展成了一个新的、强大的穆斯林苏丹国。凭借宗教勇士团的强大力量，奥斯曼帝国开始西扩。这些勇士相当于当年欧洲的十字军，他们分属不同的宗教集体，以旧时苏非派中的兄弟会为组织基础。到此时，兄弟会已经不仅是军队的组织方式，行会、商会、关系网乃至国家的组织都以兄弟会为蓝本。这里我们又一次看到，复兴催生了新的事物，但其根源仍然在于对过去的虔诚坚守。

公元 1453 年，奥斯曼人夺下了君士坦丁堡，从此走上了世界舞台中央，几乎成了世界历史的主角。奥斯曼人将君士坦丁堡易名为伊斯坦布尔，以此为国都统治着强大的帝国，向西扩张至欧洲，向南经黎凡特地区远达北非，几乎吞并了沿途阿拉伯人的所有疆土。

不过，奥斯曼的东扩之路被萨非帝国阻隔了。萨非帝国起源自阿塞拜疆地区的一个苏非派兄弟会，15世纪时，这个兄弟会从宗教团体转型为军队，其领袖成立了一支叫作"红帽军"的精锐部队。领袖死后，他十二岁的儿子伊斯玛仪（Ismail）率领红帽军打了一系列战役。到1502年，伊斯玛仪占领并重建了古波斯王朝的核心疆域，包括今天的伊朗全境和部分周边地带，他在这里建立了伊斯兰的波斯王朝，一个什叶派的社会星群。什叶派此前之所以没建立过帝国，仅仅是因为自主建国的尝试均未告成功，现在萨非帝国终于建成，也复兴了他们的建国梦想。

萨非帝国东边与莫卧儿帝国接壤，在那里也出现了一个神勇的少年——巴布尔（Babur）。他出生在阿富汗以北的地区，祖上可以追溯到帖木儿和成吉思汗（不过他是成吉思汗后代的说法有攀附之嫌）。巴布尔十二岁就成了草原王，却在十四岁时丢掉了王权，之后率一小拨忠臣南下于1503年征服了喀布尔城，并从这里进军印度。德里苏丹派出浩荡的军队，以象兵为先锋迎战，巴布尔以火药对阵猛兽，用枪炮轻取象阵。从此，印度更迭为辉煌的莫卧儿王朝。这又为一段已经开始的历史接上了续篇：占少数的穆斯林统治者又一次统治了居多数的印度教臣民。

约在蒙古人占领罗斯的同时，非洲的加纳王国衰落，更加庞大富庶的马里帝国兴起。马里帝国的开国君主松迪亚塔·凯塔（Sundiata Keita）身材魁梧，成就堪比亚历山大大帝，被称为"曼丁之狮"。松迪亚塔的孙子曼萨·穆萨（Mansa Musa）也是个传奇帝王，他可能是亚马逊集团CEO杰夫·贝索斯（Jeff Bezos）之前最富有的人。有一次他带了大量黄金去麦加朝圣，经过埃及时竟然导致当地黄金大幅贬值。然而，到了奥斯曼人在小亚细亚建起自己国家的时代，马里帝国辉煌不再，更为庞大也更为繁荣的桑海帝国崛起了。到15世纪，桑海帝国的廷巴克图成了伊斯兰世界重要的知识中心，城中有很多图书馆，学者、医生、哲学家等皆云集于此。

　　总之，从毛里塔尼亚到伊斯坦布尔，再到印度河流域乃至更遥远的地方，一个新的主体叙事已然形成。但值得注意的是，这个主体叙事毫不求新，而是坚定地回归伊斯兰创教之初的主张。其核心思想为历史上最完美的时代已经过去，世界正在渡劫，最终会面临末日审判。先知穆罕默德弘扬教法标志着历史的大转折，公元7世纪的麦地那是全人类社会的楷模。先知去世后，后人的任务就是薪火相传，维护完美社会。只可惜穆斯林守成失败，所以当前文明的要务是复兴过去。虽然人们可能对具体如何复兴意见不同，但复兴是头等大事，是生活意义之所在，这是广泛的共识。穆斯林必须回到公元7世纪麦地那的社会发展轨道，才能重塑社群的健康。

　　穆罕默德在麦地那开创了多文化城市治理模式，奥斯曼人也借鉴此模式来管理自己复杂多元的帝国。在麦地那，穆罕默德规定每个宗教社群要有自己的领袖以及自己的生活和信仰方式，而穆斯林社群的领袖高于其他领袖，负责调解各社群之间的争议，裁决本社群层面无法解决的事宜。所有穆斯林都有义务做"课功"捐赠，所有非穆斯林都要交特别税。一旦外敌来犯，所有市民不论信仰，都必须团结抗敌。

　　奥斯曼帝国也据此培育了很多宗教社群，它们犹如半自治的小国家，被称为"米利特"。但是，公共生活领域的所有规则都必须彰显伊斯兰经典所规定、伊斯兰学者所解释的生活方式。伊斯兰教法作为穆斯林生活的基本框架，是整个穆斯林社群的活的灵魂（相当于教廷在欧洲封建天主教时期的社会地位）。

伊斯兰教教法中的"沙里亚"（sharia）一词意为"道路"，这很贴切。对穆斯林来说，教法的规定就像探路人在树干上刻下的记号，只有跟着这些记号才能平安走出荒野。具体来说，他们的"荒野"就是物质世界。教法对现实生活中的一切情形都给出了指导，包括宗教规矩、生活习惯、穿着打扮、罪行责罚等。要走正道，人们还必须遵从真主关于经济活动、婚姻关系、遗产继承等各方面的教导，这些都是社会和谐的基础。而人们只要走的是正道，就可以从心所欲地生活。

理论上，教法能够解决一切争端，但现实中总会不断出现与之前所有情形都不同的新现象，需要新的裁断。一个有权威的穆斯林学者对眼前的问题做出裁决时，须与此前所有教法裁决相一致，所以首先要参考最重要的经典《古兰经》，再了解穆罕默德有没有在实际生活中遇到过类似情况，然后看他最亲近的信从的言行中是否涉及，最后看后来的权威学者有没有裁断。如果这一切都无果，那么学者可以行使"伊智提哈德"（ijtihad），即自由推理，但前提必须是所有其他循证都未有结果。而且，只有熟谙教法的学者才能胜任这项工作，因为必须熟谙教法才能确定过去有没有相应的裁决。这样看来，伊斯兰社会中的宗教学者的自我管理机构颇有些类似明朝中国培养官员的官学了。

现实世界是变动不居的，所以伊斯兰教法永远不是完善的，需要新裁决的新情况总是不断出现。教法的思路是搭建律法的外部骨架，让人们可以毫无过失地生活在其中。但是这种由针对具体情况的具体规定累加起来的体系，只对一成不变的社会奏效。在这样的社会中，所有问题最终都可以被消灭和解决，从此再无新问题。伊斯兰学者力图制定巨细靡遗的教法，其实质就是追求曾经的社会并使之永恒，也即要恢复穆罕默德指引下公元 7 世纪的麦地那社会。正是因为完美社会还未达成，所以当下的变化还在不断发生。

奥斯曼、非洲、莫卧儿等社会中的逊尼派学者阐发了一套教法，而萨非的什叶派学者则发展了另外一套。两者虽然在细节上有差别，但有着相似的精神、架构和范畴。两派教法都保守求稳，规定新裁决不能颠覆旧裁决，只能与之相适应。在两派当中，有权威解释教法的学者都与军事政治精英站在一处。教法学者佐证统治者的合法性，统治者则为教法学者提供保护，犹如左手和右手协力相护。奥斯曼社会有一个"苏丹"（伊斯兰教法的本地执行者），也自称"哈里发"（伊斯兰社会的首领），苏丹再任命一个"伊斯兰长老"（伊斯兰有大德的长者），相当于帝国的首席大学士。萨非则出现了一个由德高望重的什叶派学者组成的机构"阿亚图拉"，与被称作"沙阿"的政治领袖形成制衡[18]。

虽然各地的教义有所不同，但伊斯兰教治下的中部世界及其在撒哈拉以南非洲的旁支以其自视为普世的思想观念和生活方式构建起来，成为一个特征鲜明的社会整体。在这个社会整体中，生产制造由无数手工匠人在数以万计的私人作坊中完成。其中大部分匠人（特别是在奥斯曼帝国）都隶属行业公会，而公会又与苏非派兄弟会或其他宗教组织有着密切的联系。行业公会管控物价，保障会员的工资和工作稳定性，防止过度竞争，从而为会员营造稳定、可预期的行业环境——"稳定"和"可预期"在这里非常重要。

不论是苏非派还是正统派，逊尼派还是什叶派，宗教组织都建立清真寺，经营资金雄厚的慈善基金，管理信徒纷至沓来的朝圣地，同时还运行类似今天社会公共服务与保障的机制。同时，商人们把手工产品带到各地，东达印度腹地，西到欧洲边缘，让商品能够广泛流通。

伊斯兰教法为社会和谐奠定了基础，但它在伊斯兰世界中的角色不同于宋明理学在中国的地位。它的宗旨并非为统一集权国家的科层治国体制绘就蓝图，而是以过去的部族时代为鉴，为塑造一个自由流动的社会奠定基础。

不过"部族"这个词可能有点误导性。伊斯兰世界确实是从部族时代中走来，可其他社会也都经历过这个阶段。伊斯兰的部族时代虽然持续到相对晚近的时期，但其实也已经相当久远了。达鲁伊斯兰几百年来都是一个高度发达的城市文明，只不过从部族社会到达鲁伊斯兰的演化遵循伊斯兰自己的方式。在纯粹的部族社会中，对亲人的忠孝是高于一切的美德。不论在什么情况下，个人都要与家庭站在一起，有义务在家庭需要时伸出援手，否则就会遭到耻笑。推而广之，对家庭的义务也适用于宗族、部族，只是关系越远，程度越轻。

这种义务还可能超出部族的范畴。在伊斯兰世界，靠互相提携、照顾而建立了关系的人们会发展出人情关系网，这有点类似于美国人说的"老哥们儿关系网"(old boy network),但是丝毫不含贬义。在这样的关系中,不存在靠等量报偿别人的恩惠就能还清的人情,就像没有谁能把父母的恩情都还清然后断绝亲子关系一样。有权势有地位的人可以接受别人的投靠依附,而来投靠的人不一定是亲戚,还可能是某些有过共同经历的人,譬如共同成长(即便一方是家仆)、共同作战(即便一方是上级)、共同经商(即便一方是雇员)、共同经历挫折创伤(即便一方的损失更惨重)等,都能形成家庭成员般的情感联系。跟"老哥们儿关系网"有所不同的是,人情关系网不是封闭的,受助者可能会施恩于另外一些更弱势的人[19]。施恩者依靠受助者的支持,受助者仰赖施恩者的提携,双方不立契据,没有任何书面的规约。只有蠢人莽夫才会计较我为你做了什么,以及你为我做过的是否与之相称。社会联系可不是简单的投桃报李式的交换,而是广泛意义上的大家庭,在此之中,人们的荣辱感构成了社会平稳有序交往的基础。

　　说到这里,哪些算是有荣誉感的行为呢?伊斯兰教法中并没有规定这个,但只要你生活在一个社群中,总会心里有数。这可以归结为家庭日常生活中耳濡目染的约定俗成,基本是在童年时期成形,因此很大程度上受女性的影响。例如参加葬礼要说什么话,如何体面地送礼物,在聚会场合什么时候发言,有客人不请自来如何招待,在复杂的社会关系网中怎么正确地称呼某个人,等等。能得体自如地把握好这些约定俗成的规矩的人会受到敬重,从而得到权力,而因为吃不透规矩而出错的人则会越来越不受待见。

　　基于人情形成的关系网组织起了城市社会,或者反过来说,城市社会的实质就是在很多层面上不断发展的人情关系网的集合。在一个人情关系网中处在中心的人，可能在另一个权势更大的人情关系网中只是边缘。一个人要进步，就要从一个关系网进步到另一个，从认识一些人发展到认识更多人，阿拉伯人称之为"瓦希塔"（wasita），意为关系门路。一个人的权力越大地位越高，依附于他的受助者群体也就越大，可能有亲戚朋友、旧时同事，甚至从前不熟但以后用得上的门客。对所有这些人来说，"荣誉"就是不仅要遵从教法中的明文规定，还要通晓约定俗成、靠人自己去揣摩的得体礼仪。

过去，在这种价值观源头的部族社会中，获得领袖地位既要靠出身，也要靠成就。在城市文明的人情关系网中也是如此，声望重于一切。德高望重之人的后代可以继承父辈的地位，但要保住地位必须靠自身实力，比如立下战功，或者有杰出的决断。此外，出身还可以通过联姻得到改变。因为伊斯兰社会的男女两性几乎是完全分隔的两个群体，通过联姻改善出身遂成了女性谋求政治影响力的途径。

男性主宰了公共事务，女性几乎被完全拒之门外，伊斯兰社会的这种男女分化比任何其他社会都悬殊。而在公共事务领域，男人之间会形成施恩与受助的关系并建立起人情关系网，也是在这里，他们需要向社会证明自己的价值。要是做得不好，不仅有损自己的地位，还会连累家族名声；而如果表现出色，就会获得更多社会关系，既有利于提高自己的地位，也会光耀门楣。

在这样的规则和机制下，伊斯兰世界就像很多咬合在一起的零件组成的一个精密装置，形成了一个文明尺度上的社会星群，活力充沛。同明朝中国一样，伊斯兰世界也在追寻传说中辉煌完美的过去，将此作为终有一日能够抵达的最高愿景。如果每个人都能做好自己，满足约定俗成的社会希冀，那么伊斯兰世界就能抵达理想的终极，从此再也不会发生颠覆剧变。

在蒙古人撤退后，中部世界的穆斯林应该能感到自己在经历文明的伟大重生。达鲁伊斯兰生生不息，重回应有的高度，奥斯曼、萨非、莫卧儿三大帝国的财富和实力比之曾经的倭马亚、阿拔斯、法蒂玛等哈里发王朝毫不逊色。在当时的世界，没有哪个别的国家能与这三大帝国抗衡，伊斯兰教已经整体重回蓬勃发展之路，大有将全人类感召进同一社会星群之势。

三大帝国的文明成果不仅仅是火药枪炮，艺术、建筑、文学、思想等领域都繁荣发展，产生了不少杰作。伊斯兰的能工巧匠兴建了令人叹为观止的伟大建筑，如土耳其的塞利米耶清真寺和印度的泰姬陵等。而这一时期伊朗的伊斯法罕全城都堪称一座艺术殿堂。在萨非帝国，织毯从一门技术发展成了艺术，此后伊斯兰世界处处都出产精美绝伦的织毯。艺术家们还制作出装帧精美的书籍，其中展示着波斯语和阿拉伯语的曼妙书法以及宝石般璀璨的微缩画。从各种迹象上看，伊斯兰世界都进入了一轮文化复兴，重现了旧时的灿烂文明。

然而表面的迹象可能是有迷惑性的，萨非和莫卧儿帝国的艺术家们确实制作了精美的书籍，但其表现出的美学追求却是旧的。书中不乏波斯文学经典，可这些都是早已写成的。各类新作品只是以旧有的方式模仿过去的成就。波斯诗人菲尔多西（Ferdowsi）为伽色尼的马哈茂德（Mahmud the Ghaznavid）而作的《列王纪》虽是几百年前的经典，但放在后蒙古帝国时代仍不显得过时。苏非派的伟大诗人鲁米（Rumi）出生在成吉思汗西征的时代，但他的作品在奥斯曼时代的读者读来也不觉得古怪拗口。

此时达鲁伊斯兰的人们有充分的理由相信自己的世界就是整个世界，毕竟自己的世界如此自洽。在伊斯兰这个星系中不同社会星群之间时常会有矛盾，但他们使用同一套话语体系论争，对人生的一些基本问题虽各有答案，但提出的问题是相同的。例如，在奥斯曼帝国和萨非帝国的统治者看来，当时最重大的问题是要逊尼派还是什叶派？两者不可兼得。而在相邻的莫卧儿帝国看来，相应的问题是要伊斯兰教还是印度教？两者不可兼得。人们并非一团和气，而是确有争论，但大家都很清楚争论的议题是什么。

伊斯兰中部世界的学者很少关心西欧的情况，因为在他们看来，那遥远而原始的土地上发生的事情对眼下的时代课题鲜有影响。他们的这种态度与当时中国、印度、突厥和东南亚列岛上学者的态度是一样的。毋庸置疑，在地中海以东的诸多世界中，每个社会的复兴叙事都不会只把自己当成众多世界模式中的一种，而会觉得自己就是世界本身。不可否认，这种以过去为楷模，向历史中寻找未来的思路产生了强大富庶的帝国。但是，同一时期的西方却发生着重大变革，文明尺度上的另一种社会发展思路在那里成为主流。

16. 进步叙事

1500 年—1900 年

　　公元 1500 年，复兴的想法在欧洲没什么市场。在 14 世纪的乱局以前，大部分欧洲人是赤贫的农民，对改善自己的生活乃至子孙的生活都不抱什么希望。历史往前追溯越久，民生状况越糟糕，这样的过去没什么值得留恋的。而经历了十字军和蒙古人的欧洲，有关异域国度的传说到处流传，说那里的穷人也能用胡椒做调料，开小店的人也穿得起棉布衣服。所以对当时的欧洲而言，向未来前进显然更具有诱惑力。既然今天总是比昨天好，那为什么要惧怕明天呢？在这样的环境中，新发现值得荣耀，突破意味着探索，创新受到人们尊重——而在东方，求新是不受欢迎的。在此背景下，正当明朝中国沐浴着盛世繁荣、伊斯兰世界重回辉煌气象之时，一个宏大的新叙事在欧洲渐渐展开了。

　　在十字军东渐以前，欧洲曾被禁锢在停滞的社会秩序中，人们不敢质疑这种社会秩序，否则会遭到社会的贬斥。生活太贫弱、太不堪一击了，谁要是搅起什么波澜就会威胁到每一个人。然而，黑死病大流行让禁锢了社会七百年的这套主体叙事发生了松动。怎么会不松动呢？在瘟疫最严重的时期，教廷显得非常无能。人们听从教廷的一切要求，却仍然有人不断死去。即便人们到教堂去忏悔，请神父免除罪愆，还是逃不过死神。瘟疫不会区分谁是高尚的信徒，谁是罪恶的坏人。上帝在到处施行惩罚，但这惩罚到底是因何而来的呢？

　　乱象并没有让基督教本身遭到质疑，起初人们仅仅是对罗马教廷心生疑窦，后来世人纷纷重提那些在几百年前教廷就给出了权威回答的大问题：世界的本质到底是什么？人们应该如何生活？世界现在是怎么了？当下的一切未来会走向何方？人们凭什么相信？

　　14 世纪的大瘟疫结束时，欧洲成了一个动荡不安的社会。在这样的环境下，人们终于可以解放思想。所以黑死病刚一过去，社会上就兴起了将《圣经》翻译为现行通用语言的浪潮。很多人都想亲自读读《圣经》中到底说了些什么，因为貌似……可能……不排除一种情况，一种之前想都不敢想的情况：教廷或许搞错了。

新教思想萌芽

　　在十字军东渐之风慢慢回落的时期，造纸、印刷、出版等新技术的应用让欧洲越来越多的人能识字读书。越多人读书，就有越多人想找更多的书来读，这正好呼应了将《圣经》翻译为通行语言的行动。教廷对此很是不满。让普通百姓也能看懂《圣经》？这岂不是要威胁到整个世界的秩序？于是宗教裁判所开始罗织罪名大肆抓捕异端，像当年烧死女巫一样把异端烧死灭口。

现在回过头看，不难理解宗教裁判所的急切。封建时期教廷掌握权力的原因全在于其把控着谁能进入天堂，谁要下地狱。如果人们靠自己就能得到来世的幸福，就不再需要天主教会，也不必相信其叙事主张了。如果这个叙事不再是必需的，教廷就会变成尸位素餐的空壳。所以一旦它的意义（而不是它的对错）遭受了质疑，教廷生存的根基就被动摇了。

不过我倒是认为，此时让教廷人员忧心忡忡的应该不只是自身既得利益不保的问题。千百年来，天主教叙事不但维系了世界的正常运转，也让整个世界"可以被理解"。在这套体系下，即使赤贫之人也能感到生命是有意义的，与之相抵触的思想会威胁整个社会星群的自洽性和凝聚力。而如果社会星群丧失了自洽性和凝聚力，其中的每个人都会迷失自我。身份的迷失对生物意义上的人并无大碍，但对社会意义上的人却是致命的。由叙事组织起来并赋予意义的各类社会组织——也就是本书中一直讲的"社会星群"，也会因此被动摇根基。

如此背景下，教廷有理由因为谁试图翻译《圣经》就烧死他，虔诚的信徒不但不会因此失去对教廷的崇敬，反而会为此叫好，松下一口气来——终于不用提心吊胆了，教廷自会处理，"我们"都能挺过去。

到了 1517 年，一位名为马丁·路德（Martin Luther）的教士撰写了一份抨击罗马教廷的《九十五条论纲》张贴在他所在的德意志维滕贝格教堂的大门上，还把《论纲》附在一封信中，寄给了美因茨地区的大主教。很快就有人刊印了《论纲》的副本，在整个德语地区流传。马丁·路德的批评本身并没有政治色彩，作为一个神学家，他只是在基督王国既有的话语体系中阐述自己有关教廷的教义和行为的观点。

路德最为反对的一项行为是教廷出售赎罪券。赎罪券是给未在教堂修行之人的一种精神福利，据称可以缩短人在炼狱中接受灵魂荡涤的时间，让灵魂早升天堂。每个人都得过炼狱这一关，因为没有谁能在死前一点罪都不犯，但是谁都希望自己在炼狱中待的时间尽量短。因此教廷就以帮助人们缩短在炼狱中受煎熬的时间为名，出售赎罪券来换取"有用的价值"。

具体是什么"有用的价值"呢？赎罪券作为十字军东渐的产物，最早由教廷颁发给甘为基督王国的事业冒生命危险的人，例如圣殿骑士。后来随着十字军征战数量的减少，赎罪券几乎演变成了纯粹的商品，只要向本地教会捐银若干，就能减少死后在炼狱中受折磨的时间。

正是这种做法触怒了马丁·路德。教廷一直宣扬仅靠信仰基督无法实现救赎，必须积累功德才能进入天堂，这里的"功德"不是指行善做好事，而是按教廷的规定进行崇拜活动，包括捐资。路德非常反感地提出，通过"功德"压根儿不能得到救赎，只有信仰可以实现救赎。"功德"是可见的，谁都能看到某个人做不做祈祷，做的方式对还是错。而信仰才是跟上帝的直接交流，一个人是不是虔诚，外人是看不出的，只有自己知、上帝知。

我们要把路德的反叛精神放在他所处的时代中认识。14世纪的浩劫让罗马教廷自顾不暇，一面亟须修复教众的信任，一面又要应对出现世俗领袖越权任命神职人员的新情况，而且不是任命村庄牧师这样的低层神职，而是任命教会的核心领袖——主教。事实上，作为世俗领袖的法兰西国王甚至还自己任命了一位教皇，造成某段时间内基督王国中有两位教皇，更有甚者还短暂有过三位教皇并存的情况。教廷当然不想看到这样的局面。国王任命主教？简直无法无天！正是在这个争斗愈演愈烈之时，路德出现了。

路德考虑的不是国王是否可以任命主教的问题，他也没必要操这份心。他的主张是，在人们进入天堂这个问题上，神职人员既无法帮助也不能阻止。倘若信仰确实比功德更重要，教会甚至无从知晓谁能进入天堂，那么，如果神父不是传扬上帝恩典的媒介，仅仅是管理教堂的人，那他们与教堂的守门杂工或给神父做袍子的裁缝相比又有什么特别的呢？单是管事人员的话，为什么不能由国王任命？

与此同时，宗教反叛者们加快了翻译《圣经》的步伐，希望以通俗语言呈现《圣经》，让所有基督徒都有机会体悟《圣经》的含义，而不再只是不明就里地听诵、跟着发音。但在天主教廷长期以来构建的体系中，发音有着核心重要性，弥撒必须以拉丁语或希腊语进行，只有这些发音才有让奇迹发生的力量。另外，要是百姓都可以读懂《圣经》，岂不就都能自主决定如何进行宗教崇拜？这简直是天方夜谭！如果说基督教社会是耶稣基督在人间的化身，那就不能让每个细胞自作主张。统一的整体无法承受其组成部分各行其是，因而必然会抵抗这种致命威胁。

然而到了这个时候，不管是谁，只要有点钱就可以廉价地刊印《圣经》，识字的人只要愿意买都能买到。倒不是说贫困的农民也都买得起《圣经》印本了，但此时很多人已经不再是贫农，欧洲社会中还有手艺人、商人、各行会的成员等各类有闲钱的城市居民。技术进步与社会趋势相叠加，《圣经》再也不是被教廷束之高阁的阳春白雪，而终究会走入寻常百姓家。随着大量宗教知识从不同渠道涌进基督教社会，人们再也无法接受过去停滞的主体叙事。就像托勒密的星图遇到太多的例外情形之后就不能继续成立一样，欧洲社会的新变化也在动摇着长期以来统领欧洲社会星群的宗教叙事。

马丁·路德的《九十五条论纲》一发表，就像干柴抛入了烈火，天主教保守派和希望脱离罗马教廷建立宗教自治社群的基督徒之间爆发了内战。这次斗争不像是罗马教廷与君士坦丁堡分庭抗礼的那次"大分裂"，它不是哪两个教廷之间的争执，而是从根本上辩论到底要统一的集体教廷还是每个人自己做自己的教廷。这场新教运动产生了很多新的基督教派别，它们必然地与世俗世界中出现的众多君主国交织呼应。宗教内战持续了近二百年，最终双方于1648年签署《威斯特伐利亚和约》，和约中创新地规定，由各地的世俗统治者来决定其辖区中推行哪种基督教。欧洲的宗教内战最终为一种新的社会形态播下了种子，这种形态将在后续的几百年间发展成熟，形成"民族国家"。

科学的兴起

随着旧叙事体系的分崩离析，另一个新生事物——科学呱呱坠地了。推动这个新生事物产生的杰出人物并不是科学家，那时也根本没有"科学家"这一说。科学的拓荒者无一例外都是教会人士，例如15世纪的天文学家哥白尼（Copernicus），他以大胆创新的理论解决了托勒密星图越来越不能自圆其说的问题，提出太阳是恒定不动的，其他星球包括地球都围绕太阳转。提出这一石破天惊的新宇宙观的哥白尼，一生都生活在教会的荫庇中，他是当时著名的学者、教会法博士。他把"日心说"理论写成书后，慕名而来的读者甚至包括教皇。

哥白尼有个学生开普勒（Kepler），也是地球科学领域的大师。开普勒同样全心全意拥护教廷，他不懈追求老师哥白尼未竟的事业。这是因为作为教士，他认为上帝造物必然是完美的，但在老师的"日心说"理论中还是有几处不完美。新经院派学者们一直力图在数学和自然之间建立联系，而开普勒真正实现了这一点。他论证出要让哥白尼的"日心说"完美成立，只需要一个优美的假设，即围绕太阳运动的行星轨道并非正圆，而都是椭圆。既然椭圆的周长可以通过数学公式计算，那么围绕太阳运动的行星在任何时间的具体位置都可以通过数学准确地计算出来。

像这样的新成果引出了一种不可言说的重大可能性——有没有可能，整个世界都是可以解释清楚的？有没有可能，未知的一切都能变成已知？自然哲学家们（后来才被称作"科学家"）开始在物质世界中探索数学规律：气体的膨胀、石头的滚落、物体的冷却、物质之间合成新的物质等等，他们还开始定量地研究力对物体的作用、物体的运动规律、生物生长衰亡的原因等。科学从此成为社会的一大追求。到18世纪，牛顿的一系列成就将科学发展推向了高潮。他提出了光的微粒说，阐明了万有引力，还将各种运动归结为简明的"三大运动定律"。

旧时封建天主教的叙事不再能赋予科学进展以意义，科学所解释的也不是那套腐朽的体系。在欧洲特别是西欧，一个新的主体叙事正在形成，与东方的复兴叙事遥相对应。不过，决定西方文明在接下来几百年间根本面貌的这个新叙事还不是唯物主义。的确，人们比以往更加关注物质现象了，但大部分人仍然虔诚地信仰宗教，而在欧洲几乎每个信仰宗教的人都属于基督教的某个派别。

随着基督教的分化，新教没能成为提纲挈领的新叙事。一方面因为并不存在明确、唯一的一个"新教"。新教徒群体在不断分化，他们的共同之处并不在信仰本身，而是不断接近对真理的渴求和对新事物的探索。另一方面，传统的教廷也没有消失，天主教教廷的拥趸仍然达几千万之众。

这个新叙事也不是世俗化的。新的叙事确实尊重世俗的想法和观念，但社会上大部分人仍然定期去教堂礼拜，自认属于某个宗教社群，在家中也按宗教规矩行事。

那么科学呢？只能说是新主体叙事的动力和结果之一，还不是它的全部。

　　所有这些社会潮流和文化动向都体现为一种趋势，即以进步或倒退来认识世界。在这个叙事中，时间是线性延伸、没有终点的，历史的车轮滚滚向前，偶尔也会暂时倒退。出现倒退时，人类必须阻止堕落，纠正方向，重回前进正轨。至于何为"堕落"、何为"前进"，不同的具体认识可以讨论，但人类努力的终极方向无疑是"进步"，这个方向是没有终点的——明天总可以比今天更好。在西欧，新的信仰开始形成一个崭新的文明，这个信仰的核心就是进步。当然，如果去问问当时的人们，还会有很多人虔诚地相信终有末日审判的一天。但是其中还有多少人会在日常生活中对此心心念念呢？越来越少了。而进步呢？人人都在终日追求进步，也会在发现社会倒退时奋力阻止。

　　进步叙事中，人们坚信总是可以变得更好，这推动了人们对科学规律的探索以便更好地解释世界。最终人们认识到，对事物进行科学解释就是解释事物的本质。随着时间的推移，进步叙事推动着人类孜孜不倦地对工具进行改良，很多年后还引发了人类与工具之间关系的革命。

　　不过在 15 世纪，上述这些还都没有发生。而孕育了科学、推动了宗教改革的进步力量激发了人们的地理探索欲。基督王国仍然能嗅到当年十字军的气息，这个气息里交杂着政治野心、商业狂热与宗教理想。十字军东渐让欧洲人大开眼界，见识了东亚富足的物产，尤其领略了那些能满足人类欢愉享乐、奢侈迷醉之需要的产品。简而言之，欧洲人开始沉迷"香料"，探险家们甘愿冒着艰难险阻前去寻找这些神妙之物。就这样，欧洲人对香料的渴求引出了世界历史上的一个分水岭事件。

第四部分

翻过历史的折页

每种世界历史叙事都有转折性的重要事件将历史分为上篇和下篇。如果说历史是一场以不断增强的交往联系为主线的大剧，那么哥伦布美洲航行发现新大陆必然是其中的转折性事件，它彻底改变了整个世界的面貌。从此以后，东西两个半球联系起来了，地球成了一个相互交往联系的整体。不过，这也带来了不小的代价，欧洲人的到来让南北美洲原本的文明全军覆没。欧洲人从美洲大陆获取庄稼作物与矿产品，最终重塑了世界版图。哥伦布发现新大陆所产生的涟漪效应还推动了许多新型社会星群在欧洲形成，包括公司、银行、国家通用货币以及民族国家的雏形。发现新大陆之后，此前形成的所有世界历史单子，包括印度、中国、伊斯兰中部世界、欧亚草原文明、南北美洲、撒哈拉以南的非洲、欧洲等，都被卷入了一场全球规模的历史进程，并一直延续至今。从此，世界的所有部分都紧密联系在了一起，任何一地发生的事件都会很快地在其他地方产生影响，涟漪开始在全球规模荡漾。

17. 哥伦布发现新大陆

1400 年—1600 年

15 世纪，葡萄牙王子亨利仍然怀有十字军远征的热血精神，后世历史学家称他为"航海者亨利"。然而他却连在池塘里航行的经验都没有，之所以得了"航海者"的雅号，是因为他出资支持船队航海远征，沿着非洲海岸一路向南探险。在今天看来，这个雅号营造了一个充满探索欲和现代精神、几乎称得上是早期科学家的亨利王子形象。不过，当时他自己恐怕不会这么想。亨利王子可是由圣殿骑士团发展而来的基督骑士团的大统领，过着虔诚的修士生活，穿苦修之人穿的粗糙衣服，以独身禁欲为荣，据说至死都是处子之身。在十字军东渐的后期，亨利王子是当时审美中典型的男子汉。

　　早期，亨利曾派遣船队征服穆斯林据守的北非城市休达。他把这次胜利视作十字军式的基督徒对穆斯林的胜利。葡萄牙从中缴获了不少战利品，包括生姜、肉桂、黑胡椒等名贵香料。但这些香料其实都来自远东，是穆斯林商人用驼队穿过撒哈拉沙漠运来的。基督徒占领了这座大西洋岸边的穆斯林城市后，驼队就不会再来了。于是亨利派船队继续南下，指望着能绕过非洲，不再依靠那些穆斯林商人，直接从原产地进口香料。

　　这样的举动如果放到当时的一百年前无异于痴人说梦。这里盛行北风，所以横帆大帆船能借风力南下，却难以返回，这让欧洲人无法绕过西非继续向南。不过现在葡萄牙人造出了一种"轻快帆船"，船身浅平，转向灵活，更重要的是配置了三角帆，可以通过调节转向实现顶风航行。这样，葡萄牙水手们就可以尽情向南航行。然而，一路向南的他们一直没找到尽端。于是就有人开始嘀咕，非洲会不会一直延伸到世界的尽头，是不是根本绕不过去？

　　这些内心犯嘀咕的人当中有一位是来自热那亚的水手克里斯托巴尔·科伦（Cristobal Colon）——后人多把他记为克里斯托弗·哥伦布（Christopher Columbus）。哥伦布身材高大，脸庞瘦长，有着鹰一样棱角分明的五官。他年纪轻轻就一头白发，可能是作为普通水手航海多年的生活让他早生华发。哥伦布曾两次参加葡萄牙的远洋航行，但都没能绕过非洲；还曾随商船航行地中海，却被竞争对手击沉，他游泳十英里才上岸生还。自此以后，他钻研地图、海图，并产生了一个坚定的想法：一直向西航行也终会到达东方的香料诸岛。

　　学者们对这个想法不屑一驳。这倒不是因为他们认为地球是平的，当时稍有点知识的人都不会这么想，很早以前古希腊人（和很多其他人）就将此证伪了。问题不在于地球是圆的还是平的，而在于地球究竟有多大。对此不看好的人们认为，向西的航船在用完给养之前根本到不了东方。而哥伦布相信地球并不大，航行一两个月就能到达另一边。事实上哥伦布错了，其他人是对的。然而巧合的是，哥伦布一共弄错了两件事，竟然负负得正。除了觉得地球没有很大以外，他还认为欧洲和东方的香料群岛之间只隔着一片海洋。其实，抱有这种想法人的不止他一个。对于大洋之中横跨南北两极的美洲大陆，当时的欧洲人还全然不知。

　　哥伦布在葡萄牙筹措不到西行航海的经费，只好怀揣着抱负去往西班牙。他到西班牙那一年，正值斐迪南和伊莎贝拉"双王"赢下了对西班牙的十字军战争，占领了格拉纳达，西班牙宗教裁判所正兴风作浪，整个西班牙弥漫着踌躇满志的气氛，"双王"也正有意搞些大事业彰扬国威。绕过非洲的航行虽然称得上大事业，可葡萄牙已经遥遥领先了，因为当时刚刚有一位葡萄牙航海家绕过了非洲南端。但是，如果哥伦布的设想没错，西班牙仍然有机会抢在对手之前先到达香料的产地，这该是多么值得炫耀的功绩！因此，伊莎贝拉女王决定听听哥伦布的说辞，结果发现他的要求根本不高，只是三艘小船而已。哥伦布真能成功的机会非常渺茫，但越是渺茫的机会可能回报越高，于是伊莎贝拉女王决定赌上一把。

　　1492 年夏天，哥伦布从加的斯城启航。他的三艘小船和船员加在一起，可能刚够填上六十年前郑和下西洋所用大船的一角。船

队在茫茫海上航行了两个月也没见到陆地的踪影，心里没底的船员
们就快哗变了。但就在此时，有人发现一只鸟从头上飞过——这说
明附近有陆地！哗变造反的情绪褪去，几天后，船员从桅杆上瞭望
到了巴哈马群岛。第二天，哥伦布和船员们在此登陆。哥伦布激动
得双膝跪地，满口祈祷赞美，并宣布此岛为西班牙所有。当时他把
这里当作了印度，不久后船队到达古巴，他以为是日本。后来到达
委内瑞拉，他则以为是传说中的伊甸园。

新大陆元年

　　如果我们把日益密切的交往联系作为世界历史的发展主线，那
么发现新大陆的这一年就可以称为世界历史元年。我们没有真正将
此用作日历元年仅仅是因为当时世界各地的纪年体系已经深入人
心：基督教社会一直以耶稣基督诞生之年作为历史的开端；犹太历
法把亚当、夏娃被驱逐出伊甸园之时作为元年；达鲁伊斯兰从先知
穆罕默德率信众迁往麦地那的那一年开始纪年；中国按天干地支循
环纪年，每朝每代开始时从元年记起；而印度社会中历法众多，没
有统一的元年，他们认为时间本身就是幻象，从何时开始不重要，
把握当下才最要紧。

　　从交往联系增强和全球社会形成的角度，哥伦布发现新大陆所
带来的巨大变化足以让1492年成为将历史一分为二的转捩点。果
真如此纪年的话，我们现在生活的应该是"6世纪"。为什么发现

新大陆有如此重大的意义？因为横渡大西洋是人类的壮举？其实如果掌握要领，这并不太难。是因为哥伦布弘扬了不畏众议、执着信念的英雄主义？也不是。哥伦布其实不过是一介莽夫。那么是因为自冰河时代西伯利亚人东迁以来，首次有人从东半球踏足西半球大陆？哥伦布也不是第一人。可能有些非洲人在奥尔梅克文明时期到过美洲，也可能有波利尼西亚人在哥伦布之前很久就到过现在的美国加利福尼亚州，维京人肯定也横渡了大西洋到达冰岛和格陵兰，并短暂到过加拿大的新斯科舍。

但是，这些早期的远航没有产生划时代的意义，因为它们没有开启什么新篇章。即便真有非洲人到过美洲，也只是在奥尔梅克人雕刻的巨大石像上留下了一些近似非洲人外貌的特征；即便波利尼西亚人真的来过，也是与加利福尼亚当地人混居在一起，成了当地民族的一部分。除此之外，他们没留下什么重要影响。而维京人呢，仅仅是来过，见到，又离开，无奇可书。

相比之下，哥伦布的航行贯通了东西两个半球，从此资助船队远航不再是豪赌，而成了商业项目。因为远方是有利可图的，虽然现在还不清楚那里具体有些什么，但西欧人很快意识到，他们偶然发现的这一大片天地是可以自己独享而对手无法到达的。

哥伦布发现新大陆之意义重大，还在于当时正值西欧崛起，进入了空前的快速发展时期。欧洲已经完全走出了黑死病的阴影，还在不久前的十字军东征中取得全胜。欧洲人是胜利者，迫切地想把整个地球纳入自己的世界，觉得可以名正言顺地把一切收入麾下。

新大陆发现后，欧洲人纷纷开始向美洲航行，船只舳舻相接。

第一拨船队再次来到哥伦布首次登陆的岛屿，彻底征服了岛上的土著泰诺人，导致大部分泰诺人死亡。1520 年，来自卡斯提尔的埃尔南·科尔特斯（Hernán Cortés）船长率领一小众人马登陆美洲大陆，那里有约十二万平方英里的阿兹特克帝国，其都城特诺奇蒂特兰的规模可以媲美西班牙任何一座城市。科尔特斯率部下很快攻下了这座城市，把墨西哥变成了"新西班牙"。十年后，另一位西班牙征服者弗朗西斯科·皮萨罗（Francisco Pizarro）在秘鲁登陆。这里的印加帝国面积是阿兹特克帝国的六倍，如果放在今天的地图上，印加帝国能从智利北部一直延展到哥伦比亚。皮萨罗和他的部下共一百八十人在攻下都城后的第二天就俘虏了印加国王，又用了不到一年就占领了整个帝国。

土著人大灭绝

一支只有一百八十人的队伍如何能够轻取百万人口的帝国？历史学家贾雷德·戴蒙德（Jared Diamond）总结出了"枪炮、病菌、钢铁"三个因素。这个总结很高明，不过我想在这三要素上再增加一个：叙事。四个要素中，无疑细菌起了最大的作用。第一批到达美洲的欧洲人掀起了一场又一场灾难，他们抓人做奴隶，屠杀民众，甚至把土著人抓来烤着吃。然而，欧洲人带来的最恐怖的打击却是他们自己想收手都无能为力的瘟疫。

在哥伦布发现新大陆之前美洲很少有传染病，在东半球，诸如麻疹等常见病从牲畜传到了人群，久而久之人群对这些疾病形成了免疫。欧洲虽然仍有天花传播，但因为时间已久，大部分人都挺了过来，只是有些人会留下瘢痕而已。而美洲人从来没有驯化和放牧过牲畜，也就从未接触过欧洲这些病菌。当时的美洲，甚至连普通感冒都闻所未闻。

黑死病的惨烈让人闻之色变，而美洲的瘟疫灾难却比黑死病的威力还大出几倍。在这里，不是哪一种疾病引发了瘟疫，而是铺天盖地出现了各种瘟疫，让整片大陆沦陷。更让人扼腕的是，伊莎贝拉女王坚持让哥伦布和后来的探险家们随船带生猪，便于路上宰来吃。她心里打的小算盘是，这样就不会有信仰犹太教或伊斯兰教的船员偷偷参加航行了。然而，猪身上很容易携带一种对美洲杀伤力巨大的病毒——流感（现在人们还常能听说"猪流感"）。偏巧不巧，逃到野外的猪不但存活无忧，还几乎能在任何环境中增殖壮大。只要几只猪逃脱，就能在环境中大肆繁殖，把欧洲的细菌散播出去。

很多美洲土著社会甚至没等欧洲人到达就已经被各种新发疾病摧毁了。瘟疫跑在了探险家、征服者和传教士的前头，因为即使人们浑然不觉，每个人都是跟其他人联系起来的。在哥伦布登陆加勒比诸岛之前，墨西哥湾北岸的密西西比河流域和俄亥俄河流域兴起了一个相对高级的文明。不过当欧洲人抵达，这里只剩下一些人数寥寥的部落住在围起来的村庄里，村庄周边有大量的祭堆，祭奠死去不久的先人。另外，第一批到达亚马逊流域的葡萄牙探险者称，那里的丛林中有连接起很多城镇的路，当地社会的发达程度堪比西班牙任何一个城市。而等后来第一批葡萄牙定居者再来到此地时，此前繁荣的文明都已灰飞烟灭。早先的聚落已被新长出的丛林湮没，曾经的人类文明几乎销声匿迹。

至于在哥伦布到达之前曾有多少土著人在美洲生活，现在已经无从得知。今人的推算是最多有 1.12 亿人。这里的人口在哥伦布之后的一两百年内又缩减了多少？同样无法准确得知。但到 1650 年，南北美洲的土著人口已经减少至六百万左右。几乎可以肯定，在很多地方至少九成的土著人口消失了。不论具体数字如何，哥伦布航行所带来的瘟疫肯定是历史上最惨烈的灾难，其严重程度远超蒙古浩劫、欧洲黑死病大流行以及 20 世纪的世界大战，是真正的前无古人，后无来者，因此称之为"大灭绝"毫不为过。

欧洲的叙事

关于病菌先说到这里。"枪炮"和"钢铁"就不言自明了：枪炮自然比棍棒锋利，欧洲人的铠甲肯定比印加人的布衣结实。那"叙事"又是如何使包罗很多星群的美洲土著社会星系彻底瓦解的呢？

哥伦布航行的时代距离 13 世纪最后一次十字军东征已经过去了几百年，而欧洲的历次航海远征显然是十字军东渐之势的延续。十字军精神未泯灭，为航海赋予了伟大的意义。西班牙人和葡萄牙人显然是以十字军的思维征服美洲的，以扩张上帝的版图为己任。

我觉得，西班牙征服者们无疑深信航海事业有崇高意义，他们的叙事体系赋予了航海以崇高意义，航海的成功也印证了这套叙事的正确性：人们的想法必然是对的，不然怎会如此成功？对此叙事的认同让这些后来的"十字军"更加团结，团结又让他们更加无往不胜。而此时激励人们前进的已经不仅仅是基督教叙事，更是进步叙事。

当然，这个叙事也有其弊端。试想哥伦布航行所引发的震荡给美洲土著人笃信的各种叙事带来了多大的冲击。从此，土著人经历的种种颠覆了他们之前的所有认知，他们的神，他们推崇的英雄、遵守的规则和价值观，他们的风俗习惯、道德观念、善恶是非等等都不再成立。在土著人眼中，世界从此解释不通了。

黑死病在欧洲猖獗流行时，并没有另一套完整的叙事体系影响欧洲人，让岌岌可危的信念体系有被取代之虞。欧洲人是在分崩离析的旧叙事中靠自己慢慢探索建立了新的叙事体系，不断去粗取精，补充发展，形成了新的概念联系，直到一套完善的新思想星群得以形成。欧洲在建立新叙事的过程中，没有外来叙事的干预和威胁。但在美洲土著这里，情况就大不相同了。每时每刻的每个现实都在证明他们是错的，而闯入者才是对的。不然他们自己怎么会像蝼蚁一样死去，而闯入者却能在弥漫的恐怖迷雾中行走自如，毫发无伤？

当然，土著人可以放弃原来的思想行为方式，接受洗礼加入基督教，很多人也是这样做的。但这并不能让他们成为跟征服者一样的基督徒。在欧洲人的叙事体系中，美洲土著皈依者只能做底层的苦役。所以，如何在新叙事中形成健全的自我认识，实在是美洲土著人面对的一大挑战。

哥伦布及其后来者们带来的瘟疫不仅造成了很多美洲土著丧生，毁灭了当地的文明，掐断了一段历史，更摧毁了若干叙事交织起来的历史，它曾支撑起了一个复杂多元堪比东半球文明的社会。然而现在，我们再也无从知晓这些历史的绝大部分内容。

18. 连锁反应

1500 年—1900 年

哥伦布发现新大陆以后，一些敢闯敢干的欧洲人开始去往航海能到达的各个地方。地球表面大部分被汪洋覆盖，所以走向大海就意味着能到达很多很多地方。向西航行的探险者们开辟殖民地，开设矿场，发展种植园；而向东去的则在亚洲建起城堡和贸易据点，买入异域商品回欧洲贩卖，牟取暴利。向东和向西的两支探险队伍以金银联结在了一起：欧洲人从美洲大量采掘金银，读者肯定还记得白银是最好的通货，银币拿到哪里都能流通。

士兵和传教士走在了欧洲人挺进美洲的最前线，紧随其后的是嗅到暴富机会的商人。他们看到大规模种植作物有利可图，特别是烟草和甘蔗，以及后来的棉花。

在发现新大陆之前，欧亚大陆上从来没有烟草，但是烟草一经发现就快速传播开来，这倒不足为奇，毕竟烟草是一种成瘾品。而蔗糖作为最优质的糖料，此前在欧亚大陆上价格高昂。因为从印度运输甘蔗太重，而蔗糖加工技术又是中部世界严格保守的秘方。不过，现在欧洲人学到了这门技术，加勒比地区又极为适宜种植甘蔗，种植商可以就地加工甘蔗制糖。蔗糖于是成了一种高级"香料"：虽然不是必需品，但人人都想要。加之成品蔗糖运输方便，欧洲的糖料市场从此迎来了爆发式增长，因为精制糖料也是一种成瘾品。

甘蔗中的糖分并没有全部制成蔗糖销售，制糖工艺还产出了一种副产品——糖蜜，能用来做朗姆酒。于是这分化出了一个和制糖同等重要的产业。朗姆酒很快就形成了规模庞大、依赖性强的市场，因为酒也是一种成瘾品。

有了这三种成瘾品，再加上黄金、白银和棉花，这几样东西成了欧洲大举殖民美洲的推手。

白银

早期的西班牙征服者热衷于淘金，虽然也颇有所获，但远远没有他们幻想的多，他们大量淘到的是黄金不那么值钱的小兄弟——白银。

前文说过，白银因为量足够大可以兼做商品和货币。西班牙政府在秘鲁和墨西哥开采银矿，将采出的白银和一并获得的黄金运回本国。

这时的西班牙就像一个沿街溜达的傻小子突然发现了不停自动吐钞的取款机，就这样成了欧洲的老大。王室组建了庞大的舰队，训练了装备精良的军队。斐迪南和伊莎贝拉的孙子查理五世（Charles V）被尊为神圣罗马帝国皇帝，掌握了前所未有的权势。除新大陆殖民地之外，他还将欧洲北部和中部的一些地区纳入自己的庞大帝国。西班牙精英阶层建起精美的城堡，将金钱能买到的各类世间奇珍都搜罗来做装饰，他们唯独没投入金钱来发展西班牙自身的生产力。既然拿着钱出去什么都能买到，还可以送货到家，何苦费劲自己生产？

西班牙大量购买各色货品，有布帛、家具、羊毛、船只等等，其中大部分产自英格兰、法兰西和西欧低地国家——比利时、荷兰和卢森堡。不过，白银到底是靠不住的。作为一种商品，白银从西班牙哗哗外流，触动了供需平衡的铁律，白银价值一贬再贬。而作为铸币材料，白银贬值导致人们买同样的东西需要支付越来越多的银币，换言之就是物价持续飙升。

其实如果增量的白银能在西班牙人口中平均分配，就不会引发太大的问题。虽然买一双鞋需要付更多的银币，但如果每个人手上都有更多银币，还是能买得起新鞋穿的。但是当时的社会体制不能保障白银的平均分配，反而让富者愈富，穷者愈穷。诚然，新增财富可以下渗到社会底层，但只是很少地渗下去。富人仍然买得起鞋子、桌椅、鞍辔，但是鞋匠、木匠、鞍匠们的收入却不见增加。因为富人总共就那么多，他们只需要那么多的鞋子、桌椅、鞍辔。收入不增，物价却飞涨，底层自然更加贫穷。开销升高而收入跟不上，大部分人不再能负担原来买得起的东西，从而造成鞋子、桌椅、鞍辔的市场萎缩，于是越来越多的手工作坊倒闭。而同时，物价上涨的趋势仍然没有停止。

从长期看，无穷无尽的白银供给并没让西班牙变得比邻国更加富裕强大。因为白银没有被用于提高本国的生产力，却实质上被投入到了英格兰、法兰西、荷兰等国。只有商品产量和销量固定不增时，通货膨胀才造成物价上涨。而如果白银的流入能推动生产和贸易发展，社会才是真正吸纳了这些白银财富并借此强大起来。因此，最早劫掠美洲的西、葡两国只实现了短暂的富裕。就像中了彩票的人一样，没过多久就回归了原形，重新成为西欧最贫穷的两个国家。

英格兰与荷兰

历史上，是环境决定了游牧文明和城市文明的分头演进，孕育了希腊文明的繁荣，推动了香料之路的形成和发展。到了 16 世纪，环境又一次主宰了两大新势力的崛起，它们就是英格兰与荷兰。

在发现新大陆以后的时代，这两个国家可谓占尽地利。英格兰是岛国，荷兰也位于大洋沿岸，航海可以说是这两个民族与生俱来的天性。两国又都远离传统意义上的农业生产地区，人们很有出海远航、淘金猎奇的冲动。因此到 16 世纪的时候，两国都已经有了悠久的航海历史和久经风浪的出海商人。这些人在北大西洋的惊涛骇浪中练就了一身本领，会熟练操作带横帆和三角帆等的大帆船。在航海时代早期，葡萄牙因为发明了可灵活操纵的轻快帆船而占尽优势，但英格兰人和荷兰人很快迎头赶上，他们造出的船不仅便于操纵，而且船身很大[20]。

在新大陆发现后的时代，欧洲的长途贸易商人们有了一种新的经商方式。他们不再是先进货再去开拓市场，而是先找到买主拿下订单，签订合同后再组织有余力经营副业的小农户生产相应的手工产品。例如，在家劳动的比利时妇女擅长制作蕾丝花边，商人纷纷来订货，很快比利时就兴起了很多缝制花边的家庭作坊。此外，法兰西、荷兰、英格兰等地的纺织和制衣作坊也蓬勃发展起来。就这样，产自美洲的白银支持了整个西欧制造业的发展。

因为生产制造都在家庭作坊中进行，所以从事技术性生产的大多是女性。但也正因为是家庭劳作，这些女性对经济的巨大贡献很难被公众认识到。另外，贸易公司不单订货，还越来越多地提出花样配色的要求，提供原材料，设定产量，指定设计等。作坊中的手工业劳动者，即西欧的劳动妇女群体，最终成了给长途贸易商打工的人。在这个新体系中，生产者和消费者是没有机会见面的，只能靠中间商人形成联系，于是中间商人就掌控了整个生产过程。

企业公司

一些有事业心的商人结成了公司。跟行会、教区、君主国等一样，公司也成了一种社会星群，能反映主观意图，组织很多人一起实施计划。早期的公司往往以商人家族为核心，将业务从一个领域扩大到另一个领域，例如一个家族原来长期贩粮，现在想进入纺织业，于是成立公司。不过，这些早期的家族企业往往经过一两代人就会瓦解，因为在封建体制下，不靠经营土地而致富的人是有道德瑕疵的，只为自己积累财富是道德败坏的表现。光荣的致富手段是购买土地，尽可能再捐个爵位，然后安安稳稳地雇些农民做工，当个仁慈的地主。此外，在封建叙事下，人们认为金钱是虚妄的，还隐约有些不光彩，而土地则看得见、摸得着，是可以传给子孙后代的（现代英文中称地产为"real estate"，意为真实财产，即取此意）。在当时，爵位也是代代相传的实力证明。人们毫无疑问会把老伯爵的儿子认作伯爵，但看到新授勋的骑士却可能联想起他还是乡巴佬的时候。

随着家族企业的起落浮沉，另一类由陌生人组成的合伙企业也初具雏形，叫作"股份制公司"，即一群商人把手上的资源攒在一起，共同开创单人之力所不能及的事业。例如，集资修缮船只，从而远航亚洲去进口货物，把货物运回欧洲售卖出去后，每个商人按出资比例从利润中分红。各合伙人的出资比例提前被记录在一张契据上，被称为股票，因此这类公司被称为"股份制公司"。最早的股份制公司都是围绕具体的项目而组织的，项目成功后合伙各方就分红解散，再去寻找新的机会。不过时间久了，这类公司开始稳定下来经营连续的业务，于是形成了一种新的社会星群。它们在社会宇宙中的地位就好像物理宇宙中的一个个生命体。

　　成立股份公司的目标只有一个，即赚取利润。这与当时的进步叙事非常契合：进步是终极的意义和目的，每天都要变得更好，收获更多。而仅靠土地致富反而不再能体现进步叙事的精髓，因为土地的总面积是个定数，虽然地主或许能把它更高效地利用起来，但这总有个限度，不可能从有限的土地上得到取之不尽的新生产力，要想再取得进步只能靠拿别人的土地。而利润不一样，盈利是没有穷尽的。公司可以不断扩大规模，覆盖更广的地域，派出更多的船只，航行更远，进口更多，卖给更多人群，把经营范围拓展得更大……如此持续改进，不断扩张，明天必然会比今天更好。

银行

　　派贸易船队远航亚洲需要一大笔开销，得购买船只、雇佣船员、充实给养……如果一切顺利，这项事业的收益足以支付所有成本，还会有所盈余。可是要等进口的货物全部卖完才能见到利润，这可能需要几年的时间。那么商人事先手上还没钱，要如何支付前期的开销呢？

　　从某种意义上说，王室也面临着同样的情况，即必须先支出，后收益。政权的收入来自臣民缴纳的税赋，统治者不断扩大征税的领土需要依靠军队，这样就要在征服领土前开支军饷。统治者还会通过强化统治和提高收税效率来获得更多收入，但这需要专门的行政人员队伍，这也需要一笔开支。

　　一国之君的职责当然不只是打仗和征税，更重要的是要凝聚人们的思想信念，让人们相信国王就是国王。因为一旦人们不信，国王就不再是国王。要让人们相信，就要做出仪仗排场，国王要住宏伟的宫殿，穿精致的衣裳，出行要有华服侍从跟随左右，驾乘气派的马车，拉车的还一定得是百姓可望而不可即的宝马。这样，目睹这一切的人才会说"我见到了国王本尊"，旁边的人会附和"我也见到了国王，真是威仪天下！"总之，这是一个自我加强的循环：王室必须靠营造权势盛大的氛围才能进一步巩固权力，而营造氛围当然也需要钱。

　　为了解决当下所需和未来所得之间的青黄不接，一个新的人群应运而生。这群人能打造出拥有财富的表象并保持表象一直不被戳穿，直到财富真正落袋为安。十字军东渐期间，意大利和犹太放贷者运作的早期银行就是这个方向上所做的尝试。他们发现，贷出去的往往不是真正的金钱而是信用。"信用"这个词来自拉丁语中意为"相信"的词根，只要人们还相信，信用就存在。银行贷出去的"钱"是借方必须还回来的，所以是属于银行的资产。虽然这似乎听起来矛盾，但是银行贷出去的钱越多，拥有的资产也就越多。反而银行金库里存着的却是负债，是银行迟早要兑付给存托人的资产。

　　对于习惯从家庭账务角度想问题的人来说，上面的说法有点反常识。因为在普通人家，如果床垫下藏着黄金，这就是家里的资产；如果把钱借给了张三，那就是负债，因为即使急等着买米，这笔钱也不能马上用上，肉铺老板也不会让张三打个欠条就同意赊走一斤肉，因为他不认识张三（或者他认识却觉得更不能赊），张三打的欠条如果能当钱用，那他生活的整个圈子都要坚信他一定会欠债还钱。这里边，"信用"非常重要。只有所有人都相信自己使用的纸币确实代表相应的兑付价值，银行才能正常运转。

圣殿骑士团作为最早的国际银行经营者，曾经给欧洲大部分国家的君主放出信贷。老百姓会觉得，这些人既然放得出这么多贷，一定在什么地方存有大量黄金。公元 1307 年的一天，想把自己的欠债一笔勾销的法兰西国王菲利普四世（Philip IV）决定抓捕所有圣殿骑士，处决圣殿骑士领袖，罚没其拥有的黄金。为了走这一步棋，国王没少调动公众情绪，散播流言称圣殿骑士秘密控制着世界，并制造了所有的犯罪、饥荒和瘟疫让法兰西陷入困顿。所以到了国王下手采取行动之时，老百姓都迫不及待地想看到这帮遭天谴的圣殿骑士被集体消灭并罚没财产。但皇家兵士冲进圣殿骑士团的据点后，却没搜到太多黄金，只找到了大量记满了数字的账本。

而与此同时，被赖到圣殿骑士团头上的庄稼歉收、疾病瘟疫等状况并没见好转，这时候老百姓就要选择自己相信哪个说法了。是认为国王和教皇撒了谎，还是相信有些圣殿骑士逃过了诛灭，改头换面在别的秘密地点控制着世界？这第二种想法发展成了直到今天还存在的一种思维定式——阴谋论，即总是认为在公众认知范围之外有一小撮人在秘密控制着世界。

这类流言和说法产生的根源之一是金钱变得抽象化了，而这个趋势还在加剧。在普通群众盯着圣殿骑士团的秘密不放的同时，银行在继续蓬勃发展。在创业者和探险家随处可见的欧洲社会中，人们亟须资金支持各项远大事业，以期未来产生丰厚的回报。

1600 年，一群英国创业者跟国王谈下了一笔惊人的买卖。伊丽莎白一世女王同意授权给这一小拨人组成私营联合体，垄断英国与印度及其以东地区的所有贸易，还授权这些人拥有和调动自有军队、建设堡垒、与外国谈判等诸多权利。这个私营联合体自号"可敬的东印度公司"，英文缩写为 HEIC 或 EIC。

两年后，荷兰人也成立了一个类似的公司——VOC，即"荷兰东印度公司"的荷兰文首字母缩写。荷兰此举为的就是与英国东印度公司竞争，荷兰政府比照着英国皇室的做法给予该公司同样优厚的待遇：垄断荷兰对亚洲的所有贸易经营权，有权拥有和使用军队、建设堡垒、签署条约等。随后，西班牙、法国、葡萄牙、瑞典等欧洲国家纷纷成立了类似的公司，但是荷兰和英国两家东印度公司最为强大，也为其他各国闯出了榜样。

伊丽莎白一世女王又给英国东印度公司追加了一项福利，这对后来的历史产生了重大影响。她宣布东印度公司为"有限责任公司"，这意味着该公司中的个人，不论职员、经理还是股东都不需要对公司的债务或过失负责。股东可能会损失投入的股本，但损失以此为限。如果公司触犯法律，只处罚公司而不处罚公司中的任何个人。这样的规定从法律意义上将经营公司业务的具体个人和公司本身区分开来，公司中的人会更替轮换，但公司作为实体一直存续。这就好像人体内的细胞总有新陈代谢，但不影响人一直是存活的生命体。女王的法令把公司变成了这样的社会星群：有自我身份、能实施计划、有动力长期存续而不灭失，跟人或任何其他生物一样。曾经的美国总统参选人米特·罗姆尼（Mitt Romney）就说过，"朋友们，公司其实是人。"

　　荷兰东印度公司在创办之初仅由二百来位商人组成，不久后就向前迈进了一大步，公司的合伙人们决定增加股份数，并向公众发行。只要出钱，谁都可以认购，购买股票不需要通过考试，也不用考虑能否跟其他股东相处融洽。不过持股公众对公司管理没有发言权，不会因为买了股票就得到一份工作，也无权把公司的财产搬回家去。作为股东的他们只享有两项权益：其一，公司如果有年度盈利则参与分红；其二，能以任何价格将持有的任意数量的股份转售给任何人，转售价格的高低取决于买方愿意出价多少，而买方的出价要看其对公司的近期发展是否看好。因此，股票价格跟市场上的猪肉价格一样会上下浮动，只是它的浮动不同于猪肉等实际材料的供求关系，而是取决于"信用"的供求关系。股票的出现让"钱"开始有了更深一层的抽象意义。

　　这一时期，欧洲人仍然将金属铸币作为日常交易的钱币，但市场上流通着很多地方铸造的硬币。每个地方的人都要收付多种钱币，同一个人身上可能揣着几个英国先令、一包西班牙达布隆金币……至于什么货币在哪些地方能流通，并没有清晰的界限，币值也不是精确取整，所以兑换交易中全靠估计。即便两种钱币同为银质，也只能大概估算。因为偶尔有人会做手脚，从银币上刮下一些银屑，重新熔铸后据为己有；有些情况下，有权铸币的国王和大公等也会要求在银币中混入贱金属，从而虚增贵金属的供给量。那么，人们要怎么鉴别一块银币的真正价值呢？检测手段倒是有一些，但是日常中人们哪里有时间去做检测。所以在商业交易中需要讨价还价的不仅是商品，还有货币的价值。

荷兰人最先找到了一个解决办法。1609 年，阿姆斯特丹的主政者们授权若干私营银行家组建统一的中央银行，有意在阿姆斯特丹做生意的人都必须在这家银行开立账户、存托资金。银行官员负责确定各类货币的价值并将其保管在金库中，向开户人颁发银行纸币，币值总额等于其存托在银行的货币总值。在整个阿姆斯特丹辖区，所有人必须将这些纸币视同货币收受，且所有交易只能使用这些纸币。

纸币的固定价值与其所用纸张和印刷质量无关。一张破旧磨损的 10 荷兰盾纸币与一张崭新的 10 荷兰盾纸币价值完全等同，10 张 10 荷兰盾纸币与 1 张 100 荷兰盾纸币也完全等值，不论新旧。纸币的出现让货币摆脱了物质层面的不确定性，成为纯粹数学意义上的符号。不久，阿姆斯特丹中央银行发行的纸币成了国家统一货币，通行于荷兰全境。

同有限责任公司的概念一样，设立中央银行的做法也流传开来。1694 年，不久前还是荷兰奥兰治省大公的英国国王威廉三世（William Ⅲ）要为王室的若干事业筹集资金，其中包括要到法国领土上打一场"必要的小仗"。他把辖区内专门从事信贷经营的人召集起来，要求他们提供一笔高达一百多万英镑的巨额贷款。作为回报，国王授权这些人组建企业，将国王欠下的债务分割成若干小份，以载明价值的银行纸币形式出售给公众。这个机制是这样的：国王偿还债务后，持有纸币的人都可以按币值从还款金中分得自己的一部分。在国王还债之前，人们可以凭借纸币购买任何想要的商品和服务。如此交易后，市场上的经营者就获得了纸币，未来可以凭此领取一部分国王偿还的债务。这些纸币之所以能当钱花，是因为它与张三的欠条不同，纸币背后是国王庄严的还债承诺。如果人们连国王的承诺都信不过，还有什么能信得过呢？

事实上这笔债务根本没有偿还——国王当然不会还。由国王的债务背书的纸币成为英国所有经济活动的通行货币，国王的债务成了支撑整个英国经济的基础。如果这笔债突然还上了，英国经济岂不是会全盘垮掉？一个国家有债务并不代表它处于多大的麻烦中，其实债务是保障整个体系运转的黏合剂，债务越多，就会有越多的人作为债权人被组织在同一个环环相扣的体系中。同阿姆斯特丹银行一样，英国的这家银行也成了全国的中央银行。这一时期还出现了很多其他的中央银行，而这些中央银行又对应了一种新兴的、被严密组织起来的社会星群——民族国家。

中央银行的出现让各国君主有财力巩固各种统治机制，从而强化权力。这些统治机制跟古时候把各大帝国凝聚起来的力量如出一辙，也包括拿俸禄的官员、邮政系统、情报网络、治安警察、基础设施等。而且到这时，君主们有了更高级的工具，能够用钟表协调行动，用印刷传播意旨，用信贷机制活跃经济，用银行发行货币……从而保障自己的意志能深入贯彻到治下的每一个角落。在整个欧洲，王权的力量以前所未见的方式渗透到了人们生活的方方面面。

虽然白银最终让西班牙变穷困了，但在哥伦布发现新大陆后的几百年间，各种形式的巨量财富流出美洲，让世界的沙盘为之倾斜。然而，真正能接触到美洲财富的不是全体欧洲人，甚至也不是全体西欧人。哥伦布的老家在意大利，但意大利人并没有机会参与这场财富狂欢。只有西欧边缘窄条地带的人们获益最多，包括葡萄牙、西班牙、法国、英国和西欧几个低地国家。在一百多年中，它们动手最早，成绩最好，几乎独占整个南北美洲，造成了印第安土著的大灭绝，把鲜少有人动过的资源和财富装船运回欧洲。这些国家因此成为西方崛起的排头兵，难道不是顺理成章的事吗？

19. 发现新大陆后的世界

1500 年—1800 年

　　哥伦布航行开启了全球的新篇章。新大陆发现后的几百年中，地球上主要的世界历史单子相互碰撞交流，发展出了我们今天所生活的世界。起初，每个自我中心的世界都是一个有自己的观念、规则和叙事的巨大星群，不同单子中的各民族也各有发展轨迹。在冲撞交融中，每个民族注入了什么动力，就会从中得到什么样的影响和收获。激烈的碰撞过后，欧洲和北美成了世界的第一梯队，中国掉队了，中部世界陷入了仇恨的征服与被征服之中，非洲和拉丁美洲则在更大的世界格局中跌到了边缘。在这个世界格局中，中心不再是中国、印度或伊斯兰世界，而是新崛起的欧洲。

殖民地竞赛

哥伦布启航之时，西欧的众多君主国正处于权力巩固阶段。听闻美洲新大陆的情况后，各国陷入了争夺新世界殖民地的激烈厮杀（所谓新世界，当然是站在他们自己的视角看）。新时代之初，葡萄牙和西班牙是扩张势头最猛的两大海洋强国，西班牙占据了美洲，葡萄牙也很快拿下了非洲之角，并打开了通往香料产地印度及其以东地区的大门，两大海洋势力之间的冲突一触即发。此时教皇介入斡旋，协调双方划定界线，由此达成的和约把巴西划给了葡萄牙，而（按教皇的说法）把其他所有地方都划给了西班牙。

西班牙从未在中部世界占到过根据地，也没有进入过印度，连在欧洲大陆也很快失势，但却一直坚守着在美洲建起的帝国没有退缩。西班牙人横扫美洲，沿着西海岸北上到达加利福尼亚的旧金山湾。在这里，他们通过开办大庄园（hacienda）和传教站（mission）而站稳了脚跟。大庄园是指西班牙的军事贵族拥有的大型庄园，组织印第安人劳动，生产皮毛、葡萄、葡萄酒等产品外销。传教站是戒备森严的院落，西班牙人从这里把他们的基督教世界观传播给周边民众。

在墨西哥和南美，西班牙人开采了大量白银。在美国西海岸，西班牙舰队驶往菲律宾，并从那里进口来自中国的货物。

同时，中美洲和南美洲的印第安人开始经历族群复苏，挺过了大灭绝的印第安社会重新壮大起来。相比于英国人和法国人，远渡重洋来到这里的西班牙和葡萄牙人有一点显著不同，他们都是没成家的男子。这些人把印第安女性当作发泄欲望的工具，有时也娶为妻子，于是他们的后代就成了混血儿。在北至里奥格兰德河、南到智利南端的这片大陆上，混血人口越来越多。这种情形跟斯堪的纳维亚人闯入斯拉夫社会后形成俄罗斯人的过程非常相似。

　　表面上看，西班牙人的文化主宰不容挑战。虽然印第安人的数量在增加，但会说土著语言的人越来越少，而欧洲伊比利亚半岛的葡萄牙语和西班牙语反而成了里奥格兰德河以南广大地区的通行语言——巴西讲葡萄牙语，其他地区讲西班牙语。纯正西班牙血统的欧洲人继续统治着人口众多且还在不断增加的印第安人和混血人群。不过这些统治阶层慢慢地成了美洲的贵族，而失去了跟老家的情感联系。

　　在殖民伊始，葡、西两国是非常坚定的天主教国家，大量的修士和传教士率领传教团前往中美洲和南美洲。因此，几乎所有在美洲皈依基督教的人加入的都是罗马天主教。1531 年，皈依天主教的阿兹特克人胡安·迭戈（Juan Diego）宣称，他在瓜达卢普附近遇到了圣母玛利亚，圣母的长相跟美洲印第安女性一样。瓜达卢普的圣母形象让讲西班牙语的美洲人有了一个可以尊奉的对象，让他们能对自己皈依的基督教有一种归属感和认同感。这一形象的出现标志着美洲天主教发展演化的开端。今天，全世界天主教信徒中约有一半居住在美洲。

　　有所复苏的印第安族群把他们旧文化中的一些内容带到了里奥格兰德河以南的新兴文明中。中南美洲的印第安人和欧洲伊比利亚半岛人交流融合，在当地形成了具有相当规模的独特的美洲文明，我们一般称当地为拉丁美洲，称其文化为拉美文化（Hispanic[①]）。这种叫法并没有体现出发现新大陆之前的美洲印第安文明，这其实有些奇怪，因为今天的游客（比如我本人）在西班牙随便走走就会发现，西班牙文化跟拉美文化大相径庭。在我看来，如果在墨西哥-秘鲁以及法国-英国两组之间选择，西班牙文化显然与后者更为接近。

拉丁美洲绝大部分土地被西班牙占有，但率先崛起的国家对世界其他地方的殖民争夺仍在进行，葡、英、法、荷四国主导着这场争夺。尚未被占据的土地当中，最大的两块肥肉一是东方有着传奇般财富的印度，二是西半球的北美洲[21]。葡萄牙在东方占得先机。作为率先绕过非洲南端的民族，绕非洲航行很快成了葡萄牙人的家常便饭。他们在非洲沿海建起堡垒，作为轮船避风、海员休息以及补充给养的基地，最终形成了一连串海上军事据点，保障船队畅通无阻地往返印度。

然而荷兰人到来后，把葡萄牙人赶出了印度次大陆。遭受重挫的葡萄牙人需要疗伤，拿下了一个又一个非洲殖民地和整个巴西重树信心。然而，荷兰人不久就发现自己是螳螂捕蝉，黄雀在后，英、法两国也加入了争夺，把他们从印度和北美赶了出来。荷兰人只好在东南亚重整旗鼓。

---

① 字面意义为"西班牙文化"。——译者注

　　对最后几块令人垂涎的殖民地的争夺在英国和法国之间展开。自 1744 年至 1763 年，这两大强国及各自的盟友在世界各地开展了一系列战役，战场包括开阔的公海、北美的密林、西非的处女地、印度沿海地区、菲律宾群岛等等。这一系列战役在欧洲被称为"七年战争"，在北美被称为"法印战争"，在印度被称为"卡纳蒂克战争"。虽然在不同战场的名字各异，但它本质上是同一场规模巨大的战争，只为决出谁能得到哪些殖民地。法国人输了，英国人赢了，从此进入了不列颠帝国的辉煌时代。

　　可是没过多久，英国在美洲的十三个殖民地就宣布脱离不列颠帝国而成为独立的民族国家。这样的巨大损失让英国更加意识到印度的至关重要性。至此，全世界的人口都卷入了同一场你争我夺的纠缠中，人类仍然生活在很多族群组成的多元社会中，每个族群有自己的故事，不过所有族群都成了同一个大舞台上的竞争者。

非洲

　　在美洲生产白糖、棉花、烟草等主要作物需要付出大量艰苦的劳动，为应对这个需求，欧洲的企业主们不断改进种植园体系。种植园是种植单一作物的一大片土地，种植园主在这里组织劳动，从事经营，进行销售、记账、促销、开拓市场等活动，而劳作由监工监督着奴隶或长工完成。美洲的种植园实际是 19 世纪欧洲工厂体系的雏形。

　　起初，种植园主利用印第安奴隶劳动，但此前的瘟疫造成了印第安人口锐减，那些挺过来的人多半也身体虚弱，常常在体力劳动中累死。于是，种植园主开始另辟门路招募奴隶，他们盯上了非洲。这催生了一条全球产业链，给很多人带来了噩梦。加勒比地区生产的糖料被船运到北美沿岸各大城市，在那里酿成酒后被运到欧洲销售，换取枪炮。枪炮再被运到非洲卖掉，换来奴隶，而这些奴隶正是非洲沿海地区的人拿着枪炮从非洲内陆抓来的。从非洲运来的奴隶再被拉到加勒比地区换取糖料，这样又一个新的贸易循环开始了，如此往复。

　　欧洲人把买到的奴隶塞进拥挤不堪的轮船货舱中，同船的人都是从非洲抓来的，除了都是黑皮肤之外，可能没什么其他共同点。很多人在海运途中就惨死在货舱里，活下来的人则按照体重、健康状况、性别等被分头卖往各地，完全不考虑他们之间的亲属关系和社会联系。在奴隶市场上，他们被当作机器部件一样的劳动工具。

　　大部分非洲黑奴都是非洲奴隶贩子或其他非洲人抓来的。非洲奴隶贩子并不会觉得自己是在一场白人与黑人的斗争中背叛了同胞，因为非洲是一整片大陆而不是单一的文化，那里生活着不同文化、不同民族、讲不同语言的人。在撒哈拉以南的非洲，肤色相同并不说明有共同的身份，因为非洲各地人人都是同样的黑皮肤。

　　哥伦布首次启航前往美洲那一年，取代了马里帝国的强大的桑海王朝发展到了极盛，阿斯基亚·穆罕默德（Askia Muhammad）正准备登基掌权。东非也已经形成了庞大的贸易网络，连接起了沿海地区四十来个城邦及附属宗族。这其中就有大津巴布韦，今天我们仍可以参观占地约两百英亩的大津巴布韦石头城遗址。奴隶贩子们刚到达非洲时，大津巴布韦还是绍纳帝国的都城，其贸易联系曾远达中国。

不过后来跨大西洋奴隶贸易兴起，从此改写了非洲大陆的历史进程，在这个层面上产生的影响甚至比对奴隶个体的摧残更加深重。在安哥拉到今天几内亚比绍漫长的西非海岸线上，新城市作为奴隶贸易港口发展起来。奴隶贸易带来的丰厚利润让不少非洲人放弃了耕种、放牧和手工制造，纷纷加入抓人倒卖的勾当。

其实这不是历史上第一次出现奴隶贸易，几乎从有人可供奴役的那天起，就有人在使用奴隶。罗马帝国就是奴隶建成的，罗斯人也是靠把斯拉夫人贩卖给穆斯林为奴奠定了家业。在人类历史的大部分时间里，约束人的社会规范从来都只适用于某个群体内部，它能调整群体内部的秩序，却不涉及如何对待群体之外的人，也不管奴役外人是对是错。所以人怎么对待人其实只取决于如何区分自己人和外人。那么，什么样的外人可以被名正言顺地奴役呢？

不管是罗斯人、罗马人还是阿拉伯人，历史上大部分民族都把权力当作最重要的标尺。成者为王败者寇，战争中的获胜者可以奴役失败者，不管他们原来是谁、有何体貌特征。比如，罗马帝国的奴隶并不都长一个样子，而可能是罗马征服过的任何一个民族的长相。

如潮水般涌入美洲的欧洲人虽然同属一个庞大的思想星群，但也不都是朋友。他们也曾互相征伐，大肆杀戮。至此，他们在新大陆上面对的都是些体貌另类、语言相异、饮食奇特、服饰怪异甚至衣不蔽体的人，不论在哪个方面都跟自己相去甚远，尤其是跟自己没有任何共同历史可言。

于是，殖民者开始着手将"蛮荒"改造成（自己眼中）"文明的田野"，而印第安土著则在防范殖民者伤害（自己眼中）"有生命的地球"。两大文明星系在此碰撞，各有一套自洽的体系，要融合起来实在困难。无往不胜的殖民者们没有把这种碰撞当作战争，在他们看来只有文明人之间才谈得上战争，而在这里可以说是在荒野上围捕野兽。殖民者跟印第安人的背景差别过大，遮蔽了两者之间共通的人性。其实，很多共同点并不难发现，比如他们都深沉地爱着子女，受伤时都会流出鲜红的血液，然而来自不同文化星系的双方到底没有从中感受到相同的意义。

殖民者在美洲大陆上给印第安人带来深重的灾难，还把对印第安人的价值认知推广到了对待非洲黑奴上。虽然奴隶制古已有之，但这一次奴隶身份被建立在了显而易见的种族基础上。欧洲人相信人是分为不同类别的，有些人天生就是奴隶。欧洲人还觉得，奴隶贸易是迟早要发生的，因为这是可以产生利润的事业。抓人做奴隶，再让他们服苦役累死，从中牟利的人不必觉得自己是坏人。贸易和奴役的想法能在同一个思想星系中产生联系，是种族主义在其中充当了媒介。在欧洲对美洲的殖民历史上，以种族为基础的奴隶贸易就像西方传说中关在地下室里的牛头人身怪，欧洲人在楼上宴饮作乐，尽力不去想地下室里的这头怪物正怒吼着吞吃童男童女。

20. 失稳的中心

1500 年—1900 年

　　哥伦布启航前往美洲时，明朝中国正重回可以媲美历史巅峰的辉煌。而当欧洲商船第一次到达中国海岸时，明朝盛世已去。不过这时的中国还没有显露衰落之势，明朝打下的江山稳固依旧。至于其内部体系是否仍然稳健，一切运转如常，这个我们说不清楚。中国太广阔、太复杂了，没有谁能轻易判断整个中国社会健康与否。中国幅员辽阔、地理多元，广袤的大地上有雪山、沙漠，也有沼泽、河流。这里的人们分属五十多个民族，使用两百五十多种方言，边境内外有着复杂的民族关系。

　　当然，欧洲和中部世界也不比中国简单，但是中国总有一种深刻的社会与政治统一性。笔者认为古代中国并非民族国家，但也不是传统意义上的帝国，如果要造一个词来形容，可以说是一个"文明国家"（civilization-state）。而到这个时候，长久以来把这个"文明国家"凝聚为一体的主体叙事正开始衰颓。

按照中国自古流传下来的叙事传统，只要每个人在每个场合下都按孔子的方式为人处世，天下就会井然有序。然而，孔子不会对现实生活中出现的每种情形都给出明确的指导，特别是当现实出现乱局之时，有时孔子的指导似乎还自相矛盾。例如，皇权的交接就经常涉及棘手的问题。表面来看，规则很清楚：先皇驾崩，皇长子即位，这就维护了天下的法度秩序。但是如果皇长子愚笨不堪怎么办？如果他还未成年怎么办？如果出现了 1524 年危机中的情况，皇帝还未有子嗣就驾崩了又该怎么办①？

在这场继位危机中，朝廷官员决定拥立大行皇帝十三岁的堂弟继位。为了让继位符合礼制，官员们宣称，年轻的新皇帝是大行皇帝的身后嗣子。这听起来颇费周章，而且这样新皇帝就不能再认自己的亲生父亲了，这是大不孝之举！如此，国之礼法与家之宗法难以两全，这该如何是好？群臣众说纷纭，分成了两派。百姓纷纷上街请愿，朝廷就此停摆。这次"大礼议"堪比西方社会的宪法危机。

最终，群臣想出了一个折中之道：昭告天下新皇帝的生父是大行皇帝死后的嗣子。这把情况更加复杂化了，但是深谙儒家文化的人会明白此举的合理性，只有这样做才能维护中华文明星群继续闪耀。在这个星群中，皇权源于礼制。因此在朝廷中，与掌管国之要

_____

①　这次危机始于 1521 年正德皇帝驾崩，终于 1524 年，因此作者称为 1524 年危机。中国历史上称之为"大礼议"。——译者注

务的兵部和户部相并列的还有一个"礼部"，因为整个社会都要靠"礼"维系起来。如果这次礼制之争的结果不能服众，百姓就会对朝廷失去信任。而最后只求正确稳妥的烦琐解决方式，实际上损害了明朝中国的统一、自洽的叙事。

同时，宋明理学影响下的社会并没有实现孔子理想中天衣无缝的和谐。比如，人人都知道重农抑商，朝廷命官最受尊敬。但中国的社会阶层不像印度的种姓，理论上任何人都可以在阶层之间流动，在科举中考取功名就有机会进入最高阶层。科举考试是中国古代文化的精要之一，但准备科举却要历经十年寒窗。农家子弟没有那么多时间，家里需要人手耕田。而商人家却不一样，说他们亦商亦盗也好，说什么别的也好，这些被视作"社会寄生虫"的人常常能富裕起来。富裕的人家可以让孩子专心读书，也请得起私塾先生在科举路上助他们一臂之力。这样一来，最受轻视的阶层反而更容易一跃进入最高阶层。而农民世世代代继续务农，这着实让人心中愤愤。

更残酷的是，一心求取功名的人数以百万计，但所有的官职加起来不过两万，所以参加科举的人多数要名落孙山。那些十年寒窗却屡试不第者最终只有怀着对家人的歉疚另谋出路，内心必定是煎熬的。

再比如，明朝的开国皇帝与功臣元老原是底层的混混，他们虽执掌大权，但对金钱的作用没有深刻的理解，觉得银票不过是方寸纸张，只要百姓老实听话，货币体系自会运转如常。朝廷每有支出需要，就仿效宋朝做法直接印制银票。可是这些银票跟同一时期在欧洲出现的纸币到底不同，欧洲的纸币有商业交易产生的价值支撑，而明朝的银票只是体现朝廷的印钞能力罢了。银票为什么可被当作钱币乃至银票价值几何，全靠朝廷规定。这样做的好处是社会不愁通货短缺，但凡有需要，朝廷可以直接印钞。

　　然而其弊端在于，银票一旦流入市场，朝廷就不再能左右其购买力。同一张银票，不论票面写明银两多少，可能在甲地是一个价，到了乙地就值另一个价。所以，即便明朝是以政令调控的统一经济体，银票还是扰动了内部经济。于是朝廷改弦更张，开始铸造铜板，却也没能重树百姓对货币的基本信任。人们熟悉的白银重新成为民间交易的主要通货，但凡可以，人们都乐意用银子结账。

　　如此一来，朝廷也随了大流，要求税赋俱以白银缴纳。然而明朝本来没有那么多白银，自己的银矿都已近枯竭，邻国日本的内乱又影响了白银进口。要想多弄一些白银，唯一可靠的办法就是向各路欧洲商人出售商品换取银两。这些洋人虽然陌生，但是兜里揣着大把白花花的银子，又对中国商品趋之若鹜，尤其青睐茶叶、陶瓷、丝绸等。不过，茶叶和丝绸外贸的发展造成了一个恶果，可耕地总量就那么多，一块地如果用来种茶叶或养桑蚕就不能再种稻米，两者不可兼得。与此同时，社会人口还在增加，粮食减产也不是办法。这要如何是好？

　　到了 16 世纪，明朝不声不响地采取了一种策略，开始从世界各地引进新的农作物：红薯、瓜类、玉米等等。这些作物跟水稻不同，在沙地里、山坡上都能生长，让原来的荒地变成了农田。从此人们可以一边生产粮食，一边种植经济作物支持出口，人口增长和外贸繁荣两全其美。

在华南地区，大量白银流入推动了手工业的发展。越来越多的农民进入城镇，在如雨后春笋般出现的陶瓷工厂中做工。明朝的商人和工匠纷纷富裕起来，这让理学维系下的社会体系出现了松动。

当时的中国人只看到出口繁荣、粮食充足，而对哥伦布航行带来的涟漪效应浑然不觉。其实瓜类、玉米等很多作物在新大陆被发现前都只存在于美洲。是欧洲人先引进了这些新品种，才让它们后来在整个东半球普及，一直来到遥远的中国。除此之外，市面流通的白银也多数来自美洲。不过只要明朝社会正常运转，哪个中国人会在乎庄稼和银两到底来自何方呢？

但是后来情况发生了反转。17世纪初，地球进入了一个气候小冰期，全球气温略微下降，但不是每个地方都变冷了，而是各地气候出现反常的波动。在中国出现了旱灾，造成庄稼绝收。在此之前，明朝经历了快速的人口增长。而到这个时候，正值欧洲出现银行、公司、民族国家等新趋势，明朝中国却困于粮食短缺。人多粮少，这在历史上一直是社会动乱的诱因。

眼看着颗粒无收，生活难以为继的农民大量涌入城市谋生。然而不巧由于一个发生在别处的历史转折，这时的城市也无工可做了。忽然间，流入中国的白银减少了，遥远的欧洲出现了乱局，不知地处何方的西班牙发生了经济衰退，身在中国的人们对西班牙局势又能有何作为呢？无能为力，只能承受着遥远的西方上游对本地下游的冲击。

背井离乡的农民只好四处流浪寻找生计，其中必然会有人丢弃了孔孟道德，开始弱肉强食。对付这类地痞蟊贼，用重典、下大牢并不起作用，他们被放出来之后反而会作恶更甚。于是朝廷把这些人征召入伍，希望他们的破坏欲能用在为国出力上，可惜效果并不好。这批品行糟糕的人总是不听指挥，被军队开除后反倒成了受过训练的有武装的恶棍，横行乡里，挑起事端。越是这样的人还越臭味相投，拉起了帮派，结成了团伙。

中国古代的社会中一向不乏各种同好团体、秘密帮会和旁门左道的宗教组织。在太平盛世，这些帮会能缓解家庭宗族的框架带来的限制，给人以额外的身份认同。一个男人不仅可以承担父亲、叔伯、兄弟、儿子等角色，还可以是少林拳师、围棋高手、民间医生等等。但到了乱世，秘密帮会常会发展成鼓吹末日就要到来、新时代即将开启的民间教派。这样的帮会把群众煽动了起来。明朝正是发迹于"红巾军"，而到了明末，有武装的民间教派和流民再次在各处兴起，朝廷的军力应对不及，顾此失彼，于是他们壮大成了民间军力。其中有一支尤为残暴的农民军，大部队十万人沿着黄河流域一路抢掠，最终攻占了北京城。兵临城下之时，明朝最后一位皇帝去了皇宫后面的花园自缢而死。叛军首领闯进紫禁城大肆掠夺，部下士卒在北京城内烧杀奸淫无恶不作，一时间都城血流成河。

此时，满人伺机而动。满人是居住在长城之外的塞北民族，他们最初曾是草原游牧部族，到此时已经基本定居生活，还发展起了城市文明。眼下正值北京城内大乱，他们乘虚南下，击败了农民军，以自己的兵力占领京城，宣布要重建秩序。他们也确实是来救中华帝国于水火的，不过不是帮助明朝，而是要自己掌权。满人登基成了皇帝，国号为清。

这次转折让人有些迷惑。在当时，满人不是汉人，但又不像蒙古人那样无可争议的是外邦人。他们虽然有自己的语言，但也会说汉语；有自己的文字，却也写汉字；他们的生活习惯虽然可以追溯到游牧文化，但现在也有城市文明，也学习中国传统文化，信奉宋明理学。

满人将紫禁城作为自己的皇宫，全盘继承了明朝的国家机关，重振内阁六部，当然也包括至关重要的礼部，继续实行明朝的经济政策，恢复官学和科举考试。中国人都知道满人不同于汉人，但是他们着力掩饰这一差别，听从汉人学士的礼制建议，让汉人与满人共同担任朝官。如果说明朝的第一要务是复兴，那么清朝的复兴任务就更加迫切，因为满人更需要向天下证明自己是中国文化的代表。

清朝初期的中国仍然没有显现出即将走下坡路的迹象。清初四十年，满人将整个中华帝国的疆土都收入治下，治理的触角甚至远达中亚。清朝的版图不断扩大，长城不再是北方边界，而成为清朝腹地的一处游览景观。这个时期，中国对朝鲜半岛和东南亚藩国的控制也加深加强了。

只有日本没有受到清朝强权的影响，凭借四面环海的地理优势，日本发展起了封建社会，稻米种植占有神圣地位，渔业则提供了日本人所需的主要营养。名义上，日本仍然由长达一千五百年历史的王朝统治，但社会治理权此时主要集中在封建幕府将军手中。

幕府将军养着由武士率领的军队，这些武士有自己特殊的近乎宗教的文化传统，有点类似奥斯曼帝国的苏非派兄弟会发展而成的宗教勇士团，又类似十字军东渐时期天主教的骑士团。

日本非但没受到压力，反而还曾试图入侵清朝，这在当时的清朝人看来简直是不自量力。凭区区几个小岛，怎敢妄想征服最强大的天朝上国？其实，清朝虽然没有动过日本，但已经在北至蒙古、南达马六甲海峡的整个地区扩大了自己的势力和影响。到17世纪末，中国仍然完全有理由自视为居天下之中的泱泱大国。

白银与茶叶

清朝还继承了明朝一个未见得是好事的做法，也在开支中使用银票，但在收税时要求真金白银。发行银票确实促进了内部经济流通，但是纳税者们又面临那个老问题：到哪里去弄银两来交税呢？老办法看来依然有用，那就卖更多商品给随西方商船而来的贸易商。

朝廷也认为对外贸易是个良策，因此全力支持出口产业，毕竟出口换回的白银最终要流入国库。在南方地区，官办的瓷窑发展成了规模化的工厂，大批苦工在恶劣的条件下劳动，挣着微薄的计件工资勉强糊口。

过去，茶叶主要产自屯田军户经营的农庄，只是农庄中的作物之一。田间劳作由地主雇佣的长工承担，地主和长工的关系依靠儒家传统来调节，双方共同处在一张责任与义务的大网中，以繁复的礼节与相互亏欠心理作为缓冲。但到了清朝，产茶的农庄变成了大面积出产单一作物的种植园，为了增加产量，效率成了种植园的首要目标。茶园开始雇佣采茶工人，并由专门的监工管理，这些监工只关注产量数字，不再重视儒家的仁义道德。社会变得与从前不同了。

清政府和权臣谋士们并不喜欢这个新社会，他们固然乐得收洋人的银子，却不愿受西洋文化的腐蚀。他们禁止欧洲人进入中原，只允许他们在指定的商埠贸易。欧洲商人只能在那里等着中国商人来收订单，付了款后再干等着交货，收到货后立即离开。

面对怠慢，欧洲商人也只能耸耸肩打趣接受，毕竟千里迢迢来这里是为了赚钱，不是为了交友。但让他们感到不快的是中国人只卖不买，一两银子也不肯花，而收款又只要真金白银，再不然就是钻石。一位清朝皇帝一语道出了其中原因："天朝物产丰盈，无所不有，原不借外夷货物以通有无"——既然本土产品优于一切舶来洋货，清朝何须外购进口呢？

不管怎样，西方商人还是在对华贸易中有利可图，所以仍然络绎不绝地前来。中国的丝绸出口达到了空前的高峰，瓷器也行情大涨，欧洲语言中甚至直接用称呼中国国名的"china"指代高品质的陶瓷器皿。而最受西洋商人热捧的当属茶叶，英国人对这种东方饮料上了瘾。这里的"上瘾"不是比喻义，因为茶叶本身就是成瘾品。如果放在今天，茶叶跟可卡因等成瘾毒品比起来可能不算什么，但想想在当时的英国还有什么别的饮料呢？左不过是些酒类。

所以英国人对茶趋之若鹜也就很好理解了——好茶提神，烈酒伤身，就这么简单。这个时候虽然咖啡也开始时兴，但风头还远不及茶叶。

1720 年，英国从中国进口共计二十万磅茶叶，1729 年就上升到了一百万磅，1760 年达到三百万磅，到了 1790 年则高达九百万磅。整整九百万磅的茶叶可不是小数目。不过诸君坐稳听好，到了 19 世纪中叶，英国每年从中国进口的茶叶竟高达三千六百万磅！曾几何时，海上的商船是拿茶叶来垫着陶瓷以防其磕碰损坏，现在情况倒过来了，满载茶叶的商船要配载一些陶瓷来做压舱石。

面对这样的贸易形势，西欧各国坐不住了，大把的银子就这么外流最后只富了中国，买回来的茶叶无非是消化代谢掉了。西欧文化建立在商业的基础之上，而商人对财富的认识简单直观：财富就是钱。如果卖得多买得少，就能富起来；反之买得多卖得少，就会穷下去。这里说的钱，根本而言就是金银。谁死的时候存下了大量金银，谁这一辈子就风光。在每个商人看来，大家确实都赚到钱了。但是从西欧的整个国民经济来看，中国在让西欧，特别是英国越变越穷。

英国政府还不能一声令下禁掉茶叶贸易，因为进口关税是重要的财政收入，而茶叶贡献了近一成进口关税总额，政府禁掉茶叶无异于自断财路。此时的英国刚刚结束跟法国在全球的殖民地战争，军费开销巨大，正是用钱的时候。所以政府将茶叶的进口关税提高一倍，一方面减少茶叶销量，另一方面也不影响政府收入。

但这还是影响到了有些人的利益。英国东印度公司全靠茶叶贸易立足，此时岂能坐以待毙？东印度公司靠着强势的游说争得了政府的扶持，英国政府颁布法律强令在美洲的英国殖民者必须购买东印度公司昂贵的茶叶，而不能买荷兰海盗走私的廉价茶，因为海盗自然是不向英国王室交税的。这项《茶税法》让这些殖民者怨声载道，终于有一天晚上，一群不知哪里来的激进分子潜入东印度公司的船，将大量茶叶倾倒进海港，损失的茶叶如果放到今天价值得有上百万美元。此后，英国政府制定了更严苛的惩戒性法律，这进一步激起了这些殖民者的愤怒。沸腾的民怨最终爆发，美国独立战争开始了。

　　所以各位看到，清政府的政策竟然推动了美国的诞生，一条长长的因果链条把清朝中国和新生的美国连在了一起。另外，英国到底找到了一个平衡对华外贸逆差的办法，但解决的办法却不在中国本身。为了能更好地理解后面发生的历史，我们有必要先来看看中部世界此时在发生着什么。

21. 被困的中部世界

1500 年—1900 年

16 世纪，欧洲势力刚开始在全球扩张之时，伊斯兰的中部世界仍然自认辉煌无双。此时伊斯兰文明中强大的各国之间还有不少没解决的矛盾和问题，但是跟中国类似，这里的人们还没有觉察到这里即将走上衰落的道路。欧洲商人已经打开了这里的海岸，虽然各处已经开始有了零星冲突，但中部世界的各国并没有把这些异族视作对手或威胁。当然，一部分原因在于欧洲人是以通商贸易者的姿态出现，如果他们组成军队来犯，是不会推进得如此顺利的。

中部世界的各国与欧洲之间的交往可能给双方都造成了误判，因为双方来自不同的社会星群，对同一事件会解读出不同的意义。两边并不见得分歧巨大，但是不在同一话语体系，连分歧都无从谈起。

　　欧洲人都是自己做买卖的商人，私营企业在欧洲跟在伊斯兰世界的地位完全不同：在欧洲，兜里有钱才能手上有权；而在伊斯兰世界，手上有权才能让兜里挣到钱。换言之，在达鲁伊斯兰的土地上，有钱只意味着有的可花，但是要想有权势，必须与政治权力的中枢即军事和宗教界有所联系。其中，一类权力掌握在"乌里玛"（ulama）的伊斯兰学者手中，他们掌管教育、宗教、语言、律法乃至整个伊斯兰文化星群；另一类权力则来自君主和王室亲信，他们掌管着执法、征税、建设、战争和战利品分配等，手里握着物质世界的权杖。

　　政教两界的名门望族通过联姻形成千丝万缕的联系。伊斯兰社会由一张张人情关系网构成，其中最高级的是王室关系网。统治者将税收事务交给最信赖的亲信承包，包收税款的人有权利也有义务负责指定区域的征税，并且必须定期给主家上交一定数额（而非一定比例）的税收。至于其具体怎么收税可以自己决定，交够约定的数额后剩下的都是自己的。跟王室亲近的人能得到很大的征税区，他们又照此操作进一步分包，分包征税人在各自的区片内承包一定税额，也遵循定额以上余出的部分都归自己所有的原则。

　　这样层层分解到了基层，收税的人和交税的人可能不但互相认识，甚至还有亲缘关系。如此一来，收税变成了人情关系网中靠着盘根错节的联系和部族传统而进行的交涉。在具体执行上，收税人可以自行调节尺度，因此有的会被夸为讲情义、有胸襟，有的会被戳脊梁骨说冷血残酷。社会评价和道德褒贬让收税人忌惮悠悠之口，从而约束了他们的行为。伊斯兰社会中，羞耻感是维护社会秩序的一个重要因素（不过换一个角度看，跟其他地方一样，在这里也是脸皮越厚者得利越多）。

在欧洲，想得到政治权势的人必须先壮大自己的产业。而在伊斯兰世界，追求奢华享乐的人须先攀上有权有势的主家不断向上爬，去认识身份更显赫的人。欧洲人在穆斯林治下的地区发展起贸易据点后，伊斯兰世界中谁的人情关系网强大，谁就能从对外贸易中获利。那些通过巧妙联姻、英勇事迹、阿谀奉承或其他什么旁门左道进入了最高圈层的人，就有了通过贸易大量聚敛钱财的机会。后来，欧洲商人带着欧洲制造的商品过来，这些人又从卖家变成了买家。欧洲人卖掉货物，换回白银。

在欧亚贸易的亚洲这头，人们把欧洲人视为自己的主顾，而自己要尽力成为关系广泛、值得信赖的客商。在这个世界里，人们买贵重东西时不会简单地问个价、交上钱就拿货走人，而是要照顾名声和体面，坐下来喝会儿茶，聊会儿天，先结下情谊，建立一定感情基础后再谈生意。在一个以人情关系为底色的社会中，如果不照这套规矩行事无疑是在自降身格。叙事体系创造了这样的社会惯例，人人都要遵守。

相比之下，欧洲人则惯于在商言商，直来直去。他们可不是来建立什么兄弟情谊的，纯粹就是要做买卖。他们的声望和荣誉不是来自在商业交易中把握这种极其微妙、没有定律可循的社会默契，而是要靠数字说话，交易量大、账本漂亮才是王道。人情关系曾经是整个伊斯兰社会进行财富分配的机制，但同欧洲的贸易扭曲了这个机制，养起了一批越来越亲欧而与同胞越发疏离的精英。这些精英变成了外国商人和本国百姓之间的中介，把外国人的利益照顾得越好，他们的钱包就会鼓得越快。只是让外国商人欢心的做法，未必是对本国人有利的。比如，在印度就是这样。

印度

在印度，"精英"的内涵很复杂。印度躲过了蒙古人的铁蹄，伊斯兰教也没有成为且不会成为将印度组织成统一社会的核心思想体系。因为这里的人大部分是印度教徒，他们的历史观念中仍然认为突厥穆斯林是从北方闯入的侵略者。在蒙古帝国崛起之前，这些侵略者就曾统治过印度的大部分人口，但两者的文化体系截然不同这个问题一直都在。伊斯兰起源传说中有一个核心内容是先知穆罕默德在麦加摧毁偶像，这是不可颠覆的，否则整个伊斯兰社会星群将不复存在。然而在印度教中"偶像"的观念根深蒂固，是人们崇拜的寄托，消灭偶像就是触动信仰的核心。此外，伊斯兰教信奉所有穆斯林一律平等并以此为荣，而印度教则把种姓等级作为社会的基础。伊斯兰教坚持唯有穆斯林信奉的主才是真主，其他所有的神都应被消灭，这也与印度教的开放包容存在根本性矛盾。印度教徒曾试图将穆斯林作为一个种姓纳入自己的大体系，但穆斯林必然是不同意的。

不过印度教徒和穆斯林之间还是有商贸往来的，几百年来也形成了不少联系，并由此产生了一些文化混合的趋势，例如印度教出现了朝伊斯兰教苏非派发展的迹象。印度教的"虔诚派运动"就表现出苏非派色彩，把同梵天合而为一作为最高的精神追求。伊斯兰教思想与印度教思想嫁接后还产生了一个新的宗教——锡克教。不过最终印度教和伊斯兰教的叙事还是没能融合成一个统一的新体系，毕竟历史上的恩怨难以释怀。印度仍然为两个互不相融的叙事所占据，伊斯兰教与印度教的对垒几百年来一直是印度历史的一条主线，到莫卧儿时代也没有改观。欧洲商人大批来到印度时正值莫卧儿帝国统治时期，因此能顺势成为精英的都是那些与统治阶层走得很近的人。

印度教文化的内在机制决定了局面总会是这样。具体细节在此不再赘述，只消说在整个印度次大陆，即使是在那些独立的印度教国家（当时仍然有几个独立国家），欧洲商人带着金银前来，最终财富也都聚集在了少数人手中，又逐渐回流到欧洲市场，而没有真正进入广大的印度社会。

1776 年，英国王室在名义上还没与印度产生什么瓜葛，英国在印度的利益由"可敬的东印度公司"代表。东印度公司也没有大张旗鼓地接管所有设立商号的地方，严格意义上讲莫卧儿帝国的各个行省、封地和印度教君主国仍然由当地的统治者管理。然而，社会中渐渐形成了一种默契的规矩，不管哪个文化背景的印度统治者，都不能损害英国的商业利益，而要尽其所能辅助英国利益的发展，因为英国和印度地方统治者之间是庇护人与受助者的关系，两者的利益交织在一起。印度本就有两种虽有交集但基本独立的叙事，因此，为英国利益大开方便之门也未见得影响了印度的主权。

　　实际上，最早来到印度的英国人对社会统治也不感兴趣，懒得去管理当地社会所有鸡毛蒜皮的杂务，他们是来光明正大赚钱的商人。如果倒回几百年前，在欧洲人的观念中，一心牟利是有道德问题的。封建欧洲体系中，通过经商而不是靠土地积累财富的人会被当作守财奴和吸血鬼，他们浑身沾满铜臭，不会有机会进入天国永生。当时人人都这样说，人人也都这样信了。

　　但是随着进步叙事在欧洲成为主流，人们开始重新审视旧的价值观。1776 年，苏格兰哲学家亚当·斯密发表了影响深远的《国富论》，提出对公共利益最有利的方式就是让人们都追求个人的经济利益。如果人人都想致富，人人都会为他人提供满足其所需的东西，谁能最好地满足他人最多的需求，谁就会成为最富有的人。因此，追逐财富其实是一种利他行为。而整个机制成立的前提是人们都能自由选择赚钱的方式，因为只有自己最清楚自己擅长如何赚钱，也即如何为公共利益做贡献。

　　斯密还提出，让私人拥有财富而政府不要干预是组织劳动生产最高效的方式，有利于最大化提高劳动生产率，全社会的财富会因此水涨船高。他的一个著名论断是，如果十个工人分头制造别针，每天只能生产十枚别针。但如果把这十个人组织起来，每人专门负责一道工序，每天可以生产多达四万八千枚别针。所以，最有利于社会繁荣发展的是那些有能力建厂招工的工厂主通过支付工资雇佣劳动者，让其在工厂主的组织下参加劳动。此外，工厂主还会把利润再次投入工厂的发展中，提高效率，扩大规模，这带来的进步将推动社会整体发展。

　　到了18世纪下半叶，欧洲的私营公司已经不仅仅在中国逐利，还把业务扩大到了全亚洲和非洲。他们在中南半岛到马来西亚一带采集橡胶，从印度尼西亚获得香料，在印度采集棉花，去萨非购买织毯，到奥斯曼购买皮毛和矿石，去非洲买橡胶、奴隶、象牙和黄金……可以说是从四面八方进口五花八门的商品。在除中国以外的大部分市场上，欧洲人没有贸易收支不平衡的问题。在萨非王朝的伊朗，欧洲人用银子买来织毯，再出售枪炮把银子换回来。在印度和奥斯曼，手握大量白银的欧洲商人能击败所有本地商人拿到最好的原材料，然后用这些原材料加工成产品再运回来卖掉，收回当初支付的白银。在非洲沿海，他们起先还拿枪炮和酒类换取奴隶、咖啡和橡胶，到后来撒哈拉以南非洲的大部分地区都成了欧洲人"拥有"的殖民地，从此他们就像从自家柜子里拿东西一样直接攫取，完全不用花银子。

　　起初，欧洲商人很愿意购买印度出产的一些商品：印花布、平纹布等，都能在欧洲市场卖上好价钱。不久，西方的服装制造业发展起来了，法国等一些大国开始禁止售卖从东方进口的纺织品。从东方进口便宜的棉花作为原材料没有问题，但是缫丝、纺线、织布、缝纫这些加工制造环节必须在法国完成，法国通过这样的禁令保证人民赚取生产的价值。英国等也纷纷效仿，出台法律限制进出口的品类。从事亚洲贸易的欧洲公司对此如鱼得水，他们能在东方购买到廉价的棉花，加价卖到欧洲，再低价买入欧洲制造的成衣，加更多的差价卖回亚洲。这感觉就像那种视觉错位的楼梯，转圈循环却能一直向上。

英国东印度公司为了更好地维护自身利益，利用英国法律赋予的权利在印度组建了自己的军队。军队中只有军官是英国人，士兵都从当地招募。虽然当地人比英国人多出几千倍，但通过差使印度人具体治理，英国人牢牢地控制了整个印度次大陆的经济和军事。英国人之所以能做到这一点，正是利用了印度社会中本就存在的两种叙事。待印度人反应过来，发现英国人不是来施恩的庇护人，而是贪婪的外族，为时已晚。

1757 年，英国人在加尔各答加固堡垒以抵御法国人的威胁时，当地的王公终于认定这是在威胁自己的统治，于是逮捕了六十五名英国公民，把他们投进狭小的监狱里，造成了其中三分之二人的死亡[22]。东印度公司的一名职员罗伯特·克莱夫（Robert Clive）率领一支很小的部队闪击加尔各答，击溃了王公的庞大军队，并扶植受英国人垂青的另一个当地人做了王公。

这场普拉西战役赤裸裸地暴露了一个长期以来的事实：孟加拉地区的英国人可以为所欲为。于是英国人干脆接管税收，把整个孟加拉地区当作自己的征税区，按之前律法和实践既定的方式征税，即只把部分收入交给莫卧儿统治者，余下的都据为己有。虽然这种做法早已有之，但英国人把征税额提高到了五倍甚至更多，因为他们跟纳税者既不认识，也无感情，所以完全不用像本地收税人那样顾及颜面廉耻。同时，他们还提高了印度货物的出口税，免除了英国货物进入印度的进口税，这样就使得当地货的价格比英国舶来的同类品更贵。英国人并不觉得这样有什么不妥，不过是商业上的长袖善舞，甚至令人折服。但这造成了印度生产商纷纷破产，不过当地人仍然可以通过生产英国需要的商品来谋生。英国需要棉花，印度的地主们就开始弃种粮食，改种棉花。而在英国商人看来，他们没有强迫谁种植棉花，只是在买进棉花而已。

东印度公司不顾社会影响的冷漠做法给当地带来了灾难。孟加拉地区出现了连年饥荒，最严重的一次饿死了上千万人。英国政府不得不介入，建立了地方行政体系。但东印度公司仍然是政府的亲密伙伴，其军队跟政府军一道成了常备军事力量。

不久，英国人就用同样的手法把统治从孟加拉地区扩展到了全印度。为了表面上说得过去，同时也考虑到不影响自身利益，英国人起先保留了德里的莫卧儿皇帝作为傀儡。但到了1857年，终于还是把皇帝驱逐流亡了。至此，与其说英国人完成了一次征服，倒不如说是把"皇帝"这个项目从账本上划掉了，因为维持皇帝的开销已经不再有必要。

类似的情形也出现在中部世界的其他地方，虽然推进的速度没有这么快，但趋势是确凿的。1529年，扩张中的世界级强大帝国奥斯曼深入欧洲，围困了维也纳，如果不是别处的状况分散了精力，几乎就要攻下维也纳城。1683年，奥斯曼再次围攻维也纳，这次却铩羽而归。奥斯曼历史学家没有把这次失利视为国运的转折点，因为其他很多战线仍然连战告捷。那时，奥斯曼人完全不会认为欧洲战线比埃及、波斯、俄国等更重要。但是，当时的奥斯曼同莫卧儿帝国和清王朝一样，已经在走下坡路，只是尚不自知，其他国家也看不出罢了。

　　同一时期的伊朗，社会结构也在解体，长久以来的主体叙事不再能解释此时的种种状况。到 17 世纪中叶，兄弟阋墙的萨非帝国已经解体成若干集团。不久，阿富汗从东边入侵，彻底将萨非王朝从历史舞台上消灭。随后伊朗兴起新的王朝，但很快又陷入军阀割据的局面。与此同时，欧洲商人出现在了这里，他们没有直接参与混战而是给军阀们做参谋，通过越来越强势的干预悄然提高了其社会和政治控制力，这让当地的统治者们渐渐感到不安。但是欧洲人认为自己只是经商而已，并没有强迫谁做什么。在英、法对印度的争夺中，胜出的是英国。而此时的俄国是世界上最后一个疆域巨大且还在不断扩张的陆上帝国，英国和俄国在伊朗和阿富汗的角力究竟是谁胜出，还要等很多年后才能见分晓。

22. 涟漪效应

1500 年—1900 年

就在中部世界发生着变化的同时，清朝中国仍然源源不断地向欧洲出口瓷器和茶叶。18 世纪以来，眼看大量白银源源不断地流往中国，英国政府慌了神。也是在这个时期，英国加强了对印度的控制。到整个印度完全变成了由英国控制的殖民地后，英国人发现了一个解决对华问题的"妙招"。印度的气候与土壤非常适于种植鸦片，而鸦片长期以来在中国被用作药物。自从美洲的烟草传到了中国，人们开始把鸦片混入烟草吸食。印度出产鸦片，中国市场需要鸦片，这岂不是一拍即合？

1729 年，英国商人向中国运去了两百箱印度鸦片，并且要求只能用现银交易，这也算是公平对等。不过清政府未予批准，还下令禁止鸦片进口。但是，东印度公司及依附于它的众多机构即分销商们对此禁令置若罔闻。

　　后来，清政府颁布更严格的禁烟令。但英国商人以自由贸易为据，依旧我行我素。1800 年，英属印度商人对华销售了四千余箱鸦片。1834 年，鸦片年销量上涨十倍之多，达到四万余箱，总计数千吨。至此，英属印度对清朝的鸦片贸易已经成了世界市场上贸易额最高的商品——诸君请看好，我再重复一遍，英属印度对华出口的鸦片，是整个世界市场上贸易额最高的商品。曾经从英国滚滚流向中国用以换取茶叶的白银现在又滚滚流回了英国国库。这样，英国人没耽误喝茶，国库的存银也非但没减少，甚至有所增加。

　　在英国人看来，万事如意，但清政府可不这么看。于是"天朝上国"决定采取行动——既然是天朝上国，在自家领土上管住几个贩卖鸦片的洋人自然不在话下。

　　然而真是如此吗？并不是。1840 年，英中之间爆发鸦片战争。严格意义上讲鸦片战争共有两次，第一次鸦片战争是 1840 年至1842 年，第二次是 1856 年至 1860 年，但其实两者本是同一场战争的两个阶段。

　　历史上很少有哪次战争能产生如此重大的影响却只造成如此少的流血伤亡。如果把战争惨烈程度比附地震震级，那么鸦片战争的震级几乎可以忽略不计。英国人甚至不把这视为一场战争，而称作"惩罚性征讨"。战争的起因是一位清朝官员决定执行禁烟令，扣押了一船鸦片贩子，把他们关进了一处工厂并烧毁了船上的鸦片。

　　英国人为报焚船之耻派出了一支仅由四千军士组成的小型海

军。这看起来似乎是虎鲨同老虎之间的决斗，两者本没有机会交战——英国是海上强国，中国是陆上帝国，英国的舰船无法通过河流进入中国的广大内陆。但这次英国派出的小型舰队却可以做到，其中有四艘平底蒸汽炮船，吃水很浅，能够沿大河溯流而上，而且有蒸汽机驱动，可以顶风逆流航行。这几艘船沿途炮轰了几座城市，到了长江与京杭大运河交汇处转而北上，进军北京。清政府落荒而逃，派人求和。

鸦片战争的结果是清廷妥协让步。英国没有像历史上其他征服者那样从被征服者那里大肆掠夺金银、女人、奴隶，毕竟也是"文明人"，他们提出的条件是：清廷允许英商在华自由通行，自由选择贸易内容和对象，向英国开放更多口岸，英国人在华享有治外法权等等。

其他西方列强看到英国在华得到好处后，也派使节到北京要求对其本国商人给予同样优待，这样大家公平。在后来的几十年间，美、法、俄等多国获得了同样的待遇。列强都没有宣称推翻了清政府，中国在名义上仍然是延续自己历史悠久的王朝统治的东亚大帝国。只不过西方诸国国民现在有权在清朝的土地上自由贸易，而这项权利在西方人自己的思想观念中是神圣不可剥夺的。

到这个时候，中国本来的主体叙事已经摇摇欲坠，既然这套叙事不再能解释世界，就不再有号召力和凝聚力了。鸦片战争及后来发生的种种事件颠覆了中国人的世界观，中国社会中的愤怒开始集聚，清政府在保护国民利益不受外族侵犯这一点上让国民失望透顶，还拱手让出了对土地、税收、海关等的控制权。西方列强并不反对清廷，清廷仍然享受着原有的财富和奢靡。但是在社会上，大量农民流离失所，成千上万人只能远赴美洲从事修铁路等苦役，赚着与奴隶无异的工资，指望着把微薄的积蓄寄回国内让家人糊口。

第一次鸦片战争后，欧洲列强从清政府取得的特权中还有一项是允许基督教教士来华传教。一位英属印度的牧师将《圣经》翻译成了中文，并组织在中国刊印传播。而此时正当中国即将进入合久必分之时，放在过去实属平常的事情当时也会掀起很大波澜。各地出现了很多叛军和宣扬末日论的民间宗教，其中最极端的一个教派把当时社会已经零落的新旧叙事组织在了一起，这个教派的领袖是在科举上屡试不中的洪秀全，他自称是耶稣的弟弟，圣父授意他在中国建立"天国"。这种近似基督教的主张让成千上万家境贫寒、科举不第的读书人看到了希望，其中就有冯云山。冯云山创立了革命性的宗教组织"拜上帝会"，不久后发起了一场对清朝的全面反叛——太平天国运动。

农民军建立了"太平天国"政权，与清廷展开鏖战。其实把这次浩大的运动叫作"反叛"有点委屈它了，双方的战争从1851年一直打到1864年。美国的南北战争差不多发生在同一时间，造成多达六十万人死亡，已经算是人类历史上最血腥的战争之一。而太平天国运动在我读过的世界历史著述中很少提及，由此造成的死亡人数无人知其详尽，不过如果算上战争导致的饥荒、瘟疫等，因太平天国运动而丧生的人数应该在两千万到六千万之间。跟世界历史上的历次战争相比，太平天国运动的死亡人数应该排在第一次和第二次世界大战的死亡人数之间。总之，这是当时历史上代价最惨重的一场战争。如果把太平天国视作鸦片战争的尾声，那么鸦片战争及其带来的沉痛代价就能反映出两个巨大文明星系激烈冲撞所造成的影响。这场战争让中国人猛然惊醒，沮丧又迷茫地发现，中国非但不是世界的"天朝上国"，甚至与邻国相比也不再领先，大清王朝堕落成了空有一片疆土的躯壳。

第五部分

进入机器时代

人类自从诞生那天起就一直在不懈探索，改进工具。在哥伦布发现新大陆之后的几百年里，工具的复杂程度开始突飞猛进，这所带来的深远影响堪比人类第一次学会语言沟通。机器开始主宰人们的生活，组织人与人的社会机制，塑造人的价值观，深入人的思想，甚至还改变了人的生理功能。西方诸社会星群大多能顺畅地将机器融入自己的体系，但在其他一些地方，机器则没那么容易与既有社会机制合上拍，因此这些社会对机器是有所排斥和抵触的。历史发展到这个时候，机器已经成为各种角力中最重要的决定因素，所以西方开始主宰世界。而西方各国当中，拥有机器最多最好的国家成了世界的领头羊。虽然如此，西方世界仍然由很多社会星群组成，即使同为西方国家，每个社会仍然会区分"我们"和"他们"，这些国家对全球殖民地、财富、资源与机会的争夺最终酿成了世界大战。大战过后，人类重新组合成了 195 个清楚明确的政治体，即主权国家。

23. 技术发明大爆炸

1750 年—1950 年

　　欧洲自 15 世纪开始的扩张一直持续到 19 世纪仍势头不减，这其中欧洲强势而自洽的叙事有很大功劳。不过与此同时还发生了另一项重要的历史进展，那就是工具的进步。机器成了历史的主角，很快就让其他一切人的因素和环境的因素都相形见绌。这里我们说的机器是一个统称，它作为世界历史舞台上的一个角色与其他角色互动，而这里的其他角色大部分是人们通过各种叙事组织起来的星群。

　　毋庸置疑，从人类出现伊始，工具就一直发挥着至关重要的作用。生火改变了一切，锤子砸碎了落后的生活，车轮转出了新的历史，斧头、弓箭、战车、水泵……重要的工具不胜枚举，杠杆、滑轮、螺钉、弹弓、盔甲、火药……太多的技术进步改变了人类生活，引发了移民迁徙，决定了谁盛谁衰，成就了一个个帝王，也摧毁了一个个王朝。

然而机器还不同于一般的工具，两者的界线虽不明确，但着实存在。不妨这么想，工具是帮人做事，而机器是由人帮机器进而辅助自己做事。人们给炉膛中添煤，给齿轮更换磨损部件，给电锯递上圆木，不都是人在帮机器吗？

有的史学家主张，科学和技术的进步是两条独立发展的线索。他们认为，科学家研究高深的理论，发明家鼓捣新奇的创造。牛顿虽然探究了光的本质，却没有发明棱镜。波义耳计算出了气体膨胀导致的压力变化，但蒸汽机却是由另外一群不知道波义耳定律的人发明的，这群人的初衷一点儿都不高深，仅仅是想改进用于矿山排水的水泵而已。

这种说法可能不无道理，但历史的事实偏巧是这样：正当科学在欧洲蓬勃发展之时，亚洲人发明的精巧器械被大量传到欧洲。科学与技术相遇后，发明创造的火种在欧洲如野火燎原般燃烧起来。一些原有的器械装置经过革命性改进形成了新的发明，例如中国传来的三层机械计时器在英国蜕变成了可以随身携带的怀表。借鉴东方传来的新知，欧洲人大胆尝试，实现了此前想都不敢想的一些创新。例如伊本·西拿编纂的《医典》汇集了关于草药和疾病的知识，欧洲人基于此研究出了细菌致病的原理，发明了防腐剂、抗生素和疫苗。

商用发明

　　并非所有实用的突破性发明都能顺理成章地进入人们的日常生活，它们首先要形成产品，之后再成为商品。伊斯兰世界的人情关系网、教法社会和复兴叙事等并没有明确的机制鼓励发明创造转变为实用产品。中国社会也是一样，只以发展统一集权、无处不在的官僚治理体系为追求。新技术可能会颠覆既有的社会体制，而在很多方面维护既有体制要比尝试新伎俩重要得多。在复兴叙事当中，维护和发扬既有体制是其宗旨所在。

　　但在此时的西方，将社会维系起来的主要是以营利为目的的私营公司。遍地都是未来的企业家，他们四处寻觅着可能开发为商品的新发明。进步叙事培育了这种态度，人人都知道最新改良的机器是最好的，机器总可以不断改良。所以基于进步叙事的社会相比其他社会的优势不仅在于发明了影响深远的工具，更在于对工具的改良与变化的孜孜追求。例如，火枪并没有让欧洲军队在与穆斯林的交锋中占优势，因为穆斯林也有火枪。火枪在中国也没产生什么重要影响，虽然它其实是中国人发明的。而真正让欧洲人占尽上风的，是他们带到战场上的先进枪炮。

　　起初，穆斯林士兵使用的是前膛枪，装弹时人要站起来走到枪口前，这样自己就成了靶子。而欧洲人发明了后膛枪，在卧倒隐蔽时就能完成装弹。这看似小小的差别后来却产生了巨大的社会影

响。穆斯林的枪都是无膛线的滑膛枪，因此常常打不准，而欧洲人
在枪膛中设计了螺旋膛线，打出的子弹会高速自旋，所以能够直直
地指哪打哪。最早的老式火铳要先把火药装到铳管中，再装铁球和
碎石，压实之后再点火。而欧洲人发明了子弹，内置的炸药受冲击
后会自动引爆。必须要说，发明子弹的重要性不亚于发明枪炮本
身。而等到欧洲以外的人都用上了步枪，欧洲人则用上了连发步
枪。连发步枪普及到其他地方后，欧洲人又有了转管机枪、自动
连发重机枪，最后发明了机关枪。机关枪能连串密集发射子弹，
所到之处，无坚不摧。

　　在进步叙事主导的社会中，总有工匠会基于重要的新思想、新
发明向其他方向探索，所以关键发明会催生一系列周边发明。蒸汽
机的出现让人们看到了密闭容器中燃烧形成的能量如何做功，于是
人们开始思考以此为核心概念还能做哪些事情。加热后能膨胀做功
的只有水蒸气吗？还可以用什么物质形成驱动力？封闭空间内燃烧
的能量如果可以带动水泵，是不是也能带动车轮？能驱动机车吗？
能推动纺线机纺线吗？能不能让织布梭前后往复运动？能用这样的
动力替代水手和风帆驱动船吗？

　　正当欧洲的发明家们努力探索燃烧动力的衍生应用之时，又有
一种基础性的力量引起了他们的注意。一位英国物理学家把它称为
"电"，法国科学家查利·库仑（Charles Coulomb）探索出了衡量
这种力量的方法，美国发明家本杰明·富兰克林（Benjamin Frank-lin）证明了这种名为"电"的力量能够流动。发明家们纷纷开始研
究电的用途，惊奇地发现从铜线一端进去的电可以流过铜线，在另

一端产生电击。1816 年，弗朗西斯·罗纳兹（Francis Ronalds）成功将这样的电脉冲信号通过导线发送到了八英里外。1837 年，美国发明家塞缪尔·莫尔斯（Samuel Morse）使用电驱动机器远距离传输了敲击信号并据此发明了一套电码，使敲击信号可以被翻译成字母。这样，发明出来的电报就有了实际的用途：通信。

莫尔斯的发明靠的不是灵光乍现的新想法，其实大部分发明都是在原有基础上一而再、再而三地改良才形成的。19 世纪早期，有很多人尝试在前人的基础上对电动机械做这样那样的改造。莫尔斯之所以成为电报的发明人，只是因为他的改良恰好赶在其他人之前捅破了那一层窗户纸，越过了创新想法与实用发明之间的界线。

电报发明出来后，企业家们争先恐后地开发这项技术的用途，从而引起了一场变革。众多竞争者中出现了一家实力雄厚的公司——西联。这家公司鼓舞了许多人投入大量时间研究跟电报相关的各类器材和技术，因为一旦有所收获，西联就会出价买断专利。

电报的应用让人们开始畅想电话的可能，于是大批热衷于发明的人投身研究如何将人类的声音通过一根导线传播。亚历山大·贝尔（Alexander Bell）后来成了电话这项划时代发明的发明人，但他也只是在众多为此而努力的人当中率先成功而已。其实西联公司的一个职员已经早他一步有了类似的发明，但西联的老板们没有认清它的商业价值，觉得电话应该配合电报使用，从一个发报站把声音传到另一个收报站，再由收报站把声音记录下来以书面形式传达给接收人。这样的操作并不比人们已经习以为常的莫尔斯电码更先进。

　　只有当很多人都有了电话，并通过线缆将电话信号连接成网，电话才成为一种商品。否则如果不能打给别人，谁还会买电话呢？但是反过来，如果谁都没有电话，谁又愿意出钱铺设电话线路、连通千家万户呢？这么一看，矛盾不在于技术，而在于商业。

　　又是贝尔解决了这个问题。他建立了付费的电话交换站，付费用户可以转接到交换站网络上的任一用户，但连接不到网络以外的用户。最早的电话交换站只有二十一个用户，谁会为了联系这区区二十一个用户而购买一部昂贵的电话设备呢？贝尔想出了一个巧妙的办法，他提出用户不用购买电话机，租赁即可。这之后不久，付费入网的电话交换站在美洲和欧洲大量出现。交换站数量多起来之后，组建一个大通信网络，将众多交换站连接起来就具有了商业上的可行性和吸引力。这样一来，拥有电话机的人就可以打给跟自己不在同一个交换站网络上的人了。早期的电话系统都要通过交换台接线连接，于是出现了一个崭新的职业：电话接线员。

　　到这里，我们不妨回顾一下推动发明爆炸式增长的那些力量：众多企业家和公司的商业动力、象牙塔中学者的科学研究成果和关于宇宙的知识积累、文明扩张进程中奖励新发现的荣耀、激励人们持续追求更新更好的进步叙事……读者能从中总结出什么吗？——这些都是此时西欧社会的突出特征。在这样一个社会中，发明创造的爆炸式涌现就是必然的了。

　　重大发明能推动社会的巨变，渐进式改良同样可以。即使很小的技术创新也可能激起涟漪效应，改变将人们组织起来的既有叙事。以轮转式印刷机为例，它是在谷登堡发明的平台印刷机

（至今仍在应用）的基础上于 1830 年加以改良形成的。平台印刷机每小时能印刷约一百二十五页，而轮转式印刷机每小时能印刷一万八千页。这项改良起初看来意义不大，就算印得出这么多材料，哪里会有人买呢？当时美国最畅销的报刊也仅有四千三百个订阅人而已。

但实际上当时已经有了大众印刷品的巨大市场，只是还没有人注意到。那时的美国到处都是来自世界各地的移民，他们迫切需要练习英语阅读技能，也非常想了解祖国的新闻。而市场上的报刊都以订阅制发行，要求提前交满至少一年的订阅费，高昂的价格让普通劳动阶层望而却步。于是，有商业奇才看中了新技术和劳动群众需求之间的联系，把这个机会利用起来了。1833 年，本杰明·戴（Benjamin Day）创办了《纽约太阳报》。该报发行量巨大，售价只要一便士一份，人人都买得起，日销量很快就达到了一万五千份，让本杰明·戴的投资获得了丰厚回报。

其他人看到这是个赚钱的门路也纷纷加入，一便士一份的报纸如雨后春笋般出现。这些报纸的读者都是靠体力劳动讨生活的人，不像有闲阶级那样有文化、有追求，因此出版商们在报纸上登载的都是谋杀、火灾、自杀等吸引人眼球的事件。但是，早期报纸面临着新闻素材的短缺，社会上没有那么多谋杀、火灾、自杀事件，一个新奥尔良周刊报纸的出版商抱怨，想要每周凭这些事件凑满一张报纸都不容易。因此为了发掘更多的报道内容，出版商专门雇了一些人外出寻找新闻，让他们到码头上去采访那些刚刚从欧洲过来的人。于是又一个新的职业就此诞生：记者。

有了电报之后，别处发生的事件当天就可以传到本地。而铺设了跨大西洋电缆后，即使是欧洲的新闻也可以通过电波到达美国。但是跨大西洋的电报价格十分昂贵，没有哪家报纸有钱定期收发这些电报。于是在1848年，六家报纸联合起来共担电报新闻的成本。这个联合体后来成为独立的企业，它就是世界上第一家通讯社"美国联合通讯社"。新闻通讯社通过电报从通讯员处接收消息，再转售给任何来购买消息的人，这样一来新闻也成了一种商品。为了谋取利润，新闻通讯社希望将消息卖给尽可能多的报纸，谁卖出去的消息最多，谁就是商业竞争的赢家。可是不同报刊的偏好、品味、宗旨、议程、利益都不尽相同，各种大报小报上刊登什么样的消息才能让共和党、一无所知党、宪政联盟党、自由土地党以及其他喜欢高谈阔论的人竞相购买呢？

答案是：事实。商业因素让新闻通讯社认识到，每个新闻事件都有一个事实内核是独立于有关该事件的观点而存在的。这个事实内核回答了是谁、什么事、在哪里、什么时间以及为什么这五个问题，这样的事实可以售卖给任何人。当事实也成为商品之后，各家报纸就都以准确与客观为自身卖点。可以说是轮转式印刷机的发明催生了新闻客观理念，在交流、叙事、语言等范畴中产生了重要影响（然而新闻客观理念后来又被互联网颠覆了）——技术和语言从来都是分不开的。新闻客观理念的诞生虽然要归功于轮转式印刷机，但更离不开西方叙事本身的一些特质。不论什么时代，工具总是寄寓在一定的世界观中发挥作用，两者结合在一起，共同推动了历史的进程。

我们的身体，我们的机器

　　机器渗透到社会的各个领域后，从外在和内在两个方面共同改变了人类的生活。人们开始利用机器生产以后，工厂开始大量出现。在工厂生产中，机器是核心主角，人不过拉拉操纵杆让机器运转。为了做好这样的工作，人类需要为适应机器而调整自身的组织形式与节奏。

　　其实大规模工厂体系的雏形早在种植园时代就出现了。在那之前，农民规划利用土地时需要考虑很多因素，包括种什么最适合自己的生活方式、风俗习惯、宗教信仰，还有很多其他的个性化因素。

　　但是种植园经济的目标非常简单而明确，例如生产蔗糖、烟草或棉花。为了完成这个单一目标，投入的劳动力需要像机器部件一样每人只做一项固定的工作。生产的核心内容被分解成若干步骤，保证每个"部件"只做一件事。所以种植园中的劳工不光是奴隶或长工，他们也是"部件"。

　　在种植园中，这些"部件"及其功能还没有被完全限定死。一个"部件"可能前几个月犁地，后几个月摘棉花。但机器生产推广开以后，工业产品的制造流程将种植园体系进一步异化成了工厂流水线。人被更明确地做了合理优化，就像机器部件经过改良变得更加完善了一样。虽然每个工人都是有七情六欲的生命个体和社会成员，但在工厂生产中只能作为机器般的一员，他们的大部分生物属性是工厂不需要的。像机器部件一样，每个人的价值都能被精确计算出来，即体现为雇佣报酬或固定工资。

如果没有机械钟表的发明，工厂即使能组织起来也难以顺利经营。因为工人可能什么时间到岗的都有，也没法统一协调行动。在前工业时代，人们工作到差不多可以告一段落，或者感觉饿到一定程度，或者太阳差不多到固定位置，就可以去吃午饭了。在外劳动的人一般要回家吃饭。按照过去基于男女生理条件进行分工的社会规范，负责操持家务的人也要负责做饭，这往往都是女性的任务，不管女性还要做什么别的工作，带孩子的任务一般还是落在她们肩上。

而在工厂中，流水线上的各个"部件"要同时开动，同时停止，一处用餐，一起返岗。不能再让工人回家吃饭了，那样效率太低，要是凭他们三三两两地去，散散漫漫地回，整个工厂都甭想运转了。如果各个"部件"不能咬合紧密、协调运转，机器就会失灵。同样，在工厂中工作的人也必须放弃生物意义的自我，顺从机器运转的逻辑。

工厂的工作一般需要工人倒班，分为白班、小夜班、大夜班。在机器出现以前，这样的时间划分方式闻所未闻，但对工业化社会中的工人来说，这成了雷打不动的规律。我本人就有这个经验：上久了夜班，人的生物钟也能调整过来适应上班时间。

同样的道理还有时差。在有飞机之前，没人知道什么是时差。纵观历史，横看世界，没有哪个人经历过时差。所有动物都由自身的生理机制调节睡眠、饥饿等生理功能，人类也不例外，每个人都有何时睡眠、何时清醒的昼夜节律，这是基于天文规律的地球昼夜明暗变化决定的。在机器出现以前，人的生物钟与自然环境中的很多因素保持同步。这种同步是因地而异的：在热带地区几乎全年昼夜等长，但在很北或很南的地方昼夜交替就会随季节产生很大的变化。电的发现和利用让人们不再受此限制，而能脱离周围环境的节律去适应机器的节奏，配合机器的要求。人类还掌握了在自己的小环境中调节温度和湿度的本领，于是可以随心择地而居，随意开展活动。例如迪拜本来全年炎热，夏天气温经常达到四十多摄氏度，但却有一座全年开放的滑雪场；南极气候严寒、不适合人类生存，但近年来每年都有四万五千多人到访，其中大部分是游客。

　　对时间流逝快慢的感知本来是人的一种先天生理功能，但机器大有改变人类对时间认知的趋势。科学告诉我们，与眼睛能看到光、耳朵能听到声音不同，人体没有哪个器官能直观感知时间变化。人类自有的时间感知与大脑中神经传导的化学机制相关，如果外部环境不断地给人以大量感官刺激，大脑就会调节化学机制来适应。而进入大脑的信号是随机的、规律的、重复的还是不可预测的，也会对大脑有所影响。人类必须有这样的反应机制，才能时刻准备应对可能发生的各种情况。比如，看到树林里有老虎扑来要立刻跑开。再比如，在单调轰鸣的机器旁边工作时，要时刻保持清醒，否则可能被机器绞了胳膊。随着生活环境中出现越来越多的机器，人体的"神经钟"会适应机器的节奏，这进而造成了处在机器环境中的人与不在机器环境中的人在生物意义上的分异。

机器的大规模应用不仅改变了我们对时间流逝快慢的感知，也改变了对本地时间和普遍时间的认识。自从教堂有了钟楼，就会每天傍晚按时敲钟，凡是能听见钟声的人都把它作为公共时间。然而这只是个开端，在铁路出现在人们的生活里之后，公共时间所覆盖的范围一下子变大了很多。不管是在纽约还是南部小城比斯比或是西海岸的瓦拉瓦拉，都必须使用校准的统一时间调度火车。于是就出现了这样的情况：虽然人们生活在相距遥远的不同地方，也不在同一时刻产生相同的生理应激反应，却共同认可并使用同一个公共时间标准。所以，这种公共时间也被人们称为"铁路时间"。

24. 我们的机器，我们自己

1750 年—1900 年

　　机器深入社会生活后，人们必须像跟人打交道那样经常同机器打交道，不过人跟机器打交道的逻辑同人与人的交往还是有所不同，进入日常生活的机器就像一种社会文化闯入了另一种。人与人之间要想合作可以靠请求、命令、说服、谈判、欺凌、讨论等很多方式，但跟机器不行，不能花钱买通、讨价还价，也不能动之以情、晓之以理，更不能喊叫、踢打或像对待奴隶那样用胁迫手段。

　　人际交往中，不管谁说什么做什么，都不能百分之百确定别人将如何反应，因为每个人都有自己的想法、目的、意图左右着自己的行动和决策。但机器没有自己的小心思、小算盘，人们制造机器的目的就是设计确定的构造来实现确定的功能。对机器来说，只有开动和停机，没有中间状态。这跟人与人之间的社会机制可太不一样了。如果机器不转了，只需要去维修或更换部件，直截了当，因为好的机器一定是部件齐全且没有多余花里胡哨的东西，只要所有部件都配齐、装对了，机器就能正常运转。而人类的婚姻、商业合作等可远没有这么清楚直白。

机器的隐喻

　　走上历史舞台的机器也把自身的逻辑渗透到了人类社会的叙事中。机器的可操控改变了现实世界的不可知，它作为一种隐喻影响了人们对自身和社会的认知。比如，19世纪蒸汽机刚成为风靡世界的机器时，弗洛伊德曾把人的精神情感比喻成一个水力循环系统。在这个系统中，情感能量沿管道流动，如遇阻塞，压力就会增大，最终在生活的其他方面释放出来。而今天，计算机是最重要的机器，所以我们更愿意把人的精神情感看作"程序"，把文化理解为"软件"，把异常行为当成"线路故障"或"软件失灵"。

　　机器让人们体会到物质世界可以被人力改造，从而产生人们需要的结果。这种隐喻还告诉人们，对社会问题也可以采取同样的对策：要想既有整体的繁荣又有部分的幸福，就要创设理性而完善的制度体系，这种体系下的政府才能带来理想的繁荣幸福局面。

　　1787年，英属北美殖民地的一群人就做了这样一件事。他们聚在一起，白手起家设计了一个全新的政府，这个过程跟机械工程师设计新机器不无相似。他们首先确定新政府"机器"的宗旨是"为建立更完善的联邦，树立正义，保障国内安宁，提供共同防务，促进公共福利，并使我们自己和后代得享自由的幸福"，还在蓝图中规划了这部"机器"由哪些"部件"组成，以及"部件"之间如何各自运转和协同联动。

　　没错，我们说的正是美国《1787 年宪法》。世界上每一部宪法都包含两个维度：它首先是一部关于如何经营国家的指南；其次是一份契约，以其制订之时为参考，调节各方的相互竞争关系。指南和契约是两件事，前者呼应了机器的逻辑，而后者则跟叙事密切相关。有些国家的宪法更偏向前者，另一些更偏向后者。但是很多基于契约理念的宪法逐渐被淘汰，因为随着社会的进步，外部条件发生了变化，其内容不再适用。而美国宪法则是另一个极端，它基本上纯粹是一部关于政府如何运转的指南，其中充满了与当时的特定条件和具体问题相关的内容，最典型的就是跟奴隶相关的内容。不过，这部宪法的基调体现了一些抽象的、普适的原则，并且设计了根据条件变化进行修正补充的机制，即宪法修正案机制。

　　美国的先驱们在起草宪法时享有后来人再也没有的优势。当时的美国是一片广阔未知的新土地，他们手上是白纸一张，任其涂画。他们刚刚跟过去划清了界线，而未来还是一片空白。手上起草的宪法虽然是管辖美国人之间交往和关系的文件，但他们更关注的是抽象的程序性机制，犹如在为全人类设计一个根本规范，这可能是因为他们把自己当作了"全人类"[23]。

　　很少还有哪部宪法诞生在同样毫无限制的环境。法国于 1791

年通过首部宪法，却没有实行太久。为什么呢？因为法国的原住民有着延续性，过去的历史纠葛仍在激烈地持续。法国人需要同历史遗留下来的旧恨做艰苦斗争，进行到此时正是不少人被送上断头台的阶段。这样的社会环境不利于对机制和程序开展理性探讨，因此法国的首部宪法必然更偏向"契约"而非"指南"。

意识形态

　　法国大革命揭示了一个道理，一定要把意识形态作为历史的要素。此后的一百年中出现了很多"主义"，"宪政主义"只是其中一个，还有其他的新主义不断涌现：自由主义、保守主义、社会主义、共产主义、法西斯主义、女性主义、伊斯兰主义、科学主义……实在不胜枚举。意识形态是带有机器逻辑色彩的社会关系蓝图，它的出现表明，将人类智慧所创造的系统性信条通过语言表述出来，可以形成一个社会完形的基础。长久以来，社会都是依靠亲缘关系和宗教联结聚拢成整体，现在意识形态也能起到黏合作用了。

　　在由宗教和亲缘关系主宰的社会中，制订每项规则前要自问的第一个问题是：如何保证这个规则反映了最高权威的旨意？而在由意识形态主宰的社会中，首要的问题是：如何保证这个规则行之有效？宗教必定要信众相信有超自然的力量存在，并且相信宗教对最高权威的解读正确无误。而意识形态则要民众认可其信条，相信它能切实改善人们的生活。

法国革命者们就把意识形态当作了一面用于号召的旗帜。革命不是推翻一个家族扶起另一个家族，而是要摒弃以家族出身作为权力基础的思维。革命者把一些抽象的原则表述成了口号，概括为三个词语：自由、平等、博爱。

实际上，这些口号还需要仔细推敲。要从谁那里让谁获得自由？自由有哪些构成要素？在友爱①的概念中女性是什么角色？人们生而不同，怎样才算真正平等？不过，这些问题并不影响法国大革命宣扬的意识形态的启蒙本质，也不会否定由此产生的意识形态学说。实际上不管是哪种意识形态，在现实中总会显出这样那样的矛盾。

中产阶级

机器生产让很多手工作坊消失了，形成了单调枯燥的工厂流水线。不过机器带来的涟漪效应也产生了不少以前没有的工作，机器需要人来安装、操作、维护，还需要人来研究如何改进升级，这些都是新的工作岗位。工业化的生产需要会计、文员、人事经理、秘书等等，需要很多能读会写的人，因此也需要更多的学校，学校里需要配备更多的教师。工厂的产品花样日益繁多，要顺利卖出去就得有售货员、收银员、广告和营销人员等。同时，随着机器的普

---

①　fraternity，原意是"兄弟间的友爱"。——译者注

及，社会变得愈发复杂，企业还要雇佣许多律师来解决各种问题。

从事这些新职业的人大多没有成为富翁，但也都不会特别贫困。如果从 1 到 10 打分，他们的得分应该在中游上下。也就是说，机器的普及催生了一大批有可支配收入的中产人群。

工业化社会能生产远远超过人们基本需求的产品，并且不需要每个人都扑在一线从事艰苦劳动。至少在理论上，很多人可以从事跟糊口和生存无关的工作来谋生，比如当畅销小说作家、歌唱家、篮球运动员等。在此之前，做这些工作的人必须靠他人资助才能生活，资助者通常是那些有军衔或有田产的贵族。但到了机器时代，社会物质财富充盈，只要人有别人愿意为之付费的一技之长，都可以凭本事生活。

个人

集约化机器生产还导致了规模空前的人类迁徙，这甚至比历史上印欧大迁徙和班图人大迁徙的规模还大。亿万人离开耕地和牧场进入城市，这一趋势不但一直持续，而且愈演愈烈。

古时黑海畔大草原上的印欧人向东方和西方分头迁徙时，必然是整个部落一起行动。但新一轮迁徙却不是这样的，原本是亲戚的一群人搬入城市后要分头去找生计，因为没法在同一家工厂中让全宗族或一大家的成员都找到工作。企业雇的不是家庭而是个人，开出的工资也不够一个人养活一大家子。企业这么做无可厚非，因为把工人从庞大的亲戚关系网中独立出来作为个人对待要简单得多，免得把跟企业经营无关的三亲六故都卷进来，这样可以防止雇员对家庭的义务跟对企业的义务产生矛盾。不仅工厂中的工作如此，机器社会中新出现的大量中产阶级的工作也是如此。那些一心扑在工作上的人难免会亏欠家里，做不到两头兼顾。在现代西方社会中，这种情况比比皆是。

欧洲封建时期，基督教叙事和部族传统叙事的道德体系中牵扯很多经济领域之外的义务和权利，人们享有的权益主要来自其社会关系而非基于其生产能力。待在家里不工作、不生产任何产品的人仍然能有饭吃，因为他们还有侄男弟女等各路亲戚的帮衬。

工业社会兴起以前，亲戚关系是人类最重要的社会关系，社会的基本单元就是一个个亲戚关系网，即大家族。随着机器的普及，大家族作为一种社会星群几乎消失了。亲戚之间的血缘还在，但是没有人会再以堂兄表妹的需要或愿望作为人生重大选择的依据。机器时代的社会基本单元缩小了，从部族到宗族，到家族，再到只有父母子女的小家庭，最终分解到不能再分的有独立意志的单元——个人。

在由一个个意志独立的个人组成的社会中，理论上每个人只需要对自己愿意认可的社会关系负责，可以跟自己希望的对象结婚，住在自己想住的地方，从事自己乐意的工作。人人不但可以有独立的个性，甚至必须有个性。在社会上各种思想、价值、意见、事实和文化因素的繁杂影响中，人们要整理塑造出一个独特的自我。在这样的社会里，跟自己亲近的人是家中的伴侣、工作上的同事、街坊邻居以及有共同爱好的人，比如一起集邮、打猎、踢球、缝纫的伙伴们。到19世纪中期，西欧和美国分头引领着世界趋势，意识形态已经超越了亲属关系和宗教信仰而成为将社会凝聚在一起的主要力量。那么在这样的世界中，最强烈的社会关系必然产生在有共同意识形态的人们之间。例如，参加同一场政治运动的人或同一个党派的人，因为按理来说他们是自主选择加入的。

上述种种新变化都是机器带来的吗？这样说未免有些武断。在物质世界中，可以运用物理学明确分析什么是因、什么是果；但在社会领域没有单一直接的因果关系，因为万事万物皆有联系。社会本质上是由本书中所说的各类星群在不同层面上以不同方式组织起来的整体。一切的发展、创新、偏离都会为诸多潮流的汇聚推波助澜。在西方社会中，亲戚关系开始退居次要地位时，正值机器普及、私营企业兴起、大量资本可以尽情作为之时。如何判断到底哪个是因、哪个是果呢？这一切在同一个环境下同时发生，互相推动，相得益彰。所以从历史的角度，我们不妨不去纠结因果，转而从"涟漪效应"的视角来思考。

性别与机器文化

机器的涟漪效应带来的另一个重大变化是男女两性之间的关系，它改变了按性别分工的传统。从某种意义上说，按性别分工可以追溯到人类文明很早的时代。在石器时代，人们为了满足生存基本所需而奔忙，需要寻觅食物，繁衍后代，保证后代能存活下来以实现子孙绵延，还需要让住处的火种燃烧不灭，要跟其他部落打交道，提防野兽，抵御外敌等等。每一项任务都至关重要，不可大意。原始部落还得注意人员分配的效率，不能让每个人都当多面手，有些任务得由男人承担，有些则交给女人。在原始社会中，觅食就是狩猎动物和采集可食用植物，需要人外出四处搜寻，甚至一去就是好几天，儿童参加不了这样的工作只能待在家里。所以狩猎成了男人的事，女人在家维持篝火旺盛，采集植物，保证孩子的安全和饱暖。这样的分工让女性更擅长养育，男性更擅长出力，传统的性别分工认识就这么形成了。

这种分工最初是很合理的，有利于提高人群生存下来的概率，依此组织的部落会胜过不按此组织的部落（如果有的话）。然而，按性别分工也让社会出现了女主内、男主外的情况。所谓"内"就是以家庭和孩子为中心的内向范畴，而"外"则是与环境互动以及与其他或敌或友的群体打交道的外向范畴。

我们没有理由认为当时的女性处于比男性弱势的地位。石器时代的人类群体可能是母系氏族，孩子并不归特定的父母抚养，可能所有的成年女性都扮演母亲的角色，男性也不只是某个孩子的父亲。这样的机制下，没有哪个孩子应该归谁的概念，整个群体都负有把孩子们养大成人的责任。

根据后来的理论，自从人类定居生活以后情况就发生了变化。人们开始积攒耐储耐用的物品，这些东西在长辈死后可以被后人继承，因此就需要区分哪个孩子属于谁家。孩子的妈妈是谁非常明确，但爸爸是谁就没那么明确了。要有明确的父子关系，就需要一定的社会机制，例如婚姻、记录等。可以说，财产概念的出现促进了父系家庭的形成。

也是从那时起，政治、战争、建设、攻击等男人主导的事情变得越来越重要，而女性的工作如做饭、织布、缝纫、持家、育儿等则变成了琐碎不重要的事。最终，"女人的事"成了无足轻重之小事的代名词。到机器时代前夕，人们已经普遍相信世界分为"内"与"外"，女性要屈从男性，这是上帝和大自然本身的安排。基于这种叙事，男人和女人天生就要承担不同的职责，违背这种划分就是动摇了社会的根基。

在机器时代到来以前，历史上只有寥寥几位女性做过一国之君。人们熟悉一点的只有俄国的叶卡捷琳娜大帝（Catherine the Great）、英国的伊丽莎白一世女王（Queen Elizabeth I）和埃及的哈特谢普苏特女法老（Hatshepsut）。也只有几位女性成为后世知名的战士：圣女贞德（Joan of Arc）自然是其中一位，还有先知穆罕默德最年轻的妻子阿伊莎（Aisha），领导了北非抗击伊斯兰大捷的犹太裔柏柏尔女王卡希娜（Al-Kahina），带领不列颠人成功阻击罗马帝国的布狄卡（Boadicea）等。虽然例子不多，但证明了女人同样可以是优秀的政治领袖。人类的政治史和战争史上之所以没留下太多巾帼英名，是因为女性本来就没有机会参与。政治和战争都属于"外"，而在机器时代以前女性是主"内"的。

其实，在人类历史的大部分时期，在世界上大部分地区，"内"的工作并不像今天这样无足轻重。因为在过去，家不仅仅是栖身之所，更是一整个世界。然而社会限制摆在那里，在世界绝大部分地方，女性都是从很晚近的时代才开始可以拥有财产。过去的女性没机会培养能与男人在"外"竞争的技能，在很多社会中，女人读书识字都被视作违背伦常。还有很多社会视女性为男性的附属品，将女性用作男性之间的竞争炫耀品。女性很少有机会选择自己的性伴侣，也没有权利决定要不要孩子、要几个孩子。

　　然而女性绝不是不劳动，她们一直在辛勤劳作。就在机器时代开始之前，女性已经在欧洲承担了大量生产制造的工作，大部分的纺织品、服装、手工艺产品都出自女性之手，女性还负责挤奶、搅制奶油、腌渍酱菜供青黄不接时食用等等。不过到消费品开始大规模机器生产后，女性的工作岗位就被挤占掉了。于是大批女性涌入城市，担负起在机器前生产的工作，和家人共同居住在城市的贫民窟中。要知道，狄更斯（Charles Dickens）笔下的伦敦对于当时大部分居民来说并不是一个能舒服过日子的地方。

　　自从机器普及以后，原来将女性束缚在家中的那些繁务也不再是问题。女性"外"出工作不会影响孩子的安全或亲戚的团结，家中不再需要有人看着篝火壁炉，谁先回到家谁打开暖气就好了。过去，体力强弱是影响社会关系的一个重要因素，干重活时强壮的人先上，打仗也是强壮的人容易赢，战场上的将帅需要有头脑，但冲锋陷阵的士兵必须有体魄。所以身强力壮的男性相比女性就很有优势。但机器深入生活以后，体力就几乎只在竞技体育和街头斗殴中才起作用。在机器时代几乎所有事业中，男性相对女性的生理优势都不再用得上。于是，关于性别的叙事也基于新的实际情况发生了变化。

另外，机器的普及还让亲戚群体的规模缩小了，从过去整个部落都是亲属，缩小到了父母子女组成小家庭。所谓"内"也从一个社会群体坍缩成若干个小的社会单元。这样，女性如果不到"外"去就会与社会发展变化脱节，而让她们待在家里也不再是物质生活和社会安定的必需。于是，有点家底的女性开始抛头露面，尽管在男性主宰的家庭中这往往遭到诟病。

1848年，欧洲各地掀起了一股推翻君主统治的浪潮，其推动力是自由主义和宪政主义。这一年真是各种思潮迭起。在美国，三百名女性在纽约塞内卡福尔斯集会，讨论女性权益问题。男人们对此嗤之以鼻，心想女人们还挺能耐，居然讨论上了政治。但这次塞内卡福尔斯会议可不容小觑，大会组织者是两位反奴隶制的先锋人物卢克丽霞·莫特（Lucretius Mott）和伊丽莎白·凯迪·斯坦顿（Elizabeth Cady Stanton），会上发表的《情感宣言》成为女权运动先河之作。宣言效仿了《独立宣言》的文风，但稍做修改，其中写道："我们认为以下真理是不言而喻的：男人和女人生而平等"。

从此，西方女性跃跃欲试地走上公共生活的舞台。到19世纪末，在英美两国出现了这样的局面：女权活动家以激起大规模逮捕为政治策略，甚至煽动打砸抢烧，通过极端的、不惜送命的绝食行动来宣扬主张。最终，在几个投票选举制国家中女性赢得了选举权，首先是新西兰，然后是芬兰和其他几个北欧国家，之后是美国、英国，像多米诺骨牌一样一个跟着一个。

19世纪，开始走出家门寻求工作的女性面临着与男性的竞争，然而但凡好一点的工作机会女性总是会输给男性。因此，有工作的女性一般都很贫困。女性外出工作实际就像是在告诉别人，家里的男人没本事养活一家人。而男人则以能挣足够的钱，不用妻子出来工作为荣。一种以女性居家不工作为骄傲的家庭观在欧美流行开来，营造出女性脆弱纤巧的形象，鼓吹女性的人生意义只在于相夫教子，操持家务，忠诚服侍好自己的男人。

与此同时，机器生产出大量廉价的消费品，导致社会对女性参与生产（包括居家生产）的需求下降。人们不再需要亲自生产这个、制作哪个，只要出门用钱买就好了。工业社会中，很多中产阶级女性赋闲在家，觉得生活缺少意义，甚至是在熬时间、消磨生命。她们想走出家门，即使不去工作也要干点什么，要到公共生活中去与他人交际。但是她们能到哪去呢？直到1850年，可供人们聚会社交的地方还仅有餐馆和酒吧，但那里是只对男人开放的供他们打发时光或打架斗殴的地方。

商人从中看到了机会。在此之前，西欧稍微高档的商店都把货品存放在库房中，在商店前厅由一位店员迎宾，问清楚顾客的需求，谈好价格，再让人到库房里取出商品。但当时一些有头脑的商人发现，让顾客自己挑选商品就能卖出更多的货。于是他们把货品陈列在开放式货架上，供人随意浏览而不要求必须购买，但通常顾客看着看着总是想买点什么。所以提高销量的诀窍就是让顾客能留下来看一看，逛一逛。

1852年，一位法国商人把一家名为乐蓬马歇（Le Bon Marché）的日杂商店改造成了西欧的大巴扎。中部世界的大巴扎从来都不只是商业贸易地点，更是人们社交的场所，但只对男性开放。而此时欧洲出现的商场则是面向女性的公共空间，到这里来跟去小商店买东西一样光明正大。商场中的货品按主题分开陈设摆卖：这边有阿拉伯的洞穴之夜，那边有日本的园艺景观……此外还有长椅和社交场地，方便女性休息和聊天。商场中设置不同的楼层和走廊让顾客闲逛探索，还有给孩子玩耍的娱乐区和咖啡零食店等等。靠着这些，乐蓬马歇商场在法国造就了多位最早的百万富翁。不出所料，大量竞争对手不久就如雨后春笋般冒了出来。

在北美，纽约的梅西百货（Macy's）发展成了超百万平方英尺的大型卖场，芝加哥的马歇尔·菲尔德百货（Marshall Field's）开始雇佣女性售货员，因为大部分顾客是中产阶级女子，更愿意接受女售货员的服务。这一招非常奏效，马歇尔·菲尔德百货的利润节节攀升，引得其他百货商场纷纷效仿。

这样的大商场提供的就业机会让年轻的单身女性如过江之鲫般涌进城市，在这里打工讨生活。打工女性起先只是个很小的群体，而且拿着极低的工资。但是机器生产带来的新工作岗位不断向女性开放，有打字员、档案员、电话接线员、教师、护士、誊写员等等，不一而足。有些女性争取到了上学读书的机会，有的还读了大学，甚至还有个别拿到了博士学位。

社会的深层结构和心理的深层结构其实是一体两面的，而人的心理结构往往难以在一代人内发生重大变化。新生儿受天性驱使会主动探索自己所在的社会星群，并逐渐成长为适应社会的一分子。人在成长中可能会经历并接受社会的某些结构性变革，但面临变化时所体现的个性却是孩童时期从上一代人那里习得的。这样一方面能维持各项社会规则和社会形态的稳定连续，让一个社会的特质和生命力得以保存，另一方面也会使得社会形态的变化存在一定迟滞。而性别分工恰恰是人类社会中刻板印象最深的观念之一，所以人们会觉得这应该不会在短时间内发生太大变化，其实不然——在全世界范围内，过去二百年来人们的性别角色与性别认知经历了翻天覆地的变化。

机器时代的涟漪效应推动了女性进入公共生活，这绝对要算历史上最重大的进展之一。上一次意义重大、可与之比肩的事件，恐怕要推回一万年前的新石器革命。那时，人类开始定居下来，自己培育作物，豢养牲畜，自己动手制造工具。新石器革命是在千年的时间尺度上陆陆续续发生的，给人们的交往方式带来了重大变化，让父系氏族成为普遍的家庭组织方式。而从 19 世纪起关于性别角色的革命方兴未艾，虽然只经历短短两百年但已经发展成熟，并昭示着未来更大的变革，很可能终结父系体制，甚至可能让性别不再是人们身份的基本特征。这样，我们就可以理解为什么大部分社会中的规则和人的认识暂时还没有跟上这场人类文化的大变革。

25. 机器时代的社会星群

1850 年—1950 年

机器的普及并非人类主动为之。发明家们发明了这样那样的技术，但没有哪个发明家能统筹推进整体的技术进步。没人能够阻挡这个潮流，但也没人能引导其具体方向，没人能掌控它的社会影响。不过这并不是说机器对世界各地的影响是等同的，机器所进入的每一个社会都有其本来的进程，机器要挤进长期以来既有叙事所维系的社会框架中去，就像来自外族的移民要融入当地一样。正因为机器总是要与它将进入的既有社会完形博弈与磨合，所以在不同文化中产生的社会影响也不相同。诚然，机器一旦融入某个社会就可能从根本上改变其世界观，但前提还是先要融入。

马克思主义

在西方社会中，机器引发了迅猛的工业体系发展和城市移民潮，起初阶段让很多人的生活困苦流离。19世纪的另外一种"主义"就在这样的条件下诞生了，这就是以马克思和恩格斯的著作为经典的马克思主义。这两个人可以说是背景非常不同的一对搭档，恩格斯是富有工厂主的儿子，而马克思是贫苦人家的子弟，穷到买不起棉鞋，他在大英图书馆写共产主义经典著作《资本论》时，还需要在鞋里塞上报纸保暖，后来甚至穷困到七个孩子中有四个因为营养不良或生病没钱医治而夭折。马克思一生寂寂无闻，直到去世时大部分主要作品还没能发表，已经发表的五本也是读者寥寥。他的葬礼上只来了十一个人，其中五个是直系亲属。然而，马克思去世后不到二十年，相信他的人和憎恨他的人都开始将他奉为与达尔文和弗洛伊德齐名的当代巨擘，认为他对世界历史和政治的影响可以比肩恺撒大帝和拿破仑。

马克思认为人类社会本质上分为若干阶级。不管哪个时期，上层阶级总是那些拥有生产资料的人，而下层阶级是没有生产资料的人。历史是由不同社会阶级的不断斗争推动的，以前最重要的生产资料是土地，现在是机器。随着机器的普及，马克思认为理论上阶级斗争会走向终结，因为人类的强大技术能生产出所有人需要的所有产品，物质能够达到极大丰富。

但这个愿景在当时并没有实现，马克思认为这是因为机器都集中在了拥有金钱和信贷的人手中。金钱和信贷只受一个力量驱动，即追逐利润最大化，实现保值并增长。这个过程不是靠人实现的，而是靠金钱和信贷自己实现的，因此马克思称之为"资本"。人民群众中的大多数是操作机器的工人，而资本家总是想尽可能少地给他们付工资，因为付过工资后剩下的钱都是资本家的利润。资本家可以用利润购买更多的机器，实现资本的增殖。现实中资本家们正是这样做的，因为他们身处资本主义社会星群，而资本天然是有增殖冲动的。

但问题在于，人民群众不仅包括工人，还包括购买资本家所出售商品的消费者。如果工人手上没有闲钱就不会购买商品，整个系统也就难以为继。对单个企业最有利的逻辑与对整体最有利的逻辑在这里恰好矛盾。马克思认为，这是当时社会关系中内含的矛盾，当矛盾不可调和时，必将引发工人革命。革命以后，每个人都可以拥有机器，从而为每个人生产足够的产品。届时互相竞争的社会阶级将不复存在，人类将进入理想时代。

马克思的愿景来源于西方有大工业生产体系的国家，包括工业极强的德国、英国，以及稍逊一等的法国、美国。这些国家的国民大多能识字且生活在城市中，也有组织行业公会的传统。机器大生产之后，他们开始组织工会，通过工会争取提高工资和改善工作条件，斗争方式包括罢工，即要求得不到满足就拒绝劳动。马克思把他们称为"无产阶级"，认为无产阶级是推动革命的主力军。

从马克思主义到马列主义

马克思所预期的革命没有在德国发生，但他的共产主义理想却启发了另一个全然不同的社会环境中的知识分子——俄国的列宁。当时俄国的统治者是欧化的、说法语的王朝贵族，他们统治着千千万万说俄语的农民，其中大部分是包身农奴。农奴不能离开耕作的土地，而且几乎全部是文盲。他们在乡下过着赤贫的生活，分散居住，由于彼此联系不上，组织不起工会也搞不成罢工。虽然俄国沙皇在 1861 年宣告废除农奴制，但贫苦农民的生活条件并没有太大改观。

不过以上说的只是俄罗斯帝国中俄罗斯民族的情况，俄罗斯帝国还有大部分疆土位于乌拉尔山以东，横跨整个亚洲。那里的居民大多是突厥人和西伯利亚人，对莫斯科和圣彼得堡的贵族文化缺乏情感认同。简而言之，俄国社会完全不具备马克思所言的发生共产主义革命的一切必要特征。

马克思的思想刚传到这里时也没有适应得很好，经过改良才扎根下来，主导改良的人就是俄国的列宁。改良后的主义不再是原本的马克思主义，而是马列主义——一个具有鲜明俄国特征的思想星群。

马克思认为工业化将导致革命，而列宁认为通过革命才能走向工业化。但革命的主体应该是谁呢？这曾经是列宁想不通的地方，因为俄国没有无产阶级。因此，列宁提出革命必须有一个先锋队，先锋队要纪律严明，时刻准备着发动一切力量共同实现伟大目标。先锋队发起革命形成工业社会，在工业社会中产生无产阶级，无产阶级再推动真正的大革命，把历史带入共产主义的新纪元。先锋队使用暴力革命的基础是其信仰正确，因此这个先锋队的一项主要工作就是不断统一意识形态信仰，保证全体成员认识一致。

1917年，俄国三百年的沙皇君主制轰然崩塌，政府治理出现了真空，此时只有列宁的先锋队有统一组织，能采取果断行动。先锋队自称"布尔什维克党"，夺取了政权，发动了震惊世界的运动，清除了旧社会秩序的所有痕迹，代之以自上而下新设计的秩序。俄国建成了中央集权的工业化国家，不再像一个社会生命体，而更像一部社会机器。在此过程中，马列主义要求统一的思想，这是过去马克思主义中没有提及的。以上这些就是机器进入俄国社会并与之融合后带来的结果。

从马列主义到毛泽东思想

沿着这条主线讲下去，我们需要把时间快进一点。马列主义从俄国传播到了中国。在这里，又是起源于一种环境中的理论信仰进入了另一个迥然不同的环境。中国既不像德国和英国，也不像俄国，由马克思创立又由列宁改造的这套理论必须在中国的语境下重新发展，才能在中国扎下根来。有革命思想的毛泽东在这里把马列主义发展成了毛泽东思想，正像马克思主义中的内容在马列主义中仍然有所体现一样，毛泽东思想也体现了马列主义的主张。机器文化就此融入中国社会发展了几千年的历史叙事中。

与秦始皇及后来的隋文帝、明洪武皇帝等的功绩相呼应，毛泽东也开展了国家大一统所需要的规模庞大的全国基础设施建设，也不惜投入一切人力成本；同样地，也通过主义和政策的宣传将中国男女老少一个不落地整合进同一个行政体系。

毛泽东思想明确地没有吸纳儒家思想。然而从整体上看，毛泽东思想与传统的儒家学说有着同样的社会功能，都能把无数人凝聚成一个集体。毛泽东以意识形态为治理工具，培养了大批学者型官员。但这时的学者型官员已经不再学习儒家经典，而要熟悉毛泽东思想理论，其中也包括马列经典著作。

毛泽东在实现伟大目标的过程中使用过群众运动的手段。在他去世后，思想界很快出现了大讨论。在短暂的不确定时期中走上前台的邓小平更注重意识形态能否产出实际成果，提出了著名的"不管黑猫白猫，捉到老鼠就是好猫"的论断。

邓小平及其政治思想的继承者们基于毛泽东已经完成的历史转型，不再需要依靠专政控制社会。他们相信中央的向心力已然足够强大，因此中央的统治可以适当放宽，不会妨碍中国的统一。总之，毛泽东把中国组织成了一个便于治理的国家，能够接纳机器文化并且在新条件下继续向前发展。在毛泽东的治国大业完成之后，中国再一次回到了经典的历史轮回。毛泽东的继任者们继承了他的机制和做法，努力让中国重回亚洲大国地位，甚至在不远的将来成为世界大国。在经历了百年乱局之后，新的秩序终于形成，再次印证了中国史学家们所说的中国历史基本轮回。

另外，中国也吸纳在西方发展成熟并广泛传开的企业机制作为其发展模式，大量的国营和民营企业承担了公路铁路、机场港口、贸易中心等基建项目，影响范围遍布中国过去的藩邦属地，沿着曾经的丝绸之路和季风贸易网络，重走郑和船队15世纪七下西洋的路线。

没有哪股力量能阻挡技术发展的潮流，也没有哪股力量能抹去社会叙事或削弱其影响。就像中国文化至今还有神话传说中的祖先一样，在早已朦胧远去的历史中产生的叙事，至今仍在冥冥中影响着人们。

中部世界的机器

同一时期，中部世界的人们第一次发觉，新生的技术已经不再是自己社会中的伟大发明贯彻到自己熟悉的生活方式中，而是外人创造的机器闯入了自己的社会并占据了主导。自此，从印度河畔到伊斯坦布尔，从中亚的撒马尔罕到北非的苏丹，19世纪的伊斯兰社会终于开始意识到最有价值的资源已经被外族掌控，本民族的统治者变成了傀儡，政府治理也成了由西方列强在背后操控的双簧表演。

他们该怎么办呢？一千两百年来，伊斯兰社会一直是世界历史和文明的担当，怎么如今落到这步田地？是因为做错了什么还是哪里没做好吗？要如何恢复世界秩序，同时实现自我救赎呢？

　　这些问题在 18 到 19 世纪的穆斯林思想家和活动家们头脑中萦绕不去。伊斯兰世界中出现了精神革命的势头，这也是伊斯兰教本身的迫切需求。精神革命运动和反帝国主义运动合成了一股潮流，因为在伊斯兰教中精神信仰与政治生活从来就是不分家的。

　　穆斯林在两种潮流的汇聚中痛苦地探索着自我身份，这种身份探索与反抗西方霸权联系在了一起，于是难免会出现一些极端者。他们不以穆斯林本身应该是什么而定义穆斯林身份，而篡以穆斯林不能是什么的概念，宣扬伊斯兰社会不属于西方也不能成为西方，在此过程中形成了以排斥异类为基本特征的身份认同。

　　这种情形在历史上并不鲜见。十字军东渐时期，欧洲人就以与穆斯林和犹太人的东方社会的对立定义自我身份，同样是源于对异类的排斥，同样是以自己"不能是什么"来建立身份认同。但是，当时的欧洲文明蒸蒸日上，以排斥外族为基础的身份认同能展现出洋洋得意的自我优越感。然而，18 到 19 世纪的伊斯兰社会却是刚刚认清自身的局限落后，急于扼住颓势，在这样的背景下，排斥异类的身份认同只会滋长仇恨情绪。

　　那么在极端穆斯林眼中，要抵制的是欧洲的什么呢？不应该是科学技术。伊斯兰社会中大部分运动倡导者都能认识到，机器生产的社会终究要取代没有机器的社会，穆斯林如果拒绝科技和工业，无异于甘居人后。游历世界的大学问家赛义德·贾马鲁丁·阿富汗尼（Syed Jamaluddin al-Afghani）及其思想的继承者们主张穆斯林不仅要接受机器，而且要掌握机器技术和其中的基础科学。他们认为伊斯兰本就是科学的宗教。先知穆罕默德是通过富有感染力的语言讲法布道，发展全新的信仰社群，在极端劣势下打赢战争而感召人们产生信仰。而且，早期伊斯兰文明有辉煌的科学成就，只是在"黄金时代"之后才偏离了上升的轨道，让死记硬背经文蒙蔽了双眼，让堕落的宗教人员破坏了伊斯兰的先进性。因此，穆斯林必须正本清源，探索将机器文化融入伊斯兰复兴叙事的方法。

这就给穆斯林提出了一个问题：如果他们抵制的不是科学与机器，那么是要抵制什么呢？那就只能是社会道德与性观念，因为这是西方和伊斯兰社会之间最显著的差别。19 世纪正值西方社会提倡女性独立，大家庭的概念不复存在，个体的独立自主性日益增强。于是，被政治抵制与精神革命潮流裹挟着的极端穆斯林就将伊斯兰的正统性简化为两点，一是维护部族规模的大家庭结构，二是限制女性只能在"内"的范畴活动。他们提倡对经典做严格的字面解释，并以此作为性别与婚姻方面的规范。具体来说，当时接连几代穆斯林极端分子都主张正派的穆斯林要抵制欧洲的家庭生活方式、儿童教育方式、家庭和亲戚观念以及性与性别关系的社会规范。

将社会划分为男女两性的范畴并对应到公共生活和家庭生活的内外有别，这其实早已根植在伊斯兰社会的历史叙事中，可以一直追溯到伊斯兰教出现以前。对女性的禁锢在穆斯林与拜占庭打交道的过程中逐渐成形，在当时拜占庭的上流社会中，女性蒙面纱是一种社会规范。而到了伊斯兰教的革命时代，伊斯兰社会一面吃力地接纳机器进入自己的文化，另一面在身份认同上开始过度强调女性居"内"的属性。伊斯兰的历次革命运动普遍提倡禁锢女性，久而久之，对女性做种种限制成了其核心主张之一。

　　性别分工在全世界出现重大转折的基础原因在于机器及机器给人类生活方式带来的冲击，那么不管舆论如何导向，性别革命终会到来。一切试图回到过去性别角色区分或者限制女性发展的行为都将是徒劳的。要是在这个问题上开倒车，就是要倒转人类历史上不断发生的技术进步，这是不可能的。如果非要的话，恐怕只能把全球的城市都炸成废墟，扰动自然气候以致社会重回石器时代的发展水平。但是即便历史倒回从前，人类仍然会重新发明工具，直到再次研究出机器。这是人类的天性。

26. 帝国与民族国家

1800 年—1925 年

到 1850 年，世界上大部分人口仍然生活在一个个疆域广大、民族多元的王朝帝国中，统治帝国的君主依靠血统出身获得权威。相比古代美索不达米亚平原上的众多帝国，此时的帝国只是显得大而无当，两者从结构上讲没有什么区别。

比如，欧洲中部的大部分地区都属于霍亨索伦家族统治的德意志帝国。德意志帝国由一系列公国和小君主国组成，居民主要是讲德语的民族，其中最强大的核心部分是普鲁士。而东欧大部分属于哈布斯堡家族统治的奥匈帝国，民族构成复杂，使用不同的语言。与哈布斯堡帝国相邻的是另一个家族王朝，罗曼诺夫家族的俄国，它就像拼贴布垫一样由五花八门的部分组成，疆土一直向东延伸到太平洋沿岸。而与俄国相邻的，有同样像拼贴画一样组合在一起、由奥斯曼家族统治的若干小国，还有远在东方在清王朝治下的中华帝国。

西欧的情况大抵相似，只是略有不同。法国此时已经是一个宪政共和国，但不久前也还是帝国。作为欧洲的中心，此时的法国本土有一套世俗的、理性的统治机制，但是法国还统治着越来越多的殖民地，殖民地中的不少统治者（至少是名义上的统治者）仍然靠血统出身和宗亲关系确立统治权威。在英国遍布全球的殖民地中，情况也大抵如此。

这些庞大的帝国在世界上开疆拓土的同时，在内部酝酿成熟了一种新形式的社会政治单元，而其成因至少可以部分归于机器。这个千呼万唤始出来的新形式就是民族国家，它自形成之初就努力走向世界舞台的中央。在此之前，这种新的社会星群已经有了几个雏形。英国和法国从 14 世纪起就开始从封建王朝向民族国家转变了，在那前后一百年左右的时间里，英国军队多次侵略法国，英吉利海峡两岸的人民都从中培养了民族身份意识。英国国王以民族大义动员军队，让来自不同阶层、背景和地域的士兵奔赴海外战场，与跟自己讲同样语言的战友并肩浴血作战。而敌人虽然也长得和自己差不多，但叽里呱啦说着让人听不懂的语言，简直像一群外星人。反过来，保卫家园的法国人估计也会把英国侵略者当作人形外星人对待。在双方内部，不同的方言汇聚成共同的语言，对共同历史和共同命运的认同让内部越发团结一致，而跟敌人更加对立。

同时，在遥远的伊斯兰世界，伊朗也经历了类似基于文化和地域形成民族的过程。这里的什叶派被突厥裔逊尼派从两边合围，而且自身的民族源流清晰，共用波斯语，还有着共同的悠久历史。

然而，民族国家不只强调民族身份认同，更需要客观存在于世界上的实体。它是诸般社会潮流发展向前的必然产物：银行业的发展、单一货币的出现、交通通信技术的进步、战争武器的日益发达……所有这些因素相辅相成，为一种新型社会统一体的出现提供了土壤，这便是民族国家。民族国家之于王朝帝国，就好像帝国之于文明——前者比后者更精练而具体。

早期的传统帝国靠扩张取胜，追求版图面积，由此产生了疆土辽阔、税源和兵源都十分充足的大帝国。帝国之中，皇帝掌握绝对权力，想杀谁就杀谁，无须向谁说明什么理由。但除了可以随意开杀戒之外，皇帝对臣民的生活没有太多其他掌控。即便社会上黑心商人贩卖过期牛奶，年幼孩童公然酗酒，流氓骑马横冲直撞，妇女脏话连篇……皇帝对此能有什么法子呢？毫无作为，甚至全然不知，就算知道也不以为意。可能有人会出面管束，但出面的人不过是些当地的教士、看不过眼的耆老、行业公会的领袖，或者可能是家族的女性长辈，再不然就是左邻右舍都惧怕的大块头。帝国的社会治理不过如此。

民族主义

好的民族国家追求的不是广度，而是深度。在这种社会星群中，国家元首无权随意处决国民，元首同国民一样必须遵守法律。国家作为一个由社会机制界定的抽象整体，无时无刻不存在于每个国民的生活中，并且对国民生活的干预也更加深入。民族国家的内部实行相同的法律，使用同一种货币，由唯一的中央权力垄断所有暴力机关。虽然国民可能使用不同的语言，但国家规定一种官方语言，所有公共事务都通过该官方语言进行。

民族国家的边界清楚明确，跨过边界就像跨过人行道上的一条裂缝那样截然清楚。一条国界，这边是法国，那边是德国，明确无误。民族国家的人口集中，交往密切，因此很容易作为一个社会有机体形成意图规划，再付诸行动。民族国家在此方面的能力要强过以往任何一种社会政治形态。单从国土面积上论，当时的英国比中国小得多，但要是比谁执行国家意志的能力更强，英国却远在中国之上。英国的这种实力既不归功于维多利亚女王，也不归功于本杰明·迪斯雷利（Benjamin Disraeli）首相或东印度公司的总督。这些个人都只是不列颠王国国家意志的执行者。

随着民族国家的兴起，19 世纪最受追捧的意识形态——民族主义也出现了。民族主义是一系列富有感召力的主张，认为每个人都属于某个民族，每个民族都有权利拥有自己的主权国家，就像羽毛相像的飞鸟总要成群飞翔。每个人都不应被自己的民族国家拒之门外，每个民族国家中的全体国民共同构成一个政治意义上的民族。

这自然会引出一个问题：怎么定义哪些人属于同一民族？哪些特征决定了一个人属于某个民族而非另一个民族？比如，没人会认为身高是决定民族的因素，不会要求成立"高个子国"和"矮个子国"。那么语言算是一个因素吗？共同生活经验呢？共同信仰呢？

或者某种程度上说，血缘身世是否也是一个因素？一个民族是不是指从同一个祖先繁衍出来的所有人？这种亲缘关系现在还明显吗？肤色是不是民族的一种标志？

然而并非所有的民族国家都建立在以上这些基础之上，意识形态也能把人们团结起来形成国家。美国就是最好的例子。《独立宣言》和美国宪法提出的都是普世的原则，旨在绘制法制与规则的蓝图，希望这些社会机制能适用于全人类。诚然，社会现实并不符合这两大文本中的理想，两者在语言上也潜藏着许多矛盾。托马斯·杰斐逊（Thomas Jefferson）最早在《独立宣言》中提出"人人生而平等"时，当时的人们会默认"人"指的是拥有土地和经济能力的男人，而女人只是男人的附属品。美国宪法的起草者们也不认为奴隶制与杰斐逊所说的"人人生而平等"有矛盾，例如南卡罗来纳州的亚瑟·米德尔顿（Arthur Middleton）在《独立宣言》上签字时，还拥有三千五百个为他工作的奴隶。

但是，作为开创性基础文本，其中的普世基调仍然揭示了一些基本原则。进步的活动家以此为据，推动美国走上了一条前所未有的道路。这条道路的方向，要在经过一场南北战争，死去六十多万人后才最终被证明是正确的。在战争期间，美国宪法出台了一个修正案，规定任何人只要接受美国宪法的管辖即为美国公民。而在欧洲，不知出于什么原因，另外一种观点受到推崇，即定义民族国家是基于民族源流和血统的一群人组建的国家。

西方社会以血统划分民族国家，因此种族的概念受到高度关注。有些读者可能会问：人类难道不是一直都能注意到身体特征上的差异吗？难道人们不是一直有自己人和外人之分，更愿意对内团结吗？是的，的确如此。但是如何定义"外人"却随着历史发展而变化，在不同的地方，哪些差别是决定因素也不尽相同。人们的身份要素中并不总有"种族"这一项。

这一时期，在西方社会中发展成熟了一种观点，即先天、客观的生物属性将人分成了不同群体，这个属性被称为"人种"。这个属性人人皆有，每个人都属于某个人种，就好像每个木雕都是由某种木材雕刻而来，要么橡木，要么松木、桦木，总归是具体的一种木材。种族的所有外在特征，例如肤色、发质、眼睛的形状等都是其内在核心特质的外显，其内在核心特质虽然不能被直接观察到，但可以通过由它决定的各项体貌特征判断出来。

19 世纪，西方知识界把人种作为科学研究的对象，不少学者花了大量心血研究人类都包括哪些客观的人种。哈佛大学的路易斯·阿加西（Louis Agassiz）认为，不同人种独立演化自不同的起源，分别与不同的物种有较近的亲缘，他总结出十一个基本人种。学者查尔斯·皮克林（Charles Pickering）认为有十二个，另一位也做了大量研究的学者乔治·居维叶（Georges Cuvier）则认为只有五个人种。

最终，瑞典动物学家卡尔·林奈（Carl Linnaeus）提出的人种分类成了当时的主流。林奈认为有四个人种，即欧洲人、非洲人、亚洲人、美洲印第安人。他和其他一些人很快就把人种分类与肤色对应起来，即白种人、黑种人、黄种人、红种人。形成这个共识后，科学家和伪科学家们开始研究每个人种的内在特质。种族论者不仅把肤色和体貌特征联系起来，还认为它与心智、情绪、文化等特质有关。然后，居维叶等"种族学家"就推测说，白人聪明理智，黑人情绪充沛，黄种人灵活狡黠，等等。

再后来，法国伯爵约瑟夫·亚瑟·戈比诺（Joseph Arthur de Gobineau）根据所谓的人种内在特质给不同种族做了优劣排序。他本人是白人，所以骄傲地宣称白人是最优等的人种，各方面都很优越，尤其是智力发达。虽然也有蠢笨恶毒的，但戈比诺认为这是因为他们家族中的祖先有与异族通婚的情况，让低等人种的成分混进了血统。

今天，大部分人都会对这样的种族成见感到惊愕。但在19到20世纪，主张人种是客观存在的分类、不同人种内在特质各异的种族理论深入人心，即使那些自由派的人本主义者也相信此说[24]。人们能形成这种认识实在令人称奇，因为从科学上讲并没有人种的概念。人确实会从父母那里遗传一些特征，在同一个基因库中反复婚配的一群人会逐渐强化某些特征，这样他们看起来就和另一群人有了差别。不过"反复婚配"是这里的主要因素，而这种行为常态是由社会习惯决定、由地理因素加强的。如果把两个被认为是不同人种的群体送到一个小岛上，让他们任意通婚，几代人之后就分辨不出所谓的两个人种了。这是生物学家一致认可、没有争议的。

其实，历史上从来不乏这样的通婚。假如我正在家乡旧金山的通勤高峰期乘公交车，如果我之前没听说过所谓的四大人种，肯定不会把乘客分成四类。即使只看肤色，也是从白到黑之间各个深浅程度都有。旧金山有很多亚裔，但没有谁的皮肤是真正的黄色。关于黑与白之分，我见过肤色最深的人也不过深棕色，而肤色最浅的也还是有点奶油色。而我见过的唯一一个"红种人"，是有一次在同志彩虹节上看到的一个赤身裸体、从头到脚都涂上了红色染料的人。我有两个高中同学，本杰明是纳瓦霍印第安人，哈里是东北佛蒙特州人，虽然本杰明的肤色是比哈里深了一点，但本杰明肯定不是人们想象中的红皮肤，哈里也不是纯白色皮肤。如果让我描述他们的肤色，我会说哈里是粉皮肤（的确比本杰明更接近红色皮肤）。

总而言之，人种是一个社会概念，而不是生物意义上的客观存在，它只是反映了社会规则对自由通婚的干预。然而讽刺的是，正是鼓励"同族通婚"的社会规则强化了个体外貌特征的分异，从而让人种成了一个貌似客观存在的因素。19世纪，大部分西欧人都属于世界上某一个帝国，而这些帝国的大部分臣民却是在遥远的地方被殖民的土著人。种族理论为贬低异族人的身份地位、强化统治者的民族优越性奠定了基础。受此影响，人们越来越相信世界上客观存在不同的民族，每个民族都应该有自己的民族国家。

北美

不列颠帝国此时已经发展成了世界历史上疆域最广阔的帝国，巅峰时期统治了世界四分之一的土地和人口。到19世纪后期，法国、西班牙、荷兰纷纷加入帝国角逐。从那时起，学者会把帝国的扩张称为"帝国主义"，这个词在当时是他们引以为豪的，只是后来才变成了贬义词。

同一时期，美国也在大举扩张，但它的扩张在很长时间内都没有被当成帝国主义。作为一个民族国家，美国没有昭告天下自己是在对外征服，而是让国民到原野中去伐木开荒，建设城镇，再兴建公路、铁路把城镇连在一起。这样从表面看来，美国的壮大靠的是人民用双手把自己的荒地变为良田，是进步叙事的现实体现。

不可否认，这个年轻国度的国民确实做了大量奋勇开荒、建设家园的工作，不过在这个叙事中还有一个没说清楚的缺口。北美的拓荒者们所去的土地此前已经有人居住，原住民已经利用了土地，尽管跟拓荒者的利用方式不尽相同。而且，原住民社会也不是千百年来一成不变，并非在被外来人打断之前与大自然互不侵扰、相安无事，而是也有自己的历史和现在，也在谋划着自己的未来。同所有其他人一样，他们一直都生活在不断变迁的历史中。

此前这里的最后一批移民来自亚洲，他们是经过加拿大迁入的，其中一些人在第一批欧洲移民到达前就从加拿大南下进入了北美腹地。这批南下的人中有一支甸尼人，即后来所称的纳瓦霍人，还有阿帕切人。而今天居住在密西西比河和密苏里河流域以及五大湖沿岸的原住民曼丹人、达科他人、奥吉布瓦人等原本都是半定居的农耕民族，只会在夏天徒步进入草原狩猎野牛。随着西进的欧裔拓荒者移民越来越多，这些原住民开始完全进入中部大平原生活。

欧洲人把马带到了美洲，其中有些逃脱到野外繁殖了后代。马的出现让北美大地上有了新的游牧形式。但这不是中亚草原那种逐水草而牧式的放牧，这甚至根本就不是放牧。北美大草原上有成百上千万的野牛，野牛和牧马相遇，产生了美式狩猎游牧文化。土著猎牧人把野牛浑身上下从牛蹄、牛角、内脏到牛肉和牛皮都利用了个遍。曼丹人和达科他人在大草原上巡猎，法国人把他们称为"苏族人"。科曼奇人和夏延人也从落基山脉迁到了大平原上。我们现在无法演绎，如果没有外人闯入印第安人的生活，北美的历史将如何发展。他们会形成遍及南北美洲的贸易网络吗？贸易网上的节点会发展成城市，然后也像欧洲一样一直发展到机器时代吗？今天已经无从得知。因为欧洲人的大举移民，美洲印第安人本来的历史发展轨迹被迫戛然而止。

早期欧洲人大量前往亚洲和非洲是为了开展贸易，对土地的征服也是为了实现其贸易野心。他们既想要土地上的资源，也想要土地上的人们生产出来的产品，所以希望这些人能一直生产下去。而美国向西扩张到太平洋沿岸的过程中，拓荒者们并不在乎印第安人能生产什么。新来的移民不是来此贸易的，甚至也不是来征服的，而是来取而代之。走在扩张前线的拓荒者群体大多数是来美国寻找新生活机会的贫民，他们在老家没有祖辈传下来的爵位、金钱和土地，他们依靠体力和手艺建功立业，开启新生活。而开启新生活的机会，就在跨过密西西比河的西部。

随着美国的西进，印第安人数量锐减甚至在部分地区绝迹。这与纳粹以意识形态手段煽动对犹太人的仇恨并对其进行迫害略有差别，欧洲人仅仅觉得印第安人碍了手脚，他们对印第安土著既有畏惧也有仇恨，欲除之而后快，之后又把他们描述成神秘的原始人，如今还拿印第安人的族名作为球队的名称。

有些时候，对印第安人的屠杀也是有组织、有蓄谋的。在加利福尼亚州，新来的欧洲人对待印第安人就像对待蟑螂一样赶尽杀绝。州长彼得·伯内特（Peter Burnett）公然宣称政府会支持"灭绝印第安种族的战争"。1853 年《怀里卡山先驱报》发表的一篇评论文章对伯内特州长大加夸赞，大谈谁要是（跟印第安人）谋求契约或和平，谁就是叛徒。加州真的是说到做到，规定每杀死一名印第安人可获奖赏二十五美分至二十五美元不等。于是短短一代人时间，加利福尼亚州的印第安人就减少了九成。其中一个部落仅剩一名幸存者艾希（Ishi）。他被带到旧金山，作为人类学研究的活样本度过了余生。他去世之时，同他一起消失在这个世界上的，还有一门语言，一段历史，一整个宇宙。

在北美其他地方，欧洲裔的"取而代之"是通过常规战争实现的。两方交战，赢者通吃。大部分情况下，新政府把印第安人赶进圈起来的保留地上，并假惺惺地认定这些保留地为主权国家，与美利坚合众国是协约关系。在保留地范围内，印第安人基本还可以像祖先一样自由生活，不过再也没有祖先生活方式所需要的种种资源。有一段时间，美国政府有意将土著印第安人吸纳到蓬勃兴起的美国主流文化当中，他们把保留地中出生的孩子接到政府的公办学校中，教他们英语听说读写，学习欧式餐桌礼仪，穿着欧式服装等。1924 年，美国宣布仍居住在美国境内的三十万左右土著印第安人为美国公民。

27. 战争中的世界

1900 年—1945 年

19 世纪初期，拥有科技的力量、利用企业的组织形式，以民族国家形态发展的诸多社会已经完胜世界上所有其他社会组织形式。这样的社会与清朝对峙，清朝落败了；而遇到伊斯兰教和印度教治理的社会，则渗透并取得了控制权。

撒哈拉以南的非洲在很长一段时间内都抵抗住了殖民侵略。欧洲列强虽然在沿海设置了不少贸易港口，却无力深入非洲大陆。因为非洲深处是赤道雨林，昏睡症和疟疾在那里大规模流行。世代居住在当地的非洲人已经适应了这样的环境并对流行病有了抵抗力，此外他们还能按部落组织起来，有力抗击欧洲人的侵略。

然而技术发展和全球化趋势打破了两者的平衡。医学知识的进步让欧洲人掌握了应对昏睡症的方法，他们还在南美发现了一种植物，从中提取的奎宁能治疗在地球另一边肆虐的疟疾。同时，有了装备蒸汽机的平底炮船，欧洲人可以实现溯河而上，进入非洲大陆深处。

非洲土著部落虽然也有军队，有些还有枪炮，但在欧洲人的军队和枪炮面前不堪一击。1898 年，苏丹一支庞大的穆斯林军队把一支规模小得多的英国军队围困在了一个叫乌姆杜尔曼的地方。创立这支苏丹军队的是一个穆斯林末日论教派的领袖，自称"马赫迪"，意为"救世主"。他发誓要将外人赶出去，拯救自己的同胞。马赫迪的军队有五万人，使用长矛和老式枪支；而英国人有十二挺自动重机枪，能一分钟内连发五百枚子弹。英国人靠着这些机枪速战速决，发射了五十多万发子弹，击毙两万非洲士兵，击伤了其余大部，而英军只有四十八人阵亡。乌姆杜尔曼战役让心存侥幸的人彻底看清，不管西方列强遇上了谁，都是一场机器社会和前机器社会的较量，后者根本不是前者的对手。那么现在只剩下一个问题：这些"不管是谁的国家和地区"落到了列强手上要如何瓜分？

当时的德国总理俾斯麦（Bismarck）想让瓜分非洲的竞争显得文明一些，因此召集欧洲十四个强国在柏林开会，讨论如何瓜分非洲才不致引起不体面的内斗。当然，这个会议肯定没有邀请非洲国家参加。

"柏林会议"于 1884 年 11 月召开，但为时已晚，全球帝国主义已经进入新的阶段。在此之前，西欧各国早就开始了争夺殖民地的竞赛。到此时，欧洲各国几乎占有或控制了世界上除泰国和阿富汗以外的所有地区。眼前已经没有可以再占领的地方，后加入这场殖民狂欢的国家就只能从其他国家的手上抢夺殖民地。于是，欧洲列强开始觊觎彼此的地盘。

1900 年，南部非洲发生了一个预示后来世界大战的事件。这里发现了世界最大的金矿，恰好就在世界最富的钻石矿旁边。当时这个地区是波尔人的领土，他们是早期荷兰移民的后代，很早就从非洲原住民手上夺取了控制权。后来，英国也在这个地区建立了几个小殖民地。金矿被发现以后，英国人想全部独吞，于是双方爆发了战争。战争虽然以波尔人失败告终，但英国军费消耗巨大，伤亡惨重。为什么会打得如此艰难呢？因为另一大机器强国——德国也插手了这场战争，这为后来更大规模的战争埋下了伏笔。

我们此前一直说的都是"欧洲列强"，但到这个时候，列强阵营中出现了一个欧洲之外的势力——日本。日本也迎来了机器时代，而且日本人很清楚机器的重大意义，因此快速走上了工业化之路。1904 年，日本发起了对俄战争。面对这个准欧洲强国，日本竟然连战连捷，让西方观察家们大跌眼镜。在其中一场决定性的海上战役中，日本舰队击沉了俄国大部分军舰。这让欧洲人看清了一个事实：英国不再是世界上唯一一个能四两拨千斤的岛国。

同样引人注意的是，大洋彼岸的美国也不时有所动作。1898年，美国人将西班牙人从菲律宾赶了出去。六年之后，美国总统泰迪·罗斯福（Teddy Roosevelt）以世界领袖的姿态出现在日俄停战事宜的斡旋中。停战条约签订后，罗斯福说出了一番出人意料的豪言壮语，他提出在同世界打交道时，美国要"言语温和，手持大棒"。

欧洲人对这个"大棒"心中有数。美国不仅拥有大量资源,还有着紧凑而自洽的民族国家体制。没有传统国家君主制的负担,这是一个井井有条的国家,以最现代、最先进的民主宪政制为国家基础。在1861年至1865年的美国南北战争中,成百上千万的士兵已经用上了工业化生产的最先进的武器。内战后,美国重新成为统一的联邦国家,政府完全可以凭借人数甚众的士兵连同武器装备一起组建一支强大的军队。

另外,进入20世纪以来,列强对殖民地的争夺进入了白热化阶段。德国和意大利也形成了民族国家,垂涎于殖民地之争。意大利尚未太成气候,但德国不一样,已经发展成了足以比肩英国的工业强国。这个时候如果发生大国之间的殖民地争夺,那必定是在英、德之间。

德国和英国都对自己的武器装备有着狂妄的自信。多年以来,两者所到之处碾压对手如同拍死蚊子般易如反掌。只要手中有精良装备,世界上谁敢来犯?答案很明显:自然是有着同样精良装备的对方。这一时期,欧洲所有稍具规模的国家都忙着发展武器,其中最引人注目的就是这两个工业大国。

就在这两个王朝帝国在爆发冲突的道路上高歌猛进之时,另一种矛盾也在世界体系中蓄势待发。民族国家的雏形相继出现在各大帝国之中,就好像身体里长了肿瘤。每个帝国内部都有一些民族宣布独立、成为自治的国家,大部分是民族主义革命分子靠暗杀夺权。阿拉伯人想脱离奥斯曼帝国的统治;塞尔维亚人、波兰人、匈牙利人等在奥匈帝国内部你争我斗；俄国治下的各突厥民族也都各怀心思；亚美尼亚人期盼独立建国；很多生活在欧洲的犹太人也畅想着到哪里建立一个主权国家；在南亚的印度，也有民族主义者寻求脱英独立……虽然当时还没有太多真正意义上的民族国家成立，但在各帝国中，许多正在孕育成形的民族国家随时可能破壳而出。

1914 年，二十来岁的塞尔维亚青年民族主义者加夫里洛·普林西普（Gavrilo Princip）枪杀了一个中年人。被害者不是别人，正是奥匈帝国的王储。从此局面一发不可收拾，诸多旧帝国仿佛一座座爆竹仓库，一个接一个地炸开来。德国突然侵略法国，英国开始了对德封锁，之后俄国又发动骑兵与奥地利军队交锋，奥斯曼土耳其进军加里波利……

人们通常认为第一次世界大战结束于 1918 年，第二次世界大战是从 1939 年至 1945 年。但是我敢说，千年以后的历史学家反观现在时，看到的应该只是 20 世纪的一场全球大战，即历史学者尼尔·弗格森（Niall Ferguson）所说的"世界战争"。这场世界战争始于 20 世纪初期，战火一直烧到 1945 年，不过过程中有所间歇。第一次间歇是 1918 年，在四年的生灵涂炭之后，美国宣布参战，向法国投放两百万兵力，让战乱暂告一段落。

世界战争的这场历时四年的开篇摧毁了整个欧洲，尤以欧洲中部的核心大国损失最甚——德国、奥地利和奥斯曼土耳其均受重创。因此，在各参战国的战后和谈中，英法两国几乎主导了和约的条款。他们要求德国必须为发动战争付出代价，提出了巨额赔款，旨在让德国在此后很长时间里保持国力贫弱，不能抬头。

　　几年的战乱也让其他王朝帝国遭到了致命打击。1918 年停战后，帝国内部兴起的民族国家像蛇蜕皮一样开始脱离帝国的外壳。奥斯曼帝国从此不复存在，其核心部分成为一个实体民族国家——土耳其，战胜的西方列强随意地划了划线，就此形成了若干阿拉伯民族国家，其中包括约旦、叙利亚、伊拉克等。英国人鼓励欧洲犹太人移民到黎凡特地区的一处，犹太活动家们希望能在此建立自己的国家。而在东欧，也有不少新的民族国家已形成清晰的边界，其中有波兰、塞尔维亚、匈牙利、罗马尼亚、乌克兰等等。

　　德国人推翻了自己的皇帝，宣布成立眼下正时兴的新型政府，即由民选总统领导的宪政共和国。清王朝也在第一次世界大战爆发前夕垮掉，此时的中国也更名为"中华民国"，要以民族国家形态进入机器时代。世界和平看似终于来临，然而只是幻象。1918 年停战之后，互相敌对的各个大国马上开始了重建和军备，为下一次大战做准备。而且，世界大战的停战并不代表各地的战火都消停下来了。在俄国，罗曼诺夫王朝倒台后，布尔什维克党人掌权，通过发动内战巩固了权力。这场苏俄内战是世界史上最血腥的内战之一，在不到十年的时间里造成了近一千万人死亡。此外，第一次世界大战一结束，世界上就暴发了一场大流感。流感随着战争中部队的流动传播开来，夺去了全球约五千万人的生命。所以，全球化有时也会倒打一耙。

　　20 世纪 30 年代，战争的鼓点又一次敲响。本来意在钳制德国发展的赔款却产生了反作用，在一片乱局中，别有用心的人利用了社会动荡以实现自己的目的。人类公认的魔头之一——德国的希特勒利用战争的悲惨和战败的屈辱挑起了一场种族主义运动，在种族主义的意识形态氛围中成立了纳粹党。而在世界另一端，日本的军国主义、极权主义和民族主义思潮弥漫，并开始在中国和东南亚侵略、蚕食。随后，西班牙发生了惨烈的内战，列强纷纷介入、选边站队，顺便把西班牙内战的战场当作了自己最新武器的试验场。

　　关于是谁发起了世界大战的第一回合可能还有所争议，但第二回合确凿无疑是德国挑起的。这第二回合的诱因不是哪个单一事件，而是以希特勒为代表的纳粹战争机器不断扩张的野心。纳粹德国把能占领的所有地盘都收入囊中，终于让其他欧洲国家心生忌惮而出手阻止。战争犹如泥炭沼泽之下一直暗中燃烧的炭火一样终于爆发，世界大战卷土重来。这一次战火几乎波及全球。

　　最后又是美国让天平倒向了一边，可这次不像上次那样手到擒来。1942 年，美国向欧洲战场部署了几百万兵力，又向远东战场调遣了大规模舰队对日本作战，然而战争仍然延续了三年之久。终于在 1945 年，美国科学家率先研制成功人类历史上最具杀伤力的武器——原子弹。随后美国向日本投下了两颗原子弹，夷平了两座城市。至此，大战戛然而止。

　　待世界大战的硝烟散去，世界重回安宁，人类建立民族国家的努力总算大功告成。尽管当时仍有部分地方是殖民地，现在地球上的几乎每一寸土地都正式属于某个主权民族国家，每个人都是某个国家的公民，即使难民也能争取到公民身份。每个国家都有明确划定的国界，要穿越国界的人必须持有护照。每个人在本国之内使用本国货币，学习本国历史，每个国家都有全体国民能辨识的国旗。

仍然属于其他国家的殖民地不满于自身地位，纷纷争取独立成为民族国家。现在人们认知中的世界是很多民族国家组成的集合体，国家总数目前达到一百九十五个。人们眼中的全球政治体系发展也是一段各国争取独立，掌握完全主权的斗争史。战后的一段时间，似乎世人都认为民族国家已经是最高级的政治形式。至少我在当时就觉得世界会一直这样发展下去，相信与我年纪相仿的读者也会有同感。

　　然而我们都错了。

第六部分

奇点的三个侧面

20世纪的世界大战之后，虽然不时还有地方会爆发流血冲突，但一个全球化的文明逐渐显出端倪。随着对世界的科学认知持续深入，机器和科技不断进步，在与自然的交手中，人类的本领越来越大。而此时人类要应对的自然更多是自己的周遭，因为人们已经几乎完全生活在人工营造的环境中了。同时，工具的用途、性能和先进程度不仅在持续进步，而且是呈指数级发展。有人认为日益发达的新技术诸如基因编辑、分子工程、机器学习等最终会走向一个转捩点，他们把这个转捩点称为"奇点"，人和机器在此合二为一。有些人相信，奇点的到来标志着人类实现了永生，另一些人则觉得这标志着人类主宰时代的结束、机器主宰时代的开端。然而，即便是在人类奔向奇点的路上，历史仍然是由三条主线编织在一起的：一是环境，不论环境如何变化；二是工具，不论工具如何进步；三是人类所独有的由语言赋予的交流能力，正是通过交流，人们才构建出思想观念的世界，让我们虽共同生活在其中却能各有独特体验。思想观念的世界作为人与现实世界之间的媒介，一头连着你我众人，另一头连着靠人的想象永远不能穷尽的纷繁现实世界。

28. 超越民族国家

1945 年—2018 年

民族国家的体系还未发展完善便要走下历史舞台了，世界上开始形成比国家更大的超国家体系。超国家体系从形成伊始就意在取代民族国家。联合国是其中最显著的代表，虽然它在很多方面的影响反而是最弱的。"联合国"这个名字听起来像是世界的政府，但实际上它更像一个全球辩论俱乐部。

地位到底如何暂且不论，联合国于 1948 年发表了《世界人权宣言》，对主权国家无限制的权力提出了挑战。《世界人权宣言》中提出，人人皆享有一定权利，不因其所属的国家而有所区别。国家政府即使对本国公民也有行为的边界，不可逾越。

然而《世界人权宣言》在现实中是没有效力的，因为没有一个

"世界政府"负责执行。就在这一宣言把各项人权写入文本的同时，侵害人权的事情就在发生，这一宣言发表后悍然践踏人权的事情也从未停止。但《世界人权宣言》仍然能被作为识别与衡量人权侵害的一种标准，让理想主义者有一面能高高擎起的大旗。

与联合国不同，还有一些超国家体系是切切实实起作用的。不难想到，这其中大部分是解决经济问题的。每个国家都有其他国家的人想要的东西，但是国家间的跨境贸易涉及诸多难题。国界分开两国，两国使用不同的货币，那么如何确定双方的币值和双边交易的价格呢？

为回答这个问题，在世界大战快要结束之时，四十五个国家的代表聚在一起共同规划未来世界中的货币如何流动。开会的地点在美国新罕布什尔州的布雷顿森林小镇，在这里他们决议成立世界银行和国际货币基金组织。世界银行的使命是资助落后国家的产业发展，理论上是代表整个世界履行职责。国际货币基金组织的任务则是调节各国货币的汇率，以及在有国家出现偿贷危机时介入并提供贷款。布雷顿森林会议还同意，作为提供贷款的条件，国际货币基金组织可以规定借贷国政府如何安排本国开支。一般来说，国际货币基金组织遇到此类情况会要求借贷国采取紧缩对策，言下之意是借贷国此前过于挥霍奢靡，现在该收收手了。实践当中，紧缩往往是指政府削减公共开支，如医疗、教育、社会服务等。

后来，又有二十三个国家共同签署了一份《关税及贸易总协定》，简称"关贸总协定"。该协定规定了各缔约国在贸易关系中如何对彼此的产品征收关税，或者形象一点说，就是协调各国在跳交谊舞时不要互相踩脚。

冷战

上述这些机制和协定并没有纳入所有国家。在战前出现的众多意识形态之中，只有两种硕果仅存，即共产主义和资本主义。于是，像古代琐罗亚斯德教中的诸神一样，各国依照自身奉行的意识形态聚成同盟，形成了两大对立的国家阵营。其中一个阵营致力于将世界变成一个巨大的市场，让各国各民族能在相同的市场条件下赚钱、花钱。另一个阵营则主张把整个世界发展成一个计划经济体，中央政府就如何分配资源对整个社会最有利而开展研究计算，并根据结果进行分配。

一个阵营希望人类社会成为诸多原子组成的云团，每个个人都是其中运行的原子，各自追求自己的利益，这样理论上整个社会就会繁荣幸福。另一个阵营则寄希望于形成集体意志，主动理性地统筹人们的各项努力，实现整个社会的繁荣与幸福，这样理论上其中的每个人就都能实现自己的幸福。

这两种体制归根结底都源自西方社会的世俗传统。两者都推崇理性，并依赖经验支持其主张，也就是说两者都期待在现实世界中运用并证明其正确性。在战后的四十多年里，两种体制都在争取成为人类社会的普遍模式，将对方"扫进历史的垃圾桶"。

美国成为前一个阵营的领袖，阵营伙伴有日本和西欧。而原来的俄国即此时的苏联则担当起后一个阵营的领袖，东欧各国追随苏联加入了这个阵营。这两大阵营像两个热血赌徒在玩牌分胜负，而它们的赌注是世界上所有其他国家，其中大部分是还没有实现工业化的贫穷国家。中国的毛泽东给这所有的"其他国家"取了个名字叫"第三世界"。

从1945年到20世纪80年代末，这两大阵营展开了一场全球性角力——冷战。叫它"战"是因为两大阵营都欲置对方于死地而后快，而说它"冷"是因为双方都不能直接杀戮对方的国民，因为双方拥有的武器都太强大，一旦发动直接攻击后果则不堪设想。资本主义阵营率先研究出了原子弹，不久苏联也造出了自己的原子弹。双方不断升级热核武器，成规模地部署起足以毁灭地球的力量。既然两大阵营在军事上僵持不下，双方便利用起民族国家体系的一个重大漏洞，展开了一场非常规战争。

这个漏洞是什么呢？与19世纪民族主义者的主张相悖，完完全全的民族国家其实并不存在。要把民族国家看作生活在自己土地上的自治的民族，前提是其国民本来就有一个"本民族"的概念。但实际情况是不论如何定义"民族"，都没有哪个民族国家能做到全体国民同属一个民族。在绝大部分乃至全部国家中，都存在有可能发起民族独立运动的亚文化人群，比如亚美尼亚人和阿塞拜疆人、西班牙的巴斯克人与加泰罗尼亚人、马里的图阿雷格人、加拿大法语区的人、英国的爱尔兰人等等，不胜枚举。

此外，有不少国境线恰恰穿过了一个民族的聚居区，把自认属于同一民族的人群划在了两边。在这些地区，本来是近亲的人们却分属不同国家和不同制度。如果两边国家打起仗来，他们可能会被征召进对立的两军，向对方开火。库尔德人就是一例，他们本来生活在同一片连续的土地上，却被划分到了土耳其、叙利亚、伊朗、伊拉克四个国家。另外还有一种情况是几个谋求独立的民族生活在同一片土地上，例如以色列的存在让巴勒斯坦无法建国，印度和巴基斯坦都声称对克什米尔拥有主权……世界上到处是这样尚未爆炸但一触即发的暗雷，在第三世界尤其如此。这些情况都可能导致反叛运动推翻国家政府的局面出现。

这让两大阵营找到了突破口，那些国内有反政府势力的国家都被拿来做文章。如果一国政府受到资本主义阵营的支持，共产主义阵营就会给反叛势力提供武器和资金。反之，如果共产主义支持政府，资本主义就支持叛军。就这样，冷战导致了大量的"代理战争"，其中绝大部分发生在第三世界。而第三世界国家之间的战争可一点儿都不"冷"，战火波及之处死伤惨重。

经历过冷战的人都觉得那是一个随时可能被敌人毁灭的黑暗时代。当时的人们很容易形成这样一种印象：人类文明已经到了巅峰，历史的终结就要到来。但是现在反过来想，冷战四十年反倒是稳定与发展的四十年。核威慑让世界大部分地区基本上比较安分，虽然仅仅是"基本上比较"，但重点在于"安分"。虽然各地仍不时有战争和革命爆发，但世界上大部分人生活的大部分地区，在大部分时间里还是和平安定的。

冷战这些年，越来越多的人开始享受现代医疗服务，消费品市场普遍发展，世界各地的中产阶级都在壮大。在建设领域，人们逢山开路、遇水架桥，共产主义国家建设起了体量庞大的基础工业。在共产主义阵营以外的国家，大部分人可以自由出国旅行。供电越来越普及，很多第三世界国家也用上了电，即便赤贫的国家也建设了无线电广播台，还有很多建设了电视台。几乎每个国家都有了报纸，畅销书籍可以有成百上千万的读者，这在此前是不敢想象也无法想象的。

好莱坞和宝莱坞出品了大量影片，当然其他的罗莱坞、尼莱坞等小一点儿的"坞"就更多了[25]。流行音乐蓬勃发展，既取材于民间流行和传统经典，也吸收其他文化的影响。印度流行音乐的曲调回荡在伊斯兰世界；而受到非洲文化影响的北美爵士、蓝调、民谣、摇滚等音乐流派向东传到了欧洲，又从那里传向了更远；南美洲的民族音乐发展成熟为拉丁爵士乐；阿拉伯音乐人也用上了电子乐器，并形成了自己的嘻哈音乐流派。

流行娱乐圈中的一些人成了明星，从功夫打星成龙到披头士乐队，从球王贝利到拳王阿里，很多人物都是全球家喻户晓的。比如阿富汗当地人也会称喀布尔最出名的一位歌手为"阿富汗猫王"。在民主国家中，一些名人、明星开始获得政治权势。一种新的"世界文化"崭露头角。不管人们是爱是恨，这个世界文化的主体就是流行和娱乐。

超越冷战

1975 年，美国从东南亚的中南半岛撤军，北越共产党占领了南越首都，越南南部大批人口外逃。其中很多人没熬过漫长航程死在了公海上，更多的人到了海外过着低微贫寒的生活。而在受到越战波及的柬埔寨，一支主要由十几岁的童子军组成的红色力量端起机关枪驱赶屠杀了六百万人。越、柬两国都受到难以弥合的创伤，但又都挺了过来并振作重建。在短短一代人之内，两国（尤其是越南）发展成了团结、和平且红色烙印不再突出的国家。经历过冷战的人们在当时恐怕都无法想象这样的转变。

1975 年，还没有人知道冷战的铁幕会褪去，当时的第三世界仍然不断爆发着冲突。1978 年，苏联为了支持阿富汗新掌权的共产主义政党而入侵阿富汗，美国随即加入，扶植阿富汗叛军。在大部分政治学者看来，阿富汗是又一个典型的冷战战场。但是，到苏联入侵阿富汗之时，庞大的苏联已经开始从内部瓦解。然而，阿富汗战争不是冷战的最后一次战役，而是新战争的第一场战役。西方各国很快发现，对手变成了完全不在乎共产主义还是资本主义的伊斯兰主义者。

随后，革命者推翻了美国中情局扶持的伊朗国王。不过胜利的革命者并不是苏联的代理人，他们宣称自己是"伊斯兰革命"的战士。"伊斯兰革命"这个说法在整个中部世界激起了回响。这片土地长期以来就是伊斯兰世界历史叙事的重要阵地，对这里的很多人来说，是伊斯兰叙事让世间一切苦难都有了寄托。现在有了"伊斯兰革命"，突然间一切都有了意义。而之前共产主义与资本主义的对垒，从来没能在伊斯兰的核心领地形成这样重要的意义。

新态势的战争渐成规模，主权的概念却变得越来越模糊。然而主权是民族国家体系的根基，一个没有主权的国家不能算是民族国家。主权意味着国家有充分的权利制定自己的规则而不受外部势力干涉，也体现为各国均不得侵占他国领土。征服疆土是过去帝国做的事情，而帝国的时代已经远去。皇天后土，恺撒埋骨；余威已散，成吉思汗。在 20 世纪下半叶的世界，周游万里也见不到一个设置有"军事部"的国家。虽然各国仍有军队，但负责军务的政府部门一般叫作"国防部"之类。所以到了这时，把对外进攻包装成防御性行动才是高明的战争策略。

然而到了 1980 年，伊拉克的政治领袖萨达姆·侯赛因（Saddam Hussein）打破了这种普遍默契。他不加任何粉饰地悍然侵略邻国伊朗，完全不掩饰对其石油和领土的野心。显然，萨达姆以为革命后一片混乱的伊朗将会不堪一击。古代皇帝们就经常这样乘人之危，从而为自己赢得胜战之君的英名。人们从来只耻笑败将，不嘲笑侵略者。萨达姆可能还活在过去的世界里，不过到头来却发现自己赔了夫人又折兵。八年的两伊战争榨干了两国的资源，最终僵持不下，两边都是输家。而主权的概念也在其中遭受了冲击。

对主权的挑战没有就此结束。1989 年，美国的老布什总统"逮捕"了主权国家巴拿马的独裁者曼努埃尔·诺列加（Manuel Noriega），以违反美国反毒品法为由在美国审判他有罪，并令其在美国监狱服刑。"逮捕"难道不只能是国家政府对本国的违法公民采取的手段吗？主权的基本原则非常明确，一国不能对另一国公民采取如此手段，尤其这个公民还是国家元首！

同一年，伊朗革命的新领袖阿亚图拉·霍梅尼（Ayatollah

Khomeini）称英国公民萨尔曼·鲁西迪（Salman Rushdie）写作伊朗禁书，故判其死刑。但判刑难道不应该是主权国家的法院对自己国家的违法者才能做的事情吗？鲁西迪是英国公民，没有在伊朗居住过也从无这个打算，按理来说霍梅尼完全没有对他的司法权。但霍梅尼仍然下令，任何穆斯林都可以得鲁西迪而诛之。这背后的逻辑是主权不属于哪个国家，而属于一个跨政治边境的宗教社群。在这样的逻辑下，英国穆斯林就像一颗同时处在两个重叠星群中的星星，总得选一个来归属，而不能同属两边。而支持鲁西迪的一方同样无视主权概念，他们捍卫鲁西迪的主要理由是他的言论自由不可侵犯，这实际上也是承认在一种更高的规则体系下，英国无法保护鲁西迪。两者之间争议的无非是到底应该认可哪种超国家的规则。支持者们构想出了一个比英国更大的、全人类尺度的社会星群，其规则包括言论自由的权利。在他们看来，这些规则即便是领袖霍梅尼也必须遵守。

20世纪90年代，许多国家的公民联合起来要求南非政府给非洲原住民以跟白人同等的公民权。当时，种族隔离仍然写在南非的法律中。按照主权的规则来讲，其他国家的公民对这个问题没有发言权。但是反种族隔离的活动家们信奉一套更高的规则，即（尚未出现的）"世界国家"的规则。他们提出的"世界公民"的理念，其内涵正呼应了联合国在世界大战结束后发表的《世界人权宣言》。

到了2001年，一个活跃于全球且不从属于任何国家的组织"基地组织"对主权国家美国发起了袭击。这之后，世界上出现了大大小小很多场战争，对峙的力量中有一些是独立的主权国家，也

有不少是自治的游击军队和个人组建的阴谋集团，甚至还包括由不
为大众所知的偏门宗教鼓动的个人。战争与犯罪之间的界线变得模
糊，在两者模糊的界线间出现了"恐怖主义"和"反恐行动"这一
对概念。这种新的全球冲突紧随着冷战出现，正像世界大战炮火的
余温尚未退却时，冷战就接踵而来。

跨国公司

在主权概念不断受到挑战的同时，民族国家体系还在与另一种
体系较量。世界大战过后，最大的企业纷纷开始跨境部署分支。诚
然，诸如英国东印度公司等一些大公司从成立时起就是在全球运
作，但它们总是作为本国政府的伙伴，或者干脆成为本国利益的代
理方。

而到了现在，企业开始与具体的国家脱钩。跨国公司分布在很
多国家，选择最合适的地方开展相应的业务。这类公司到矿产丰富
的地方采矿，在劳动力廉价的地方组织生产制造，在教育发达、有
大量学者和技术人员的地方完成需要高智力投入的工作，到税收优
惠的地方核算账目，到国民可支配收入高的国家进行推广销售。没
有哪个限于一国之内的公司能竞争得赢这种配置的公司。

跟所有其他公司一样，跨国公司也有独立于公司个人的企业身
份，不过跨国公司的发展规划可能与其所在特定国家的发展策略不
相一致。跨国公司在多国政府的辖区内运营，却不受哪个单一国家

的政治和司法管辖。如果哪个国家提出不友好的要求，它们随时可以把业务转移到其他国家。跨国公司相对于主权国家政府的这种议价能力让它们成了世界舞台上一种独立自治的角色。跨国公司的出现标志着全球化经济的发展，但是全球化的政府却仍然缺位。

到70年代中期，已经有几家跨国公司的现金流超过了很多独立国家的国内生产总值。如果把跨国公司和国家放在一起排名，将有十七家排在前六十位。通用汽车在这个榜单上排名第二十一，仅比瑞士稍低一点；而埃克森美孚石油公司和荷兰壳牌公司会排在土耳其和挪威之前[26]。

随着历史向前发展，"自由贸易"的说法在各国的谈判中频繁出现。不过这些谈判并不一定都关于贸易，起码不只是关系到贸易。贸易是指人群与人群之间用自己有的东西换取别人有的，而20世纪后期的自由贸易谈判更多是关于如何解决国境给跨国公司运营造成的阻碍，并服务于这种新生的巨型社会组织的利益。它们在民族国家的怀抱中诞生，正像民族国家产生在王朝帝国之中。

1995年，关贸总协定演变成了一个更加全球性的"世界贸易组织"。关贸总协定原有二十三个成员国，而世贸组织有一百二十三个。关贸总协定仅仅是多国之间的一个协定，而世贸组织则是一个决策机构，还有其自己的执行机制。世贸组织的使命不仅是监督已签署的协议是否执行，还要依需制订新的规则，让瞬息万变的世界中的贸易能正常进行。世贸组织、国际货币基金组织等机构虽然运作起来很像政府机构，但它们不是任何政府的代理，而是另一种全球治理机制的萌芽。

民族国家体系仍然存在，它能维持下去是因为国家的概念已经深入人心，不会被轻易取代。大部分人都认为国籍构成了自己身份的一部分。人们说自己是法国人、日本人、巴西人，就传达了关于自己是谁的重要信息，但是人们还不习惯说"福特人""埃克森美孚人""谷歌人"。当全球化的浪潮出现逆流时，其若干弊端也显现出来。有时一小撮"本地主义者"会基于种族或出身提出一个局部化的身份标签（例如主张"我们最早来到这里，这是我们的土地"），这样的群体会以民族主义煽动人们的情感，变本加厉的种族主义就是一例。

在西方，政府依然要负责社会很多必要方面的管理，例如司法，尽管这并不产生直接收益。而大企业利益集团能操纵政府机关为己所用，把政府变成自己的代理人，即便在名义上的民主国家，民选政府也会被如此操控。虽然由民众选举政府的本意是更好地满足人民的诉求，但是竞选毕竟要花钱，而越来越多的资金都掌握在跨国公司手里，如何把资金用在刀刃上要看公司愿意把钱花到哪里。在这方面，中国的模式似乎与众不同，因为与其说它是个民族国家，不如说它更像一个文明尺度上的国家。不过中国也有与西方跨国公司类似的企业，有些是国有的也有些是民营的。不管国有还是民营，中国的企业都是被作为宏观调控的一部分来经营。千年前的中华文明社会星群从未消逝，虽历经变化，但历久弥坚。

要组织好整体高效运转，跨国公司就必须协调现实中远隔千里的很多人一起做好繁杂的各种工作。有人负责设计图纸，有人负责开凿沟渠，有人在工厂中日夜劳作，有人要去组装零件，还有人要设计花哨的广告，有人把零件装上车船飞机，当然也有人在加减乘除保障资金流通平衡。这一切发生在不同的语言、法制、文化和政治环境中，各个层次的决策者需要保持高度同步，这要求海量的信息能在公司体系内快速高效地流动，只有这样才能实现巨型公司中的每个成员都能为共同的大目标而努力奋斗。若是回到几十年前，人们根本无法维持如此庞大复杂的社会有机体完整运转而不分崩离析，因为当时人们之间交往沟通的速度和规模都远达不到现在这样的水平。

　　过去虽然是这样，但过去毕竟已经过去。正当跨国公司的形态不断巩固之时，科技界出现了划时代的转折。

29. 数字时代

我们这代人正在经历的只是数字时代的开端，所以恐怕难以看清这个时代对于整个人类历史的意义。我们常常只顾得上低头学习最新的手机软件，接受各种新鲜事物如流星雨般的冲击，还要招架层出不穷的惊人变革对旧秩序的挑战。但是如果几百年后回头看今天，又会如何呢？当细枝末节都淡去，焦点不再集中于技术本身，而是通盘思考这一时期的技术发展对人类历史的影响，历史学家又会做出什么评述呢？

我猜想，他们一定会说这一切都肇始于一项意义重大的发明——历史上的历次转折莫不如此。这一次改变了历史的发明是一种开关，它是一个决定电流导通还是阻断的小小电子元件，叫作

"晶体管"〔晶体管的英文"transistor"由 transmit（传导）和 resist（阻碍）两词各取一半组合而成〕。

　　晶体管的出现很快引出了另一项发明——第一块集成电路板于1959 年申请了专利。集成电路将很多电路集成在一个硅质芯片上，其上每个节点都由一个晶体管充当。在电路网中，依据晶体管的"开""关"状态不同，流动的电脉冲能形成特定的信号样式。人可以通过调整晶体管的开关决定电流的样式，还可以把一系列指令编在程序中控制电路。

　　晶体管的一个重要特性是二元性，它的状态非开即关，没有中间过渡。这两种状态刚好对应只有 0 和 1 两个数字的二进制计数系统。数学家们非常清楚，二进制可以和古印度流传下来的十进制计数系统同样强大、准确，只是稍显笨重一些。在二进制中，$26 \times 27 = 702$ 这个算式要写作 11 010 × 11 011 = 1 010 111 110。十进制下的所有运算都可以在二进制中进行，只是数字会变得更长而已。

　　但是有了集成电路，数字更长或时间更长都不再是问题，人们可以把指令编写成程序再实现电流的样式。而电流能以光速传播，这是物理宇宙中能达到的最快速度。虽然在导体介质中（例如硅质芯片）电流传播速度有所减慢，但每秒上万公里仍然不在话下。

　　复杂性也不是什么问题，因为电流通过十亿个开关跟通过十个开关并没有差别。仅有的限制因素是导体介质的效率、电流产生的热效应以及如何用人类粗笨的手指做出超薄的电路芯片，而这样的挑战恰恰是进步叙事下愿意搞发明创造的人们乐此不疲的。

　　因此，芯片一经问世就有很多工程师对其不断加以改进。具体来说，改进芯片就是想办法在更小的芯片上布置更多更省电的电路，让电流通过时效率更高而损耗更少。有点反常识的是，随着芯片尺寸变小、集成度变高、性能变好，其价格反而越来越便宜。1965 年，电子工程师戈登·摩尔（Gordon Moore）预测说，每过两年芯片的密度和集成度就会翻一番，也就是说发展的速度会指数级加快。后来的进展完全印证了摩尔的预测。

同样地，最早的电子计算机体量很大，能占满一间屋子，美国航空航天局（NASA）就是依靠这样的计算机将航天器送上了月球。不久，计算机就走上了小型化、精密化的发展道路，到 70 年代中期迎来了一个转捩点。在美国加利福尼亚州帕洛阿托的一个车库里，两个从大学退学的青年史蒂夫·乔布斯（Steve Jobs）和斯蒂夫·沃兹尼亚克（Stephen Wozniak）造出了一台小到可以放在桌面上的计算机。它虽然小，性能却比当年 NASA 用于发射航天器的巨型计算机还要好。两个人把这项发明叫作个人电脑（PC），并且把它的价格控制在相对低廉的水平，这样中产阶级家庭也能买得起。

价格便宜自然不错，但大部分中产家庭还是无意出钱购买电脑，因为掌握机器语言太困难了，大部分人没心思去学。随后，出现了 BASIC 等编程语言，能将简明英语（或法语或别的什么语言）写成的指令转换成机器能理解的语言。跟此前电话普及时的情形类似，计算机即将跨过一个重要门槛，在此之前它仅仅是一个发明，之后则成了一种商品。

蒸汽机发明后，人们纷纷探索它的各种用途，于是产生了一系列改变世界的发明。电报发明后，人们便去思考电的其他用武之地，紧接着也发明了很多改变世界的器材。计算机发明后，人们在琢磨的是，还有什么能被数字化？

后面的故事就不难猜到了。

电力因为用途广泛已经深入百姓日常生活之中，带动了电灯、电话、洗衣机、汽车、电暖气、电扇等等。电脑也以相似的方式进入了人们的社会生活，充当了计算器、游戏机、编辑器、记账本、文件管理器、财税核算器等等。此外电脑还嵌入了很多已经在应用的物品中，使汽车有了大脑，导弹学会了对移动目标精确制导，自动取款机让恐惧社交的人不用尴尬地面对柜员就能轻松取钱……所以，都有什么可以被数字化？答案是几乎一切都可以。

化繁为简一直是人类的重要追求之一。古有泰勒斯探索万物的本原，琐罗亚斯德将整个宇宙归于两极，而今天发生的数字化也是同样的要义，欲以简单的两个数字表征世间一切存在。这或许是人类文明史上将化繁为简做得最彻底的一次。

20世纪80年代后期，计算机之间也可以交流对话了。当然这是一种拟人的说法，计算机不能主动做任何事，是人研究出了把相距遥远的多台计算机连接起来的方法。连接计算机所需的实体介质早已具备，因为过去一百多年来，电话公司铺设的通信线路同样可以用来连接电脑。有了多台联网计算机，人们就能以电子媒介交换信息并掌控别人机器上的信息。

计算机的互联网采取了同电话一样的商业普及模式，用户入网变成了一种商品，同在一个网络的用户都能互相联通。同样与电话

联网模式类似，一旦形成了若干网络，不同网络之间也能联通。这
样，任何两个有电子邮箱的用户都能靠网络实现联系，而不用操心
自己是哪个网络的用户。这又好像是在电话即将普及开来的那个时
刻，用户突然发现只要自己有一部电话对方也有一部电话，就能随
时取得联系。

通信网络的联通跨越了所有国家和企业的界限，也打破了所有
社会范畴的局限。互联网成了全世界交流和分享信息的网络，任何
人只要有一个电话插孔和一个电源插座就能连线上网。不久之后，
连这两项也不再必要。人们开始琢磨，如果无线电收发报不需要有
线连接，电脑是不是也能做到？

与此同时，正如摩尔此前所预测的，台式电脑发展成了更小巧
的笔记本电脑。笔记本电脑功能强大又便于携带，人们就像在公文
包里带上了另一个大脑。无线技术还应用到了电话通信领域，不久
后，手提电话异军突起，好像小青年嘲笑老古董一样让座机黯然失
色。在势不可当的"摩尔定律"作用下，手机的尺寸越来越小，功
能越发强大，最后甚至赶超了电脑。于是手机和电脑合二为一，产
生了智能手机。这个强强联合的产物虽然外观与传统手机差异不
大，但已经变成了人们随身携带的与全世界社交的窗口，方寸之间
能进入所有人的世界。

智能手机的出现颠覆了传统的地理位置概念。现在，天各一方
的两个人可以无障碍地沟通而全然不知对方身处何地，其实他们也
无须知道，因为具体位置不再有太大的意义。这与机器刚出现时颠
覆了时间的概念有点异曲同工。两个依靠电脑、手机等无线设备交

流的人其实不是在现实世界中对话，而是在一个纯社会意义的世界中对话，这个世界的一切风景都由人类的想象和交流构成。从我们会使用语言而成为真正的人类那一刻起，我们一直在构建一个主观的抽象宇宙，而这里我们看到的正是以一个现代机器为媒介的抽象宇宙。

　　抽象世界模式存在的前提是人人都承认它的存在；它能给人以真实感，是因为人们像在现实世界中一样在其中交流。但既然位置的概念已经脱离了物理空间，人类的社交关系网也就从现实世界中完全分离出来了。人们可以越来越少地同其他人在现实世界中打交道，却不影响充分参与社会生活，可以通过电子邮件和社交媒体交朋友，待在家里独自用手机欣赏电影，通过网上办公赚钱，在自己办公室里报税或者炒股。即使足不出户，也有机会成为富翁或者沦落到破产。

　　人们在想象的抽象世界中与其他人打交道，但在现实世界中却不过是面对着某一台或几台设备（唉，我们干吗要没完没了地讲现实世界呢？）。这样交往起来要容易很多，因为我们不再需要像工业革命时代那样让自己适应机器，而是可以反过来让数字设备适应我们。人们给这些设备取了名字，做成可穿戴的配件，还给它们配以人的声音，发一个口令给它们，就能立刻得到回复。

　　然而，不只是人在不断将机器设备拟人化，设备也在把人变得数字化。它们通过算法和流程图与我们交流，让人不断做"是"或"否"的选择，把我们赶进越来越窄的峡谷，最终归结到一个问题和其确定的答案。将很多可能性化归唯一，这里我们又看到了"化繁为简"。比如，线上购物时，数字设备会分析我们的选择，总结出我们需要的是什么，然后不断推荐同类产品。在寻找恋爱对象时，设备会为我们设计好一套问题，直到匹配上最心仪的人选。但是，在没有数字化设备之前，人与人的交往可不是依据算法进行的。蒸汽机的出现让人们习惯了像机器齿轮一样工作，数字设备的普及则让人们习惯了算法当道的生活。或许这有一点危言耸听，不过这样的趋势不能不引人关注。

随着数字设备渗透到生活的方方面面，这个趋势也在加速。不仅很多物品中都嵌入了电脑，物与物之间还形成了沟通能力，家里的面包机、电灯和车库卷帘门成了相熟的好伙伴。我们生活的世界开始充满模拟信号与数字镜像，就像花粉与尘埃附着在一起，实物与概念的边界渐渐模糊。例如，在 21 世纪第二个十年发展成熟的 3D 打印技术就能把纯粹的概念想法编成程序并转化成实体物品，跟石头、皮鞋、裤带扣等等一样真实，甚至可以照着样子打印出罗纳德·威尔逊·里根（Ronald Wilson Reagan）总统的半身塑像或者一栋房子。

摩尔定律的作用仍然没有停止。到 2018 年，专攻纳米材料的科学家们已经快要开发出小到能植入人体的微型电脑设备。可能读者读到这本书的时候，这种体内电脑已经成为现实，并且进一步发展了。总之，在 2018 年，人类已经掌握了有机培育电路的技术，这基于人们发现有些酶竟然具有跟硅类似的半导体性质，凭借纳米技术能让细菌承担计算机的功能。这样一来，计算机竟然往 DNA 的方向发展了。反过来也是一样，纳米生物学家正在不断研究基因编辑的技术。

就在我写这本书时，美国亚利桑那大学的医学工程师正在研发细菌尺寸的生物计算机，希望将其注入人的血液中捕捉癌细胞。如果这个项目取得成功，类似的生物计算机还可以用于修复子宫中胎儿的基因缺陷。另外，生物计算机与细胞相互作用，还能把人体消化食物产生的生物燃料转变为电能，用以维持体内人造器官的生理功能。

今天，人工耳蜗已经能代替人耳的部分听觉功能，可能让盲人重见光明的人工虹膜也即将诞生，靠意念控制义肢的技术也在不断发展。不久的将来，人们可能携带人工脾脏、肾脏、肺甚至心脏正常生活。

甚至可能会有一天，大脑也可以人造。至少现在的电脑正在拥有自主智能。虽然对此有人认同，有人反对，但不可否认的是电脑处理复杂问题的能力正越来越强，而且似乎永无止境。今天的计算机芯片可以容纳数以十亿计的晶体管，速度比 70 年代的芯片快上千万倍。现在的电脑已经不只是放在公文包里的第二大脑，当读者读到本书时，可能已经有有钱人给自己装配上第二大脑了，就像戴眼镜、首饰和助听器那样自然。

然而，仅仅能应对复杂的问题就是智能了吗？IBM 之前造出的一款机器在 1996 年击败了世界上最厉害的国际象棋棋手，但这只不过说明机器可以比人更快、更充分地计算出每一步棋的各种可能。这只是高速处理复杂数据，还谈不上智能。2011 年，一部电脑战胜了两位世界顶尖的《危险边缘》智力竞赛节目的冠军。但这能说明问题吗？电脑从海量的百科全书中检索信息比人更快难道不是理所应当的吗？

然而……

到了 2018 年，韩国工程师造出了一个人形机器人，它可以像人一样用双足行走。读者可能意识不到，要用双足走过崎岖坎坷的路面需要强大的大脑，因为需要时时处理此前没有经验的新信息并不断对各个马达做微调。人脑中最大的一个分区就是专门负责这项任务的。此前的机器人都用轮子行走，正是因为其控制程序比较简单。韩国研究出来的这款机器人则不一样，它像 20 世纪 70 年代《星球大战》电影中的那些行走机器人。它是不是也像人类的祖先——几百万年前非洲草原上刚会双足行走的灵长类动物？

那么，电脑会发展出意识吗？我觉得还真不好说。什么算是"有意识"呢？如果说能自知自觉算是有意识，想想那些软件是如何指导投资者和金融交易员的？它们如何实时判断哪些股票该买入、卖出还是继续持有？为了保持投资组合的不断增值，这类程序必须能预测市场的未来。预测市场需要哪些信息呢？几乎需要一切与人们生活相关的能被数字化的信息。那其实就是一切信息。

我们再仔细想想其中的逻辑。如果程序成功预测了未来市场，必然会触发当下某些股票的买入或卖出，而这又会影响后续的股市表现。所以用于预测股市趋势的软件程序必须把自身可能产生的影响纳入考量，需要观察自身是如何观察世界的，预测自己的反应并将之考虑到自己的预测中。这难道还不算是"自知自觉"吗？

人们通常将主观意图认作生物独有的特征。比如，飓风就不会有主观意图，只会横扫一切，任谁站在风中都会被卷走，不讲人情味也没有针对性。岩石也不会有主观意图，飞沙走石是因为受到外力作用，不是石头要主动到哪里实现什么目的。但生命体就不同了，即便一条虫子也会有主观意图。那么如果电脑有了意识，是不是也会形成主观意图呢？

如前所说，"有意识"的电脑程序会观察自身观察世界的过程，这就需要接入互联网并主动搜索数据。能自动采集数据的电脑一定比只会按照人的指令做事的电脑更强大。如果电脑能随时自由接入互联网，就能找到自我纠错软件，让处理器从过往经验中学习总结，并将学到的内容写入程序编码。试想，一个互联网将世界上所有电脑连接在一起，它们都能持续观察自身观察世界的过程，并从过去经验中汲取知识，将其写入自身的编码……这听起来正是一个无限递归的过程，就像在密闭的回音室中敲钟，回声的频率会指数级提高。终究有一天，这一张能联通全世界并以主观意图主动处理信息的大网会在一夜之间变得比世界上最聪明的人还聪明千万倍。再辅以机器人的肢体，岂不是如虎添翼？

这一切果真会发生吗？

我恐怕回答不了，只能把听来的故事总结给读者听。物理学家斯蒂芬·霍金（Stephen Hawking）在晚年对这个问题十分关注，还时常因此做噩梦。而据美国机器智能研究院的埃利泽·尤德科夫斯基（Eliezer Yudkowsky）推测，所谓超级人工智能（ASI）可能已经存在，只是还没向我们显露真身，因为这样做它自己无利可图。他担心超级人工智能对人类既说不上恨，也说不上爱，但说不定构成你身体的那么多原子正可以被它用来干点别的呢。

　　不少人被超级人工智能的概念吸引，如飞蛾扑火般迎上前去。他们预期有一个末日般的时刻，叫作"奇点"。在奇点时刻，纳米科技、生物技术、人工智能三者融为一体，人类与机器之间的界限彻底消失。这些人认为奇点到来后，人们可以把大脑架到一组电子电路中，哪里的部件老化了可以直接置换掉，但意识仍然会持续存在，从而人类就能长生不老。能让人实现永生的诱惑让奇点看起来像一种新的宗教，这样说来它应该是自伊斯兰教诞生以来势力最盛的一种宗教了。

　　我自己倒是不信这个教。"奇点教"的拥趸自鸣得意地认为超级人工智能出现的唯一目的就是满足人的需求，这些人把自己想象成长生不老的孩童，无忧无虑，衣食富足。但在我看来，如果人类社会明天就到达了奇点，那只有富人才能真正长生不老。穷人只能苟且偷生，而且人数会越来越少，因为长生不老的富人总还需要别人来服务他们，而一旦技术发展足够成熟，机器人能代替活人而满足性需求、感官需求乃至情感需求后，穷人就将不再被需要了。

30. 环境

关于工具我们先探讨这么多。读者应该还记得，历史是有三条主线的，另一条主线"环境"的情形又是怎样的呢？在人类把自身融入机器之前，我们仍然得是人类。不管世界变得多么虚拟，我们总还得跟物质世界打交道。不管我们生活在哪，总得吃喝，而吃什么喝什么还是取决于我们生活的地方和周边环境。环境总归是物质的，正因为如此，环境一直在历史上塑造着文化。人类最早集体构建的抽象世界模型，体现的就是人类要防御的各类自然力量以及要利用的各种自然资源。例如，如果依靠大河的力量而生存，就会形成河流文化；如果主要靠贸易而生存，就会因地制宜形成反映贸易路径上地理状况的贸易文化。一旦外部环境发生了重大变化，人类

404

人类文明史

社会也会随之发生变革，人与人相处的方式和集体自我认知都会因此而改变，人们主观构建的世界模式同样会发生演变，从而让人们重新组合为不同的社会星群，以应对新环境带来的各种挑战。

机器文化崛起以后，科技开始迅猛发展，人类的"工具"变成了"环境"。换言之，我们自己也成了自己的环境，因为工具不再是人所拥有的物品，而是同身体和社会关系一样，成了人本身的一个要素。

想想工业革命推动人口大量迁出农村的趋势。1800年，世界上大部分人生活在村庄和小镇中，或务农、或放牧，只有大概百分之三的人生活在城市中。1960年，生活在城市中的人占到了百分之三十四。今天，这一数字已经超过了百分之五十四并且还在上升。如果这个趋势继续，人类终有一天会全部住在城市，其情形无异于群居的鸽子、老鼠和蟑螂。我这么说可不是侮辱人类，我自己就是其中一员，不过是客观陈述认识罢了。

1800年，大部分人呼吸的空气中含有的颗粒都是非人工来源，可能有花粉、动物体臭、风吹来的尘埃等等。他们脚下走的是泥土地，穿的是植物纤维或动物皮毛制成的衣服，想吃菜就去自家菜地里拔。当时，牲畜在人们生活中随处可见，它们驮人远行，拉车载货，在战场上冲锋陷阵，还有一些被饲养来吃肉。

而今天，除了宠物和昆虫，大部分人很少有机会接触动物。而现代人呼吸进的是工业社会排放的颗粒物，比如汽车尾气。像巴黎和上海这样的大城市居民日常能接触的除了人就是人造材料，很少有机会接触其他环境。他们脚下走的路由炼油得到的沥青铺就，穿的化纤衣服也由石化产品制成，想吃菜时要到人造材料建成的人造大楼中购买，再用纸袋或者铁盒这类人造容器带回家去，而买到的食材是遥远的地方由自己压根不认识的人生产加工的。人人都吃鸡蛋，却很少有人听过母鸡下蛋的咯咯叫声；人人都吃鸡肉，却很少人亲自拔过鸡毛；人人都喝牛奶，却没有几个人知道从奶牛身下挤奶是什么样的体验。

　　我们和现实世界之间隔了一层由各种发明和产品构造起来的土壤，这层土壤虽然能帮助人们从环境中汲取需要的和想要的元素，它自身越来越丰沃，却会把我们越垫越高，让我们所生活的人造环境不断变化。眼下的现实是，大部分人都生活在与自然完全隔离的环境中。不仅如此，连其他各种生物也很少能生活在纯自然的世界中了，因为人类无处不在，即使有的地方人迹未至，人类使用的工具、产品以及产生的涟漪效应也早已将其覆盖。

　　人类庞大的数量和影响巨大的生活方式正在给地球施加越来越大的压力。七万年前，人类祖先的数量不超过一万五千人（或者说"只有一万五千人"？）。在随后的六万年中，世界人口增加到约三百万。到公元元年已经达到三亿，到 1800 年骤增到十亿。

　　而这之后人口才开始了真正的爆炸式增长。现代医学攻克了很多疾病，健康科技的发展延长了人的寿命，因此世界人口从十亿翻一番用了一百二十三年，再翻一番到四十亿只用了四十七年。到 2018 年，全球人口已接近八十亿。东京、孟买、圣保罗等大城市单个城市人口就超过了公元前 3000 年全球的人口。

　　到 19 世纪，人类对地球产生的负面影响已经开始清楚地显现。

英国诗人威廉·布莱克（William Blake）在诗中所写的"黑暗的撒旦磨坊"，指的就是遍地可见的工厂和火车所喷冒出的浓烟。在北美，1800年还有约六千万只野牛在中部大平原上自由驰骋。但兴建铁路及对野牛皮毛的大量需求导致野牛数量急剧减少。1900年，整个北美只剩下几百头野牛，几近灭绝。

灭绝本身并不稀奇，它是生物历史上的一种正常现象。大部分历史时期中，灭绝就像住在公路边的人听到的白噪音，不受人注意却一直存在。有些物种灭绝了，又有新的物种演化出来并增殖繁衍。

不过，生物史上确实有过一些非同寻常的时期。在近五十亿年的地球历史上曾发生过几次造成全球大部分物种灭绝的灾难性事件，其中规模最大的一次大灭绝发生在约两亿五千万年前，造成当时百分之九十六的物种从地球上消失。关于原因众说纷纭，有火山爆发说、酸雨说、全球变暖说等等。其中一种理论认为，那次大灭绝是因为一个物种发展太盛导致的，这就是深海细菌。深海细菌生长过程中会排放二氧化碳，它的种群数量发展得太过庞大，耗尽了海中的氧气，由此引发的反应像滚雪球一样导致了全球灾难。不论具体原因如何，总之地球环境在那个时间发生了快速变化，让大部分物种都措手不及，无法适应。

另一次大灭绝发生在约六千万年前，可能是因为当时一颗小行星在墨西哥附近撞击了地球。这次冲撞激起了漫天灰尘，遮蔽了阳光，造成很多植物凋亡，进而饿死了以植物为食的动物，又让以植食动物为食的肉食动物因为断了食物来源而死。体量最大的生物如恐龙等最先灭绝，这反而给体型较小的动物创造了发展空间。其中有一种形似狐猴，但身量只相当于松鼠的小动物，这种动物的后代不断分支演化，最终有些成为能双足直立行走的灵长类。说起来，这些动物我们一点都不陌生，你我的周围都是它们的后代。就在此时此刻，就有一位正坐在我的办公室里用着我的电脑呢。这就是后来的我们，无处不在。

19 世纪，以内燃机为基础的工业和工业产品开始将各种污染物排入大气中，其中的二氧化碳、甲烷、烃类等现在被称为"温室气体"，因为它们能起到使地球像温室大棚一样的效果，让太阳光透射进来，却阻止热量散失。这恐怕会引起跟两亿五千年前大灭绝相同的效应：气温上升、两极冰盖融化、海水酸化等等。

人类向大气中排放温室气体的量依然在增加。其中的问题在于，如果要维持一定的生活水平，不论是高是低，总是需要制造、运输、加工，不断地改造物质世界。大部分情况下，实现这些任务要靠燃料的燃烧，而大部分燃料是化石燃料即石油、天然气、煤等。或许有一天电能可以代替化石能源，但起码在当下，发电大部分仍然要靠化石能源的燃烧。

温室效应并不是说世界各地都在同步地、持续地变暖，实际气象情况要复杂得多。在具体的某一地，温室效应可能表现为几天的极寒，也可能是几年的大旱，或者是气候这个复杂集合中其他一项或几项条件的异常。不过这个领域的科学家能达成一致的结论是，地球作为一个整体确实在变暖，21 世纪的头十八年中有十七年都是地球气象史上最热的年份。而气温上升也确实产生了不规律的现象，比如一些地方冬天更加严寒，另一些地方夏天更加炎热，罕见的破坏性飓风频发，世界各地屡屡发生山火等等。

人类是一个繁荣得可怕的物种，我们对此似乎很有理由自豪。但恕我直言，也毋庸讳言，人类的繁荣导致了很多其他物种的灭绝。其中大部分并非被人类直接杀戮，而是由于人类为满足自身需求改变了其他动植物的生存环境，进而无法满足它们的生存需求。即便在危机当中，生物演化的速度也十分缓慢，而人为的变化却以很快的速度发生。举例来说，地球表面每年新增的水泥硬化地面大约相当于英国的国土面积。这样的环境改造，可能浣熊之类的动物仍然可以适应，但水獭之类就不行。人们排干河水用来浇灌农田，竭泽之鱼不能立刻长出腿来适应环境，因此必然会大量减少。

黑犀牛、旅鸽、僧海豹、袋狼……这些物种都已灭绝。早先常见的灰狼，数量也在快速下降；曾经大量出现在加利福尼亚州海滩上嬉戏的灰熊如今也已绝迹。我自己经常到这里的海滩去，虽然我不希望灰熊就在身边晃荡，但仍然觉得海滩上没有了灰熊怪可惜的。

濒危物种的名单越来越长，现在已经快要涵盖所有大型野生动物了。一百年前的世界上有数以百万计的大象，但现在只剩下几十万头，虽然还算不上濒危物种，但恐怕也坚持不了太久。河马、老虎、蓝鲸、海獭、雪豹、大猩猩、大熊猫……这些动物都是见一眼少一眼，难说什么时候就灭绝了。根据美国生物多样性研究中心的说法，每天都有几十个物种从地球上消失。

不少物种即便消失，可能也不会引人叹惋。比如以腐肉为食的加利福尼亚秃鹰，很是有碍观瞻，但它也在濒临灭绝。如果蜜蜂要灭绝了，人人都会出力拯救，但要说去拯救个头有龙虾那么大的豪勋爵岛竹节虫恐怕人们就没什么热情。开个玩笑，如果说世界上最猖獗的德国小蠊要灭绝了，我想应该不会有人愿意捐钱去挽救吧。

然而，物种的灭绝并不取决于谁更受人类喜爱。当前物种大量消失所引发的连锁反应可能最终会导致生物史上的第六次大灭绝。

在整个环境变迁的过程中都有进步叙事的影子。人类孜孜不倦地发明、创造、生产，新的发明和产品不断涌现。只需要向前推十年，人人都知道当时世界上有些地区实现了工业化，有些没有，工业化社会对地球资源的索取要大于非工业化社会。但这种区别在今天已经淡化了，如今大部分工业生产都是由全球布局的跨国企业及其子公司完成的，所产生的利润会回流到企业总部，但工厂产生的大部分废料却排放到之前被称为第三世界的地区。而且，这些公司的总部也不一定都在西方国家，也有一些势力强劲的巨型工业集团总部位于中国以及印度、巴西等国。今天，曾在过去被视作不发达国家，或叫发展中国家，或叫第三世界国家的很多国家不仅能自主生产汽车，还能向全世界出口，比如现在的韩国已经成了又一个日本。

而曾经发达国家的消费形态现在出现在世界各地。中国和印度两国有数亿人虽然暂时还没有私家车，却都在盼望能买自己的车，这个愿望不难在不久之后实现。还有几亿的非洲人和南美人也是如此。如果要保证各经济体繁荣增长，就必须保持不断生产并将产品销售出去。如果说只能靠停止生产、让排放污染的机器停转来遏止全球气候恶化，那将会有很多经济体垮掉，大批人口失业，社会出现动荡，而以风力、太阳能等新能源驱动的机器似乎可以解开这个僵局。其实如果数字科技真能登峰造极，也可以达到同样效果，因为让人跟机器充分融合在一起，人就不用吃饭，不用呼吸。如果真是这样，那么人类是不是在不断破坏地球和与机器融合形成新物种这两个趋势之间赛跑呢？

马克思说过，资产阶级和无产阶级彼此需要。虽然资本家能主宰社会，但他们需要工人操作机器，维持工厂运转。因此，掌握着大机器的资产阶级必须付给无产阶级至少能够维持其生存的工资。

但是，随着机器取代人类进行操作，这个公式恐怕会被打破。曾经的无产阶级人数在减少，而在工农业生产持续提速的同时，一类新的产品进入了社会领域，即纯信息类产品。这类产品其实都产生于对一个问题的不懈探索：还有什么是可以数字化的？很多这类产品都有一个耐人寻味的特征，它们至少在当下是非常廉价甚至免费的。这样一来，如果既不需要工人，又免费提供产品，这样的经济体要怎样持续运转下去？

一种时兴的观点是通过"全民基本收入"来解决，即人人不论工作与否，都有一份基本收入。加拿大和芬兰已经在一小部分国民中试点了此项目，只发放够他们维持基本生活的收入。这可能正揭示了"全民基本收入"这一想法的未来走向，即让某个社会中所有人都得到恰好够基本生活的钱，从而可以持续消费信息时代的免费产品。如果真是这样，那么"全民基本收入"的策略可能会把瑞典作家亚历山大·巴德（Alexander Bard）和扬·索德奎斯特（Jan

Söderqvist）所说的"消费阶级"变为现实。信息时代的"消费阶级"就是工业时代的"无产阶级"，是生活条件较差的底层，他们对社会的贡献是消费，而不是生产。

如此一来，社会又会重新出现马克思所说的阶级斗争。未来社会中的贵族可能不是拥有机器的人，但有钱即有势的情况仍会持续一段时间，传统意义的富人在短期内应该还是贵族。而新的贵族应该是像《连线》杂志中所说的网络贵族，即那些在独立于现实世界的数字空间中游刃有余的人。我们可以说这是一个虚拟现实的世界，就像尼尔·史蒂芬森（Neal Stephenson）在 1992 年发表的小说《雪崩》中所预见的一样。在这部小说中，主人公是现实世界中仅存的一家比萨店的送货员，他在现实世界中只是个小人物，而在虚拟世界中却是神。小说故事发生的时间背景，正是虚拟世界马上要变成唯一对人们有意义的世界。我们的现实生活中是不是也发生着类似的一幕呢？嗯，那要看怎么定义"现实生活"了。

31. 全局图景

　　人类已经拥有了能摧毁地球的力量，似乎也正在往摧毁地球的方向发展。这实在让人费解。我们有技术、有能力放弃化石燃料，停止污染，给所有人提供粮食，让人口快速增长的趋势放缓下来——只要人类能一致认同某个统一的行动方案，我们面临的这些问题都是可以解决的。可为什么现在解决起来还是困难重重？既然如今任何人之间都能实现即时联系，为什么人类要形成一个团结统一的大社会还这么难？

　　我觉得答案其实很清楚。"任何人之间"毕竟不是"每个人之间"。科技可以让任何一个人和另外任意一人取得联系，但是要让每个人和另外的每个人都团结起来则是另一个层面的问题了。人们要做出统一决策常常很艰难，因为我们分属很多很多个由意义构建起来的世界，这是"语言"层面的分歧，不是科技的欠缺。每个人都处在某个由人组成的庞大联系网即本书所说的"交流区"内，与区内之人的沟通远多于区外之人。通过交流区内故事的流传，人们集体构建了一个现实的图景，参与其中的人都能看到。这个整体图景让我们能互相理解，使我们能作为一个社会星群而生生不息，但也让我们不太容易去理解自身叙事以外的人。就像小说家扬·马特尔（Yann Martell）说过的"我们都是自己语言的臣民，而世界并非只有一种语言"。

在人类历史的早期，不同交流区塑造了人们不同的生活。直到今天，交流区仍然存在，只是实际位置已经不再是一个必然要素，河流、山谷、海洋等自然条件也不再像以前那样起重要作用。在信息时代，人们更愿意跟有共同语言的人交流。技术的发展让网络空间中形成的世界观能屏蔽掉外人，因为它根本不是产生在公开空间中。而局内人也往往对这一层世界观的存在浑然不觉，因为叙事正是这样起作用的，它让人认为自己掌握的事实就是客观真实。但其实我们都生活在平时觉察不到的穹顶之内，人们共同在这个穹顶上画上了天空，这样我们就会觉得抬头看见的不是穹顶，也不是画作，而是真的天空。

传统理论认为，人类社会之所以会形成各自为政的信仰群体，是因为人们总是倾向于只和观点一致的人交流。对此我不敢苟同。因为我遇到的大多数人都认为自己的信仰群体欢迎对话和讨论，其中包括坚定的马克思主义者、虔诚的穆斯林、严格遵守政治正确的人等等，无不如此。所有人都明确表示自己完全能接受批评与辩论——除非对方是"那些毫不讲理的家伙"。还记得有一次我无意中进入了一个网上聊天室，见到两个右翼分子在激烈辩论，他们都拥护希特勒，却就纳粹二号头子希姆莱（Himmler）争得口沫横飞。我觉得这应该不能说明纳粹团体是崇尚自由辩论的吧？

其实两个人观点不同也不妨碍进行有益的辩论，前提是他们的言辞必须能让对方理解。一个概念要让人理解，就得符合某种先存的自洽体系。我们所知的每一件事都是一张知识网中的一个个节点，因此当我们能够连点成线把一件事理解清楚时，会说自己想"通"了。这其实是说，我们能从散点中看出星群了。世界呈现给人们的都是散点，聚点成群是人自主进行的。全局图景是我们在自己的大脑中构建的，而如果其他人也能看到同样的图景，那这个图景就能给人以真实存在的感觉。就其现实意义来讲，这图景就是真实的。

全局图景一旦形成，即使哪个散点缺失了也不会影响其整体性。人们把与之相适的点收入其中，忽略掉与之不相适的点，图景依然是完整的。但如果丢掉了太多已有的点又混进来太多其他的点，全局图景就会变模糊。模糊到一定程度后，再增加或减少几个点就好像整个换了一幅新图，每个点在新图上的意义都可能发生变化，因为它们所从属的这张大网已经具有了不同的意义。

据我的理解，人们都生活在一个莫可名状的抽象世界中，说它莫可名状是因为构成它的大部分概念都是约定俗成的而不能显化描述。只有当面对具体问题时，我们才知道自己能调动起什么知识经验去处理。例如，每个人都知道这世界上不存在麒麟，而真的有狮子。但如果不是我在这里把这个事实说出来，恐怕你并不会时时记起自己掌握这么一条具体知识。如果请你拉一份清单写上自己掌握的一百个知识点，估计你不会把有狮子而没有麒麟这一条列上去，但你也不会觉得这算是遗漏了什么。这样约定俗成的非显性的想法组成了我们的抽象概念世界的主体，正像科学上认为暗物质组成了真实宇宙的主体。

　　我曾作为"局内人"生活在两个不同的穹顶之下，经历过两种文化、两个叙事。当我从一个世界切换到另一个世界时，时常会惊讶于整个世界的变化。但这些变化往往是在细微之处，不仔细留意难以察觉。记得有一次我在旧金山的一家酒吧里跟一群陌生人一起看电视，演的是体育节目主持人采访全美橄榄球联盟（NFL）四分卫球员科林·卡佩尼克（Colin Kaepernick）。看到他全程都戴着帽子，我旁边一个人不无厌恶地说道："就不能把帽子摘了吗？太不尊重人了。"

　　这句话让我大为不解，于是问他："戴帽子就是不尊重别人吗？"

　　他答道："对啊，人人都知道这个礼节。"

　　但是在伊斯兰社会中，人尽皆知的礼貌反而是跟陌生人在一起时要把帽子戴好。戴帽子居然成了不尊重，天哪，谁教给你的？当时我已经在美国生活了很多年，但才知道原来有人会认为戴帽子是对别人的不尊重。而在那之前，我连想都没有想过。

　　在人类历史早期，生活在不同地理空间中的人构成了不同的世界。但到了今天，不同世界中的人完全可能在同一地理空间共处，

416   人类文明史

他们会在街上迎面碰到，会在街边商店擦肩而过。两个人可能看着同一幅画、听着同一首音乐却形成完全不同的体验。因为这些视觉听觉信号会唤起他们各自不同的记忆、思想和信念的星群，调动起不同的意义网络。如果仅看到表面的相似而不去细究其语境就草率行事，可能会引发让双方都莫名其妙的矛盾。"众生无差别"这样意旨深远的主张很容易被解读为"众生都与我一样"，因此语境背景太重要了。

每一种世界观都是将世界作为整体来认识的一种抽象模型，每一个这样的模型又都自有某种机制让其存续下去。就像生物有主观愿望一样，抽象的世界观也有存续下去的动机，它会吐故纳新，保持自身的活力。在一个稳定健康的社会中，思想观念经过不断筛淘会形成整体的自洽。但世界观包罗万象，其中大部分要素又是非显性且不固定的，这些要素组成的星群也是松散的。每有新的信息出现，就像夜空中闪现的新星，总能在天幕上找到一个位置。而相比之下，极端教派的世界观就完全不同，几乎对所有思想都有明确的表达，让身在其中的人不能接受任何与之相左的新信息，这样的世界观不是自洽，而是自闭了。如今的新词语"社交茧房"说的就是这种情况，不能随外界环境的变化而调整适应。

任何一种世界观要想跟得上瞬息万变的现实世界，必须不断自我调整。现实世界客观存在，并且不断发展着。现在，人们似乎可以说驯服了自然，但在这自然中仍然会有形形色色的威胁和机遇不断出现。今天的我们跟石器时代的祖先一样，也要抓住机遇、应对威胁，如果做不好就可能让人类文明成果付诸东流。然而，我们今天的环境已经大部分是人造环境，人类应对外部挑战的行为又会在自己的环境中制造出新的挑战，给未来留下隐患。

在当今这个剧变的时代，我们还需要应对前所未有的海量信息。在一个世纪以前甚至一年以前赋予世界以意义的叙事，现在都可能不再有效，人类过往的知识经验已经完全不够解释如今的世界。旧叙事失掉解释力以后，社会星群就失去了参考系。此时，有些思想可能脱颖而出，就像脱离冰川的浮冰，这些文化浮冰漂流远去，跟其他漂流在外的浮冰又拼合起来。过去看似水火不容的想法现在也能联系起来了，因为曾经让两者显得截然不同的裂痕如今已经不再。

1964年，加州大学伯克利分校的一批人走上演讲台，用精心准备的讲稿引起了一片震动，这是一场对言论自由的革命性捍卫。由此引发的言论自由运动发展成了一场声势浩大的反战运动，与其他许多左派运动一起形成了强大的浪潮。

2017年，还是在这个校园中，上演了相似的一幕。但这次决议要震惊和挑战人们的却是极右翼团体，试图把他们赶下讲台的则换成了自由派左翼。言论自由已经不再只是1964年的那套思想体系，而是成了一个自由漂流的思想浮冰，任何人都可得而用之。这不，到了2017年，它成了极右翼的武器。

1962年，哲学家托马斯·库恩（Thomas Kuhn）出版了《科学革命的结构》一书，提出了"范式转换"的概念。库恩所言的"范式"是指某一科学领域提纲挈领的理论，范式帮助科学家将已知的事实组织成体系，理清还有哪些要解答的问题。日常的科学研究工作并不是一个接一个地证明事实，再将已证实的知识不断累积，而是要靠科学家根据普遍接受的模型做出预测，再通过实验检验预测是否正确。如果预测被证实，科学家就能据此完善或扩展原有的模型；如果预测被证伪，科学家则会反思模型需要做出什么调整。

然而总会有一些数据是难以解释的，库恩称其为"异常"。很多高层次科学研究的实质都是在解释异常，其中有些特别难以攻克的，被暂时搁置留待以后研究。但如果一个模型中积压了太多无法解释的异常，就会失去整体的解释力。此时，科学革命就将发生：会有人提出某个关键的新思想，继而引发范式转换，新模型替代旧模型而统领全局。之后，各个部分、各个环节又得重新加以解释，科学家也可以重回研究正轨，探讨这样那样的观察如何融入新的范式[27]。

虽然库恩讨论的是科学领域，但范式转换的概念同样有助于我们理解历史的发展。我认为，每个稳定的社会都贯彻着某种范式，组织着人与人的交往，为人的生命和大多数事件赋予意义。跟科学领域类似，总会有少数情况不能用既有范式解释，有一些社会漩涡与大局格格不入，有一些人在范式中无从归属。比如不合时宜地喊出皇帝没穿衣服的小孩，拒绝忍气吞声当工具的工人，声称自己被外星人绑架过的怪人，私下囤积军火妄想有一天推翻政府、一举解决所有问题的秘密帮派……

这些人只能算是"异常"——是需要去研究的问题，是社会里需要熨平的褶皱。只要绝大部分人还认同既有范式，社会自会处理好这些异常的人和想法。社会星群仍然健康，人们的生活依然有意义。但是，这个世界总是不断地向我们抛来前所未知的信息，我们构建的宇宙模型必须与物质现实保持一致。如果说我们对遇到的很多新情况都不予承认和接纳，就将形成太多与现实世界对应不上的思想；反之，如果太频繁地调整我们的全局图景，这个图景就会变得模糊，进而失去将思想紧密维系在一起的自洽性。主体叙事必须有自洽性和凝聚力才能站住脚，否则其内涵七零八落，也是该发生范式转换的时候了。

这个时候恰恰是产生新思想的时机。新思想补足了缺失的连接，忽然就有一幅新的整体图景在眼前铺开。你会终于发现，原来图上画的不是林肯在阿波马托克斯，而是泰坦尼克巨轮在沉没①。怪不得之前处处想不通，原来是把线索都用到错误的拼图上了。现在终于看清了全局图景，曾经觉得毫无意义的想法又变得重要起来。之前误以为那一块模糊的黑点是林肯的眼睛没有画好，原来是生动地刻画了泰坦尼克号驾驶舱中的方向舵！

社会范式的转换总是看似突然，这是因为范式本来不引人注意，直到发生重大变化才进入人们视线。每当社会发生全局性变革，感觉好像每个人都一下子改换了头脑，但其实这不过是库恩所说的科学范式转换在社会领域的体现。

这样的情况在历史上发生过太多次。每种主要宗教的兴起都是一种范式转换：若干离散事件陆续发生，起先看不出什么大的故

---

① 林肯总统任上爆发了美国南北战争，阿波马托克斯是战争结束前南军签约投降的地方，而南军投降几天后林肯总统即遇刺身亡，因此作者以此与泰坦尼克号沉没并列。——译者注

事，但突然间这一切会对相当多的人呈现出意义。仅仅在过去的一百年里，社会和政治领域就出现了很多次显著的范式转换。比如，想想德国是怎么在 20 世纪 30 年代突然变成了纳粹国家。劫难过后，深感恐惧的德国人把纳粹主义的短暂猖獗归结为一场政变：一小撮人夺取了权力，然后强迫所有人作恶。但在当时，就是无数德国人突然认同了纳粹的范式，成了纳粹分子。

我这一代人所经历的 20 世纪 60 年代，也莫名其妙地发生过一场突然而彻底的文化转换。世界大战从记忆中消退，殖民地脱离帝国纷纷独立，世界繁荣指日可期，似乎一切问题都最终可被解决。在这样的背景下，一种价值观在全世界流行开来，庞大强盛不再值得仰慕，争取小而精的斗争开始受到尊重，革命成了光荣的事业。追求自我身份的群体纷纷争取民族独立解放，同时极端的个人主义也受到推崇。有些人乐见这样的转变，另一些人则对此嗤之以鼻，但所有人都能感到大局正在起变化。

1969 年，"革命"已经成了 60 年代美国范式的标签，而政治家里根的名字跟"革命"完全扯不上关系①。然而到了 1979 年，之前里根所宣扬的世界叙事在大部分美国人眼中突然有了意义，即使那些烧毁自己服役证和文胸、大骂警察为"猪猡"的激进分子们也认同里根的主张是现实的②。这时再回过头来看，60 年代那些蓬头垢

---

① 60 年代的美国经历了新左派运动，思想风气非常开放，但 1981 年里根总统上台后，社会转向右翼保守。60 年代末，里根还在担任加州州长。——译者注

② 美国在 60 年代先后发生了以焚烧服役证抗议的反战运动和以焚烧文胸抗议的女权运动。——译者注

面、满口爱与和平的反战人士倒像是不谙世事的幼稚儿童，似乎整个社会一夜之间就转了方向。虽然不是每个人都喜欢这样的范式转变，但几乎每个人都注意到了它的发生。曾经是主流的人们如果仍然对旧范式抱残守缺，就会很快被边缘化，成为局外人。

　　这样的例子还有很多。在苏联解体前十年，没有人能想到共产主义阵营有一天会瓦解。这到底是怎么发生的呢？原因是当时苏共的叙事不再符合物质现实，人们眼睁睁看着市场物资短缺，居住条件堪忧，官僚风气盛行，警察暴力执法……于是庞大的苏联轰然解体，一个曾经在全球有举足轻重的军事和工业地位的大国，转眼间就像肥皂泡一样破灭成幻影。一切都发生得太快了。这是因为共产主义不是一个物质实体，它之所以存在是因为很多人相信它存在并依此而行动：有人靠拢，有人远离，有人拥护，有人反对。不论如何，信其有则有。

　　而在伊朗，20 世纪 50 到 60 年代，很多股潮流在抵抗由西方扶植的独裁君主礼萨·巴列维（Reza Pahlavi）。左翼人士和现代进步派结成很多秘密政党，密谋推翻巴列维，让伊朗再次走向此前未及实现的民主。直到 1975 年都不会有人想到，短短五年之后，会有一个身穿黑袍的宗教人物从流亡中强势回归，让无数伊朗人山呼英雄。这样的转变看似突兀，但推动它发生的思想变化早已在酝酿中。一方面，伊朗自身体系中的矛盾越来越多；另一方面，新范式的主要构件在伊朗文化中形成和漂浮已久，当它们开始连为一体的那一刻，就是新的全局图景形成之时。

　　新的叙事可以让不安分的各色人等达成团结，和谐共处，但也不总会这样。新的叙事也可能只是脱胎于小群体，从而把一伙人和另一伙人结合起来，同仇敌忾地对付另一些人，把自己一方原有的篱笆扎得更紧。这貌似能让社会不再因一盘散沙而焦虑不安，但这种团结所营造的表面和谐常常会滋生残暴与恐怖。这样的例子在历史上数不胜数，未来也完全可能继续发生。

今天的我们似乎正在经历着世界叙事的渐渐坍塌，旧叙事失去了统治力，个体化的表达吹响了诞生新叙事或改造旧叙事的号角。如果此时无善者可从，就可能从恶如崩，酿下祸患。这种危险在今天尤甚，因为我们现在所说的"社会"不再是哪一群人，而是全球化时代中所有人交缠起来的整体，就像一盘意大利面一样难分你我。

当下的情势正是危如累卵。我想不出历史上哪个时刻跟现在一样，全人类被捆绑在失去制动的脱轨列车上，朝着悬崖飞驰而去。的确，今天的人们生活在彼此疏离的环境，各自待在自己的茧房之中，人类总是分歧不断，形成不了统一的计划……但未来却未必是这样。

任何一个时代的主流范式在当时看来都好像终于抵达了永恒真理，所谓"现代"也不过是我们当下觉得"永恒正确"的范式。即便在乱世，人们也会觉得所有过往都是为了抵达当下，当下总有一种过往所不具备的内在优越。就像德怀特·戴维·艾森豪威尔（Dwight David Eisenhower）总统曾经说过的，事物的本真总是更接近当下的状态，而非过去。然而当下本不该有这种优越，分明只是转瞬即逝，怎能认为是永恒真实？所以，我们总要研究历史，了解过往，因为当下不过是未来的历史。

　　或许，我们再没有机会拥有全人类和平共处的世界，但如果不主动创造，就肯定不会有。我们的目标不是让所有人都变得与别人一样，不是用自己的框架去教育改造他人，也不是让自己变得跟他人一样从而融入世界，我们共同的目标应该是所有人拿着同一张地图行走世界。只有如此，所有的讨论才有意义，所有的对话才有机会发生。

　　跨文化的交往联系要求我们必须重视语境背景，唯有如此，我们才能了解其他人所在的、与自己完全不同的意义世界。仅仅把他们当作配角吸收进自己的图景是远远不够的，还要学会从自己之外获得视角，如何站在另一个单子的角度看问题。要想真正领会围绕另一个中心展开的世界到底是一番什么图景，实在需要我们动动脑筋、下些功夫。然而如果希望能构建一个囊括全世界的整体，让每个人都成为"我们"而没有谁是"他者"，这种努力就是不二法门。前人虽然在此方向做过努力，但从未完完整整地达成过愿景。如果将来真能实现世界大同，世人都成为"我们"，那必然会成就既非今天的"我们"生活的世界，也非哪个"他者"的世界，而是一种尚未出现的世界。在它真正出现以前，只有通过先行者的想象构建起来，启发更多的人以想象呼应，而后就会有越来越多的人相信这样的世界当真存在。于是就像在今天的世界中一样，人们会在新的信念之下生活交往，发展繁荣。从此，只要信念恒在，这个大同世界就会永远真真切切。

注释

[1] 我上学时公认的是"太阳系有九大行星",但冥王星前些年被剔除出了九大行星之列。可怜离太阳最远的阴暗寒冷角落里的冥王星,现在连个行星都算不上,只算作不比彗星高级多少的矮行星。近些年,天文学家又认为在比冥王星更远处有一个体积十倍于地球的巨大、黑暗、冰雪覆盖的星球。因为它离太阳太远了,几乎不反射太阳光,所以很长时间以来一直没能被发现,天文学家将其称为"行星九"。

[2] 这个词来自史蒂芬·约翰逊(Steven Johnson)的著作《伟大创意的诞生:创新自然史》(*Where Good Ideas Come From*)。

[3] 自造词语。如果说辩证关系是对立的两面此消彼长,不断形成新的组合,那么"三元辩证"即三个力量互动的过程。在人类历史进程中,这三股力量分别是环境、工具和语言。

［4］波斯古经中至今尚存的赞美诗极少，但在其中能找到与吠陀经中近乎一致的诗句。

［5］琐罗亚斯德教的"magi"（博士）一词是今天英文"magician"（魔术师）一词的词根。《圣经》中有三博士朝圣的故事，讲了三位东方的博士为刚降生的耶稣献上礼物，他们三人即琐罗亚斯德教的祭司。

［6］完形（gestalt）一词由 20 世纪初期一个研究认知阈值（thresholds of perception）的德国心理学学派提出。该学派偶然发现，人在能识别一个包含若干部分的构架后，就会停止对部分的认知转而将其视为整体。这个整体自成一个单体，此为完形。例如，人们会把由一百个点沿圆周排列组成的图案看作一个圆圈，即使擦除几个点，仍会把它认作一个圆圈。完形有自己的身份和连续性，如心理学家库尔特·考夫卡（Kurt Koffka）所说，"整体不同于部分的总和"（并非简单的"大于"，而是"不同于"）。完形现象解释了为什么我们可以不断有新知，又有遗忘，却并不改变社会生活中的自我，因为这些增添和减少不会改变个人自我这个完形。这一现象还能解释为什么当出现信息的矛盾或信念的龃龉时，人会经历认知冲突并会主动减少这种不适感，因为人必须保持自己是一个统一的整体。同样，这也能解释为何每个社会都倾向于剔除与主流叙事相冲突的思想而欢迎与之相一致的思想，因为作为社会星群也必须时时主动维系自我。

［7］居鲁士在征服吕底亚王国后有一项不凡的举动，他没有像其他征服者那样杀掉亡国之君，而是让克里萨斯做了他在吕底亚的谋士。

［8］孔雀王朝的第三任国王阿育王（Ashoka）在一次异常残酷的战争之后突然皈依佛教，并鼓励治下民众信奉佛教。臣民仍然可以有自己的信仰崇拜，但国家支持佛教法师弘法，在全国开凿石壁、雕制石柱以刊刻佛经。阿育王本人也戒掉了打猎，转而修习冥想，还发展了自己的一套佛法理论，主张通过修行达成生命的圆满。因其弘扬佛法的功德，阿育王至今仍被人们尊

为佛教大德。

[9] 说同种语言的族群未必有相同的民族学起源或基因起源。受近邻影响的社会、被殖民的社会，甚至殖民者，都可能放弃本民族语言而改用他族语言。例如，移民到美国的人不管母语是何语言，最终基本都使用英语。这种改用他族语言的现象一定伴有现实中的人员混合与交往。

[10] 犹太教仍然合法，但是犹太人受到法律的种种限制。例如，自此以后，犹太人不再能够在罗马帝国合法拥有土地。

[11] 伦巴第人认为主神沃丁（Wodin）青睐蓄长胡子的人。在他们的传说中，某次为了让主神沃丁帮他们打赢一场战役，伦巴第人让女人穿上男人的衣服，把长发扎起来甩到面前，看起来就像长长的胡须。这次战役胜利后，他们的部族就被称为"Langobards"，意为"长胡子"，后来演变为"Lombards"（伦巴第）。

[12] 耶稣的门徒保罗也会说一些神秘莫测的话（即英语俗语所说的"speak in tongues"）。

[13] 日光石是产自岩石中的一种晶体，透过日光石，即使在阴天也能看到太阳的方位。

[14] 此时的中国人向历史中寻找理想社会，并不是说历史上真的存在过理想社会，而是在蒙古人留下的残局中，不难构造出一个想象中的理想社会，并把复兴作为文明的第一要务。"复兴"这种叙事在不同社会中有不同的表现，因为每个社会要复兴的过往不同，但是其基本动机是如出一辙的。

[15] 永乐皇帝还曾派部六次远征北海和中亚地区，每次遣船二十五艘，派千人，统帅是宦官亦失哈。远征船队沿阿姆河北上，到达中亚里海附近，其目的应该也是彰扬国威。

[16] 例如，声望几乎可以望孔子项背的哲学家王阳明就主张知行合一，为善就是要有善行。他认为人性本善，但会因为花太多精力学习什么是善，

反而在善行上变得迟钝。行善要在日常中锻炼，就像肌肉，不勤加锻炼就会萎缩。

[17] 宦官即太监，是不平等性别关系的产物。在古代中国和伊斯兰世界，掌握权势的人以拥有众多妻妾来显示地位。妻妾成群的本意并不在于有很多交欢对象，作为皇帝或苏丹，不愁找不到性伴侣。大量的妻妾其实像雄孔雀尾屏上的羽毛一样是一种象征。即便后宫妃嫔成百上千皇帝不能逐一临幸，也决不允许其他男人染指。这些女子只属于皇帝一人，这才是后宫的根本意义。不过，后宫妃嫔仍然得跟社会打交道，这就需要大量伺候她们的人，这个角色由丧失了性能力的太监承担。相比之下，伊斯兰世界中的太监没有形成古代中国太监那样的宦官势力。

[18] 什叶派认为有一个生活在现世中的"隐遁伊玛目"，无时无刻不在悄悄地将真主的仁慈传到人间。这个"隐遁伊玛目"到底是谁无人知晓，但正因为他的存在才有了"阿亚图拉"，他们中的每个人都可能是能与"隐遁伊玛目"联络的人。

[19] 例如，我的父亲和他的同学一道被政府公派到美国读大学，从此他们一直保持联系。他们共同在政府里供职、晋升，同学不管被委任什么职位，都会请笔者的父亲做副职。而笔者的父亲在贫民区有个朋友是自学成才的治疗师，对医药颇有一些研究。即使他不是正式的医生，但作为朋友，不管笔者家里谁病了都会把他请来看诊。当有一个药房出现了空缺职位时，笔者的父亲毫不犹豫地动用自己的影响给这位加尼"医生"谋下了这份差事。类似的关系从加尼往下延伸到其他人，也从笔者父亲的同学向上延伸到其他有权有势的人。

[20] "荷兰人"的英文是"Dutch"，与荷兰国名"Netherlands"差别较大。他们何时开始如此自称我们不得而知，但这个词的词源应该跟德语中的"Deutsch"（德意志）相同，意思是"人民、民族"，或者更恰切地说即"我们

这些人"。

[21] 本书中的"北美洲"与常用语境下的"北美洲"意义相同，主要指里奥格兰德河以北的美洲地区。

[22] 具体多少人被捕、监狱条件如何以及多少人因此死亡在历史上有争议，但普遍的说法如此。

[23] 在这一点上美国的先驱们不是个例，很多早期社会都使用"人类"这个词称呼自己的部族。

[24] 例如，自称是共产党人的墨西哥艺术家迭戈·里维拉（Diego Rivera）曾创作一幅壁画反映底特律产业工人的生活，画上有肤色截然不同的四类人在钢铁厂劳动。里维拉给出了这样的说明："黄种人代表沙子，其数量最多；红种人像铁矿石，是生产钢铁的基本原料；黑种人像煤炭，具有纯朴的美，有火焰燃烧的激情和古代雕塑般的健美，自带节奏感与音乐感；白种人像石灰，不仅因为石灰是白色的，更因为石灰是炼钢中的中和剂，将各种元素组合在一起，就像白种人也是整个世界最好的组织者。"里维拉认同各种族应该平等、和谐共处，但他显然没有质疑过世界上存在四种不同肤色的人种且各有不同的先天特征这一理论。

[25] "罗莱坞"指巴基斯坦以拉合尔为中心的电影产业，"尼莱坞"指尼日利亚的电影产业。

[26] 当年的这些巨头公司相比今天更大的巨头公司又是小巫见大巫了。比如，亚马逊正大举占据零售业的垄断地位，脸书（Facebook）雄心勃勃地想包揽所有社交媒体的互动，谷歌（Google）几乎全面主宰了人们获取信息的渠道（至少在西方世界是如此），苹果在全球率先实现公司价值超万亿美元，等等。这些新的巨型跨国公司争夺的不仅是资源，也不仅是信息，而是对人类交往互动的掌控。

[27] 例如，随着托勒密的"地心说"理论越发展越复杂，终于变得繁复

不堪之后，哥白尼提出了"日心说"新理论。这种对基本假设的改变颠覆了整个学科，让夜空中观察到的那些难以解释的轨迹又重新显出了规律。又例如，当牛顿的经典物理学不能解释逼近光速产生的异常时，爱因斯坦大胆提出了绝对时间和绝对空间并不存在的新理论。这一理论引发了物理学的革命，并为物理学在后来一百多年的快速发展奠定了基础。

参考文献

世界史

Braudel, Fernand. *A History of Civilizations*. New York: Penguin Books, 1987.

Davis, James C. *The Human Story: Our History from the Stone Age to Today*. New York: HarperCollins, 2004.

Harari, Yuval Noah. *Sapiens: A Brief History of Humankind*. London: Vintage Books, 2011.

Herodotus. *The Histories*. Translated by G. C. Macaulay. New York: Barnes and Noble Books, 2004.

McNeill, J. R., and William H. McNeill. *The Human Web: A Bird's-Eye View of World History*. New York: W. W. Norton, 2003.

McNeill, William H. *The Rise of the West: A History of the Human Community*. Chicago: University of Chicago Press, 1963.

Roberts, J. M. *The Penguin History of the World*. London: Penguin Books, 1987.

Spielvogel, Jackson J. *Western Civilization*. Boston, MA: Wadsworth, 2000.

Winks, Robin. *A History of Civilization: Prehistory to 1715*. Saddle River, NJ: Prentice-Hall, 1996.

古代史

Anthony, David. *The Horse, the Wheel, and Language: How Bronze Age Riders from the Eurasian Steppes Shaped the Modern World*. Princeton, NJ: Princeton University Press, 2007.

Bertman, Stephen. *Handbook to Life in Ancient Mesopotamia*. New York: Oxford University Press, 2005.

Braudel, Fernand. *Memory and the Mediterranean*. New York: Vintage Books, 1998.

Brewer, Douglas J., and Emily Teeter. *Egypt and the Egyptians*. 2nd ed. Cambridge, UK: Cambridge University Press, 2007.

Chadwick, Robert. *First Civilizations: Ancient Mesopotamia and Ancient Egypt*. London: Equinox, 2005.

Risso, Patricia. *Merchants & Faith: Muslim Commerce and Culture in the Indian Ocean.* Boulder, CO: Westview Press, 1995.

Roberts, J. A. G. *Early China, from Beijing Man to the First Emperor.* Gloucestershire, UK: Sutton, 2007.

Robinson, Francis. *The Mughal Emperors and the Islamic Dynasties of India, Iran, and Central Asia, 1206–1925.* London: Thames and Hudson, 2007.

Shafer, Edward. *Ancient China.* New York: Time-Life Books, 1967.

Shaffer, Lynda Norene. *Maritime Southeast Asia to 1500.* London: M.E. Sharpe, 1996.

Tames, Richard. *A Traveler's History of Japan.* New York: Interlink Books, 1993.

Thapar, Romila. *A History of India.* New York: Penguin Books, 1970.

Tharoor, Shashi. *Nehru: The Invention of India.* New York: Arcade, 2003.

Watson, Francis. *A Concise History of India.* London: Thames and Hudson, 1979.

Wiet, Gaston. *Baghdad, Metropolis of the Abbasids.* Norman, OK: University of Oklahoma Press, 1971.

Williams, Lea. *Southeast Asia: A History.* New York: Oxford University Press, 1976.

Wolfram, Herwig. *The Roman Empire and Its Germanic People.* Berkeley: University of California Press, 1997.

Wolpert, Stanley. *A New History of India.* New York: Oxford University Press, 1997.

Yan, Xuetong. *Ancient Chinese Thought, Modern Chinese Power.* Princeton, NJ: Princeton University Press, 2013.

专题与历史分析

Boorstin, Daniel J. *The Discoverers.* New York: Random House, 1983.

Davis, Kenneth C. *America's Hidden History: Untold Tales of the First Pilgrims, Fighting Women, and Forgotten Founders Who Shaped a Nation.* New York: Smithsonian Books, 2009.

Demko, George. *Why in the World: Adventures in Geography.* New York: Anchor Books, 1992.

Diamond, Jared M. *Collapse: How Societies Choose to Fail or Succeed.* New York: Viking, 2005.

———. *Guns, Germs, and Steel: The Fates of Human Societies.* New York: W. W. Norton, 1999.

Ferguson, Niall. *Empire: The Rise and Demise of the British World Order and the Lessons for Global Power.* New York: Basic Books, 2002.

Hochschild, Adam. *King Leopold's Ghost: A Story of Greed, Terror, and Heroism in Colonial Africa.* Boston: Houghton Mifflin, 1998.

Hodgson, Marshall. *Rethinking World History: Essays on Europe, Islam, and World History.* Cambridge, UK: Cambridge University Press, 1993.

Hunt, Lynn: *Writing History in the Global Era.* New York: W. W. Norton, 2015.

Jacques, Martin. *When China Rules the World: The End of the Western World and the Birth of a New Global Order*. New York: Penguin Books, 2009.

MacGregor, Neil. *A History of the World in 100 Objects*. New York: Penguin Books, 2012.

Mann, Charles C. *1491: New Revelations of the Americas before Columbus*. New York: Alfred A. Knopf, 2005.

———. *1493: Uncovering the New World Columbus Created*. New York: Alfred A. Knopf, 2011.

Lefkowitz, Mary. *Not Out of Africa: How Afrocentrism Became an Excuse to Teach Myth as History*. New York: Basic Books, 1997.

Menzies, Gavin. *1421: The Year China Discovered America*. New York: Harper Perennial, 2003.

Morgan, Michael Hamilton. *Lost History: The Enduring Legacy of Muslim Scientists, Thinkers, and Artists*. Washington, DC: National Geographic, 2007.

Segal, Ronald. *Islam's Black Slaves: The Other Black Diaspora*. New York: Farrar Straus and Giroux, 2001.

Tuchman, Barbara. *A Distant Mirror: The Calamitous 14th Century*. New York: Ballantine Books, 1978.

Van Sertima, Ivan. *They Came before Columbus: The African Presence in Ancient America*. New York: Random House, 2003.

Watson, Peter. *Ideas: A History of Thought and Invention, from Fire to Freud*. New York: HarperCollins, 2005.

Wolf, Eric R. *Europe and the People without a History*. Berkeley: University of California Press, 1982.

跨文化趋势与涟漪效应

Asbridge, Thomas. *The First Crusade*. New York: Oxford University Press, 2004.

Benfey, Christopher. *The Great Wave: Gilded Age Misfits, Japanese Eccentrics*. New York: Random House, 2003.

Catlos, Brian. *Infidel Kings and Unholy Warriors: Faith, Power, and Violence in the Age of Crusades and Jihad*. New York: Macmillan, 2014.

Jones, Terry, and Alan Ereira. *Crusades*. New York: Facts on File, 1995.

Madden, Thomas F., ed. *Crusades: The Illustrated History*. Ann Arbor: University of Michigan Press, 2004.

Morgan, David. *The Mongols*. Malden, MA: Blackwell, 2007.

Nabhan, Gary Paul. *Cumin, Camels, and Caravans: A Spice Odyssey*. Berkeley: University of California Press, 2014.

Reston, James. *Dogs of God: Columbus, the Inquisition, and the Defeat of the Moors*. New York: Anchor Books, 2005.

Riley-Smith, Jonathan. *The Oxford Illustrated History of the Crusades*. New York: Oxford University Press, 1995.

Rogerson, Barnaby. *The Last Crusaders: East, West, and the Battle for the Centre of the World.* London: Abacus, 2009.

Rossabi, Morris, ed. *The Mongols and Global History.* New York: W. W. Norton, 2011.

Tyerman, Christopher. *The Crusades.* New York: Sterling, 2009.

生命、思想与意识

Chorost, Michael. *World Wide Mind: The Coming Integration of Humanity, Machines, and the Internet.* New York: Free Press, 2011.

Eagleman, David. *Incognito: The Secret Lives of the Brain.* New York: Vintage Books, 2011.

Harris, Marvin. *Our Kind: The Evolution of Human Life and Culture.* New York: Harper and Row, 1989.

Hawkins, Jeff. *On Intelligence: How a New Understanding of the Brain Will Lead to the Creation of Truly Intelligent Machines.* With Sandra Blakeslee. New York: Times Books, 2004.

Healy, Jane M. *Endangered Minds: Why Children Don't Think and What We Can Do About It.* New York: Simon and Schuster, 1990.

Johnson, Steven. *Where Good Ideas Come From: The Natural History of Innovation.* New York: Riverhead Books, 2010.

Kahneman, Daniel. *Thinking Fast and Slow.* New York: Farrar Straus and Giroux, 2011.

Mead, George Herbert. *On Social Psychology.* Chicago: University of Chicago Press, 1964.

Sacks, Oliver. *The River of Consciousness.* New York: Alfred A. Knopf, 2017.

Stephens, Ransom. *The Left Brain Speaks, the Right Brain Laughs: The Neuroscience of Innovation and Creativity in Art, Science, and Life.* Jersey City, NJ: Cleis Press, 2016.

Thomas, Lewis. *The Lives of a Cell: Notes of a Biology Watcher.* New York: Penguin Books, 1974.

信仰

Abiva, Huseyin, and Noura Durkee. *A History of Muslim Civilization.* Skokie, IL: IQRA International Educational Foundation, 2003.

Alawai, Ali A. *The Crisis of Islamic Civilization.* New Haven, CT: Yale University Press, 2009.

Armstrong, Karen. *The Great Transformation: The Beginning of Our Religious Traditions.* New York: Alfred A. Knopf, 2006.

———. *Muhammad: A Biography of the Prophet.* San Francisco: HarperCollins, 1992.

Árnason, Jóhann Páll, Armando Salvatore, and Georg Stauth, eds. *Islam in Process: Historical and Civilizational Perspectives.* Vol. 7 of *Yearbook of the Sociology of Islam.* Bielefeld, Germany: transcript Verlag, 2015.

Aslan, Reza. *No god but God: The Origins, Evolution, and Future of Islam.* New York: Random House, 2006.

Aslan, Reza. *Zealot: The Life and Times of Jesus of Nazareth.* New York: Random House, 2013.

Bottéro, Jean. *Religion in Ancient Mesopotamia.* Chicago: University of Chicago Press, 2004.

Doniger, Wendy. *The Hindus: An Alternative History.* New York: Penguin Books, 2009.

Ehrman, Bart D. *How Jesus Became God: The Exaltation of a Jewish Preacher from Galilee.* New York: HarperCollins, 2014.

Hitchcock, James. *History of the Catholic Church: From the Apostolic Age to the Third Millennium.* San Francisco: Ignatius Press, 2012.

Puett, Michael, and Christine Gross-Loh. *The Path: What Chinese Philosophers Can Teach Us About the Good Life.* New York/Delhi: Simon and Schuster, 2016.

Smith, Huston. *The Religions of Man.* San Francisco: HarperCollins, 1961.

Smith, Huston, and Philip Novak. *Buddhism: A Concise Introduction.* New York: HarperCollins, 2003.

Smith, Wilfred Cantwell. *The Faith of Other Men.* New York: New American Library, 1965.

Ulansey, David. *The Origins of the Mithraic Mysteries: Cosmology and Salvation in the Ancient World.* New York: Oxford University Press, 1989.

经济与货币

Beattie, Alan. *False Economy: A Surprising Economic History of the World.* New York: Riverhead Books, 2009.

Berlin, Isaiah. *Karl Marx: His Life and Environment.* Oxford, UK: Oxford University Press, 1978.

Cassidy, John. *How Markets Fail: The Logic of Economic Calamities.* New York: Penguin Books, 2009.

Chown, John. *A History of Money from AD 800.* London/New York: Routledge, 1994.

Ferguson, Niall. *The Ascent of Money: A Financial History of the World.* New York: Penguin Books, 2008.

Graeber, David. *Debt: The First 5,000 Years.* New York: Melville House, 2011.

Heilbroner, Robert L., ed. *The Essential Adam Smith.* New York: W. W. Norton, 1986.

——. *The Worldly Philosophers.* New York: Simon and Schuster, 1989.

Kamenka, Eugene, ed. *The Portable Karl Marx.* New York: Penguin Books, 1983.
Mokyr, Joel. *A Culture of Growth: The Origins of the Modern Economy.* Princeton, NJ: Princeton University Press, 2017.
Rist, Gilbert. *The Delusions of Economics: The Misguided Certainties of a Hazardous Science.* London: Zed Books, 2011.
Ross, Ian Simpson. *The Life of Adam Smith.* Oxford, UK: Clarendon Press, 1995.
Smith, Adam. *The Wealth of Nations.* New York: Bantam, 2003.
Wheen, Francis. *Karl Marx: A Life.* New York: W. W. Norton, 1999.

女性史

Barber, Elizabeth W. *Women's Work, The First 20,000 Years.* New York: W. W. Norton, 1994.
Chang, Leslie T. *Factory Girls: From Village to City in a Changing China.* New York: Spiegel and Gram, 2008.
Croutier, Alev. *Harem: The World Behind the Veil.* New York: Abbeville Press, 1989.
Groneman, Carol, and Mary Beth Norton, eds. *"To Toil the Livelong Day": America's Women at Work, 1780–1980.* Ithaca, NY: Cornell University Press, 1987.
Prost, Antoine. *A History of Private Life.* Cambridge, MA: Belknap Press, 1991.
Robertson, P. *The Experience of Women: Pattern and Change in 19th Century Europe.* Princeton, NJ: Princeton University Press, 1981.
Reed, Evelyn. *Women's Evolution from Matriarchal Clan to Patriarchal Family.* New York: Pathfinder Press, 1975.
Tilly, Louise A., and Joan W. Scott. *Women, Work, and Family.* New York: Holt, Rinehart and Winston, 1978.

数学、科学与技术

Aldcroft, Derek, and Michael Freeman, eds. *Transport in the Industrial Revolution.* Manchester, UK: Manchester University Press, 1983.
Barrat, James. *Our Final Invention: Artificial Intelligence and the End of the Human Era.* New York: Thomas Dunne Books, 2013.
Browning, Frank. *The Fate of Gender: Nature, Nurture, and the Human Future.* London: Bloomsbury, 2016.
Bruce, Robert V. *Alexander Graham Bell and the Conquest of Solitude.* Ithaca, NY: Cornell University Press, 1973.
Burton, Anthony. *The Canal Builders.* London: Eyre Methuen, 1972.
Butler, John. *Atlantic Kingdom: America's Contest with Cunard in the Sail and Steam.* Washington, DC: Brassey's, 2001.
Cardwell, Donald. *Wheels, Clocks, and Rockets: A History of Technology.* New York: W. W. Norton, London, 1995.
Dolnick, Edward. *The Clockworks Universe: Isaac Newton, The Royal Society, and the Birth of the Modern World.* New York: Harper Perennial, 2011.

Foer, Franklin. *World without Mind: The Existential Threat of Big Tech.* New York: Penguin Press, 2017.

Frost, Lawrence A. *The Thomas A. Edison Album.* Seattle, WA: Superior, 1969.

Gies, Joseph, and Frances Gies. *Leonard of Pisa and the New Mathematics of the Middle Ages.* New York: Thomas Y. Crowell, 1969.

Grayson, Stephen. *Beautiful Engines: Treasures of the Internal Combustion Century.* Marblehead, MA: Devereux Books, 2001.

Grosvenor, Edwin S., and Morgan Wesson. *Alexander Graham Bell: The Life and Times of the Man Who Invented the Telephone.* New York: Harry N. Abrams, 1997.

Headrick, Daniel R. *The Tools of Empire: Technology and European Imperialism in the Nineteenth Century.* Oxford, UK: Oxford University Press, 1981.

Hilton, Suzanne. *Faster Than a Horse: Moving West with Engine Power.* Louisville, KY: Westminster Press, 1983.

Israel, Paul. *Edison: A Life of Invention.* New York: John Wiley and Sons, 1998.

Johnson, Steven. *The Invention of Air: A Story of Science, Faith, Revolution, and the Birth of America.* New York: Riverhead Books, 2008.

King, Gilbert. *The Bicycle: Boneshakers, Highwheelers, and Other Celebrated Cycles.* Philadelphia: Courage Books, 2002.

Klein, Maury. *Unfinished Business: The Railroad in American Life.* Hanover, NH: University Press of New England, 1994.

Kolbert, Elizabeth. *The Sixth Extinction: An Unnatural History.* London: Bloomsbury, 2014.

Landes, David. *The Unbound Prometheus.* London: Cambridge University Press, 1969.

Lasker, Edward. *The Adventure of Chess.* Garden City, NY: Doubleday, 1940.

Resnikoff, H. L., and R. O. Wells. *Mathematics in Civilization.* New York: Dover, 1984.

Rogers, Everett. *Diffusion of Innovations.* New York: Free Press, 1995.

Sale, Kirkpatrick. *The Fire of His Genius: Robert Fulton and the American Dream.* New York: Free Press, 2001.

Shenk, David. *The Immortal Game: A History of Chess.* New York: Doubleday, 2005.

Stover, John. *A History of American Railroads.* Chicago: Rand McNally, 1967.

Struik, Dirk. *A Concise History of Mathematics.* Mineola, NY: Dover, 1987.

Taylor, George Rogers. *The Transportation Revolution.* New York: Holt, Rinehart and Winston, 1966.

Teresi, Dick. *Lost Discoveries: The Ancient Roots of Modern Science—from the Babylonians to the Maya.* New York: Simon and Schuster, 2003.

Tyson, Neil de Grasse. *Astrophysics for People in a Hurry.* New York: W. W. Norton, 2017.

Yonck, Richard. *Heart of the Machine: Our Future in a World of Artificial Emotional Intelligence*. New York: Arcade, 2017.

现代史

Abu-Lughod, Janet L. *Before European Hegemony: The World System A.D. 1250–1350*. New York: Oxford University Press, 1982.

Bowlby, Rachel. *Carried Away: The Invention of Modern Shopping*. New York: Columbia University Press, 2001.

Bullock, Allan. *Hitler and Stalin: Parallel Lives*. New York: HarperCollins, 1991.

Chandler, Robert. *Shadow World: Resurgent Russia, the Global New Left, and Radical Islam*. Washington, DC: Regnery, 2008.

Ferguson, Niall. *The War of the World*. New York: Penguin Books, 2006.

Gaddis, John Lewis. *The Cold War: A New History*. New York: Penguin Press, 2005.

Gerner, Deborah J., and Jillian Schwedler. *Understanding the Contemporary Middle East*. Boulder, CO: Lynne Rienner, 2004.

Glendon, Mary Ann. *A World Made New*. New York: Random House, 2001.

Hiro, Dilip. *War without End: The Rise of Islamist Terrorism and Global Response*. Abingdon, UK: Routledge, 2002.

Hochschild, Adam. *To End All Wars: A Story of Loyalty and Rebellion, 1914–1918*. Boston: Houghton Mifflin Harcourt, 2011.

Lukacs, John. *June 1941: Hitler and Stalin*. New Haven, CT: Yale University Press, 2006.

Kamrava, Mehran. *The Modern Middle East*. Berkeley: University of California Press, 2005.

McCullough, David. *Truman*. New York: Simon and Schuster, 1992.

Miller, Michael B. *The Bon Marche: Bourgeois Culture and the Department Store, 1869–1920*. Princeton, NJ: Princeton University Press, 1981.

Mongo, Carol. "Le Bon Marché." *Paris Voice*, May 2002.

Overy, Richard. *The Dictators: Hitler's Germany, Stalin's Russia*. New York: W. W. Norton, 2004.

Persico, Joseph. *Nuremberg: Infamy on Trial*. New York: Viking Press, 1994.

Roberts, J. M. *The Penguin History of the Twentieth Century*. New York: Penguin, 1999.

Rubin, Barry. *The Tragedy of the Middle East*. Cambridge, UK: Cambridge University Press, 2002.

Teed, Peter. *A Dictionary of Twentieth Century History*. New York: Oxford University Press, 1992.

Thackery, Frank W., and John E. Findling, eds. *Events That Changed the World in the Twentieth Century*. Westport, CT: Greenwood Press, 1995.

Walker, Martin. *The Cold War: A History*. New York: Henry Holt, 1993.

Wright, Robin. *The Wrath of Militant Islam*. New York: Touchstone, 1985.

致谢

这本书的写作受到了太多人的鼓励与启发，恕我难以一一具名感谢。篇幅所限，在此谨向其中几位致以谢意。首先要感谢本书的编辑 Lisa Kaufman。一位好编辑能让一本书与众不同，Lisa 就是这样的好编辑。同时感谢我的出版商 Clive Priddle 和图书经纪人 Carol Mann。其实我本平淡无奇，在我这里看不到什么写大文章的潜力，就像出现场的警察经常说"散了吧，散了吧，这没什么可看的"，但这两位却慧眼看到了这本书的可能。我要感谢我的女儿 Jessamyn Ansary，本书几易其稿，她一直是第一位读者，我几度想要定稿她又几度指出了改进的空间。还要感谢我的妻子 Deborah Krant，在我不断修改书中各部分素材的过程中，她不厌其烦地帮我阅读各个片段，在如何组织素材方面给了我很大启发。我的作家朋友 Kip Knox 和 Daniel Ben-Horin 阅读了全书或部分章节并提出了深刻的意见。华盛顿州立大学的 R. Charles Weller 教授将我的论文 Human History as a Single Story 收录入自己的文集 *21st-Century Narratives of World History*，并将我的文章作为提纲挈领的一篇总论。在此一并向他们致谢。最后，诚挚感谢加州大学伯克利分校奥舍尔终身学习学院院长 Susan Hoffman，她曾邀请我做一个系列演讲，当时我为演讲取名"涟漪效应"。在演讲中，我与听众碰撞出的思想火花为后来写作这本书播下了种子。

译后记

翻译这本书实在不算容易，前前后后花了大半年时间。在此真诚感谢中国人民大学出版社的策划编辑崔毅在翻译过程中的耐心协调，才让我有时间琢磨出读来更舒服、流畅的译文。同时感谢中文译稿的第一位读者张超老师通读全稿，对译文提出了大量宝贵的修改意见。

作者在书中多次谈到，通过一种思想体系来认识另一种思想体系，会让两者都遭到扭曲。其实翻译更是这样，因为不同的语言本是不同人群对自己所认识的世界进行描摹和表达的手段，用本民族的语言阐述他族的视角，难免会有方枘圆凿之困。特别是要把这本书中很多抽象的概念、逻辑与论述原原本本地转换成另一种语言，难度可想而知。虽然如此，我还是迫切地希望尽己所能，在翻译上再努力一下，让读者既能原汁原味地领会外国学者的思想，又能读到地道晓畅的中文。读者诸君阅读至此，如果能对这种努力稍有感受，我便再欣慰不过了。不过，在历史这本厚重的大书面前，以译者的水平唯有自惭形秽，书中谬误在所难免，还乞读者雅正海涵。

这本书始于分析人类社会的内在联系，终于对世界大同的殷殷展望，这是历史学家的大格局。早些年我在英国留学时，一大乐趣便是随时随处识别外国"洋味"和中国"土味"的共通之处。留心下来发现，大部分西洋习俗都能在中国文化里找到映照。比如，圣诞节前夕大教堂周边举办的"圣诞集市"，我就叫它为"春节庙会"。不是吗？两者都缘起于纪念传说中的偶像（耶稣或神佛），十里八村的乡亲云集在宗教场所周边（教堂或神庙），摆卖自家特产，人们逗留其间忘乎所以，不再在意这集市的来由。

想到这里，我颇为自豪于中华文化的博大精深、无所不包。后来才意识到，这不正是人类文明的共性吗？几百年前贵州山路上挑担赶集的中国农妇和今天穿梭在哈罗百货商场琳琅货品间的伦敦中产并没有本质的不同，不过是人类从诞生起就有的物质交换、社会交往和探索世界等需求和欲望在不同环境条件下的表达。人类一直在"发展"，在"进步"，但总有些文明本质的东西没有变化，太阳底下，并无新事。

近年出版的讲人类未来的书几乎无一例外地讨论到人工智能植入人体的趋势。科技不仅在炒作替代翻译等具体职业，更是大有全盘颠覆人的精神世界之势。想必很多人跟我一样，总有一种要被异化、失去自我的不安和焦虑，宁愿这样的"进步"不要发生。近一年多来的新冠疫情更是加速了人与人的疏离以及人与现实世界的割裂，还未反应过来，人们就变得更依赖科技，更远离山水自然，也更自我封闭了。

但越是这样的时候，我们越需要反诸历史，思考人类文明的内核到底是什么。是交往联系的社会本能？是对情感、思想、信仰和美的孜孜追求？还是永恒地适应、探索与改造环境的不懈动力？只有守住文明的内核，人类才能继续自成一统、别具一格地在浩瀚宇宙中生存下去，才有机会热热闹闹地聚在一起尽享文明带来的繁荣，不管你去的是圣诞集市还是春节庙会。

我相信翻译作为人类赖以真正理解彼此并共同认识世界的关键职业不会消亡，我相信人类作为宇宙的奇迹定会文明长存。

图书在版编目（CIP）数据

人类文明史：什么撬动了世界的沙盘/（美）塔米姆·安萨利（Tamim Ansary）著；蒋林译. -- 北京：中国人民大学出版社，2021.10
ISBN 978-7-300-29654-8

Ⅰ.①人… Ⅱ.①塔… ②蒋… Ⅲ.①世界史－文化史 Ⅳ.①K103

中国版本图书馆 CIP 数据核字（2021）第 159535 号

人类文明史

什么撬动了世界的沙盘

[美] 塔米姆·安萨利（Tamim Ansary）　著

蒋林　译

Renlei Wenming Shi

出版发行	中国人民大学出版社			
社　　址	北京中关村大街 31 号		邮政编码	100080
电　　话	010 - 62511242（总编室）		010 - 62511770（质管部）	
	010 - 82501766（邮购部）		010 - 62514148（门市部）	
	010 - 62515195（发行公司）		010 - 62515275（盗版举报）	
网　　址	http://www.crup.com.cn			
经　　销	新华书店			
印　　刷	涿州市星河印刷有限公司			
规　　格	145 mm×210 mm　32 开本		版　次	2021 年 10 月第 1 版
印　　张	14.5 插页 3		印　次	2022 年 7 月第 3 次印刷
字　　数	302 000		定　价	89.00 元